SEMMERING RAX SCHNEEBERG

Die schönsten Wanderungen in den WIENER ALPEN

Erzählt & fotografiert von Eva Gruber

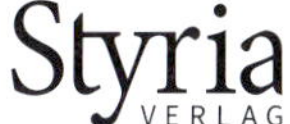

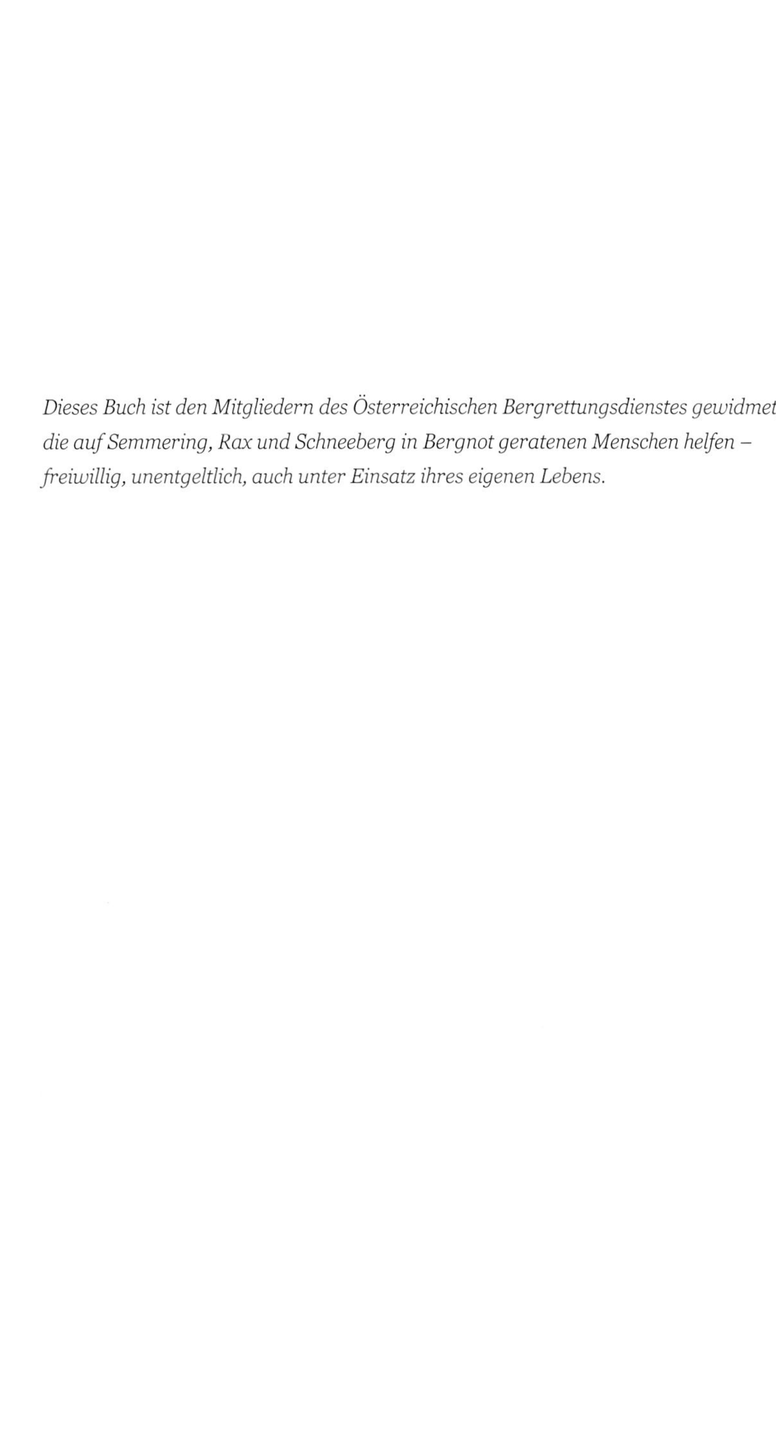

Dieses Buch ist den Mitgliedern des Österreichischen Bergrettungsdienstes gewidmet, die auf Semmering, Rax und Schneeberg in Bergnot geratenen Menschen helfen – freiwillig, unentgeltlich, auch unter Einsatz ihres eigenen Lebens.

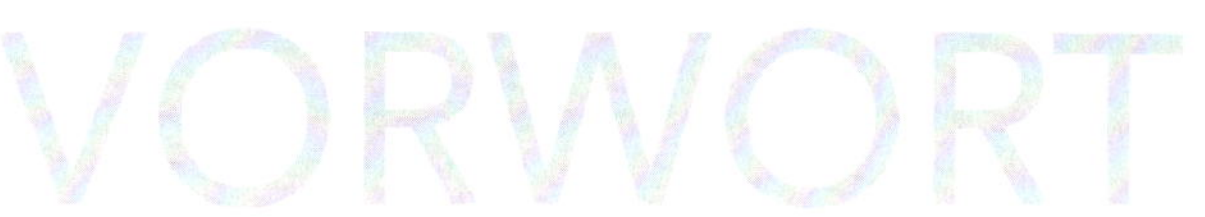

VORWORT

Dass Semmering, Rax und Schneeberg von jenen, die in ihrer Nähe leben, geliebt werden, ist gewiss. Zugleich haben Wienerinnen und Wiener eine höchst emotionale Beziehung zu „ihren" Bergen. Deren Name – früher „Wiener Hausberge", heute „Wiener Alpen"– spiegelt dies wider. Es ist eine Nahebeziehung mit Tradition, wie knappe Daten belegen:

Es war Wien, an dem sich als zweiter Ort weltweit ein alpiner Verein konstituierte – der „Österreichische Alpenverein" (ÖAV) 1862. 1869 folgte der „Österreichische Touristenklub" (ÖTC), 1879 der „Alpen Club Österreich" und 1895 die „Naturfreunde" (zunächst als Touristenverein). Mit ihrem verdienstvollen Hütten- und Wegebau begründeten sie den Bergtourismus. Es war auch kein Ort wie Zermatt, Davos oder Chamonix, wo die erste Bergrettung gegründet wurde – auch dies erfolgte 1896 in Wien. Die Erschließungsgeschichte der drei Bergregionen vollzog sich wie ein Drama in drei Akten: Der erste Akt fand im Puchberger Tal und am Schneeberg statt, das Reichenauer Tal und die Rax folgten im zweiten, der Semmering im dritten Akt. Akteure waren zunächst jeweils Vertreter der Wiener Hautevolee, Kaiserhaus, Adel, Großbürgertum, die Elite von Geist und Kultur. Je günstiger die Anreise wurde, desto mehr Städter besuchten die Berge, wobei es meist Wiener Alpinisten waren, die im 19. Jahrhundert Zustiege auf Schneeberg und Rax erschlossen.

Einerseits lässt sich die Anziehung dieser Berge mit der Auflistung ihrer Vorzüge darlegen: Streng geschützte, höchst attraktive Landschaften, reiches historisches Erbe, anregendes Kulturleben, außergewöhnliche Technik-Leistungen – wie die Semmeringbahn, die samt umgebender Landschaft ein UNESCO-Weltkulturerbe ist – sowie Berge, auf deren über 2000 Meter aufragenden Rücken sich alle Phänomene eines Hochgebirges erleben lassen. Und: All dies ist kaum eine Fahrstunde von Wien entfernt!

Andererseits beeinflusst, so glaube ich, die Lage der Berge, wie sehr sie gemocht werden: Sie stehen am Anfang (oder Ende) des gewaltigen, mehrere Länder umspannenden Alpenbogens, ohne Rundumangebot gleichwertiger Nachbarberge. Daher besteigen wir Wanderer diese Berge immer wieder. Das vertieft die Bindung zu Wegen, Blicken und Hütten, die man oft aufsucht, und zu den Menschen, denen man dort immer wieder begegnet. Auf Semmering, Rax, Schneeberg sind wir sehr „daheim".

Jedes Menschen Geschichte seiner Liebe zu Semmering, Rax, Schneeberg – mit ihrem Werden und ihren Ingredienzen – ist höchst individuell und komplex. Ich habe mich gefragt, was es ist, das mein Herz immer wieder unversehens schneller schlagen lässt beim Erblicken der Preinerwand oder der Breiten Ries, beim Riechen von Zyklamen am Kreuzberg, beim Lauschen auf die immer unterschiedlichen Klänge der Semmeringbahn. Es ist der Duft, der Klang, der Anblick der Berge, die ich liebe. Woher aber rührt diese Liebe?

Zunächst beruht sie auf meinem Aufwachsen in ihrer Nähe und meiner persönlichen Geschichte mit ihnen. Schon mein Großvater war den Bergen tief verbunden, für meine Eltern waren sie Lebensmittelpunkt. Sie führten zeitlebens in Gloggnitz ein Bergsportfachgeschäft und verbrachten ihre Freizeit im Gebirge – wohin sie mich mitnahmen: Ich habe meine ersten Lebensmonate und die Wochenenden meiner Kinder- und Jugendzeit auf der Rax verbracht. Das vermittelte mir etwas Abenteuerliches, Weites, Freies. Und aussichtsreiche Jausen-Pausen ... Am meisten verbinden mich mit der Heimat die Menschen, die meine Lebens-Landschaft bevölkern – das reicht bis zur freundlichen Begegnung mit dem Bäcker, den ich seit Kindertagen kenne. Das und noch tausend Unbewusstes wird es sein, das mein Herz schneller schlagen lässt, wenn ich die heimischen Berge sehe ...

Ich sehnte mich lange danach, diese Liebe zu Semmering, Rax und Schneeberg in Form eines Buches auszudrücken und mit diesem auch ihre Aficionados zu ehren. Wie alle Schreibenden musste ich dabei zwischen der Skylla des hohen Anspruchs, der einhergeht mit hohem Respekt und tiefer Zuneigung, und der Charybdis der scheuen Frage nach meiner Berechtigung, zu dem Thema überhaupt etwas sagen zu dürfen, hindurch. Was half, waren Worte von Leonard Cohen. Sie lauten: „Forget your perfect offering. There's a crack in everything. That's how the light gets in." (Vergiss Deine perfekte Gabe. Alles hat einen Riss – durch den das Licht dringt.) Darauf setzte ich. Eine weitere, allen Kreativen bekannte Herausforderung war das Weglassen-Müssen. Ich hoffe aber, dass das Buch anregen mag, sich in Museen und Literatur weiter zu vertiefen. Worüber ich schreiben wollte, stand jedoch fest: Meine Hommage an die heimischen Berge sollten Erzählungen ausgesuchter Wanderungen in jedem Gebiet sein, weil man beim Gehen durch die Natur ihre Vorzüge, genussvoll, intensiv und sinnlich erlebt und nebenbei einen entspannenden Ausgleich zur Hektik urbanen Berufslebens erfährt. Dementsprechend wurden die Texte subjektiv und emotional, der praktische Wert für den Wanderer sollte aber gewahrt sein. Bei der Zusammenstellung der Touren war ich bedacht, Überschneidungen zu vermeiden und die Wanderungen, je nach Charakter, Risiken und *highlights*, in der jeweils passenden Saison zu zeigen. Um das zu optimieren, ging ich alle Touren bis sechs Mal und widmete diesem Projekt drei Jahre. Während der Zeit des Schreibens dieses Buches wurden mir tausendfältige Hilfen zuteil – vor allem von meiner Mutter Gritli Gruber, deren liebevolle Alltagserleichterungen mir erlaubten, mich ganz auf die Arbeit zu konzentrieren. Ein unschätzbares Privileg war, dass ich jedes noch so kleine Detail des Buches mit einem Autoren- und Grafikerkollegen beratschlagen konnte: Wolfgang Männer, der mein Buch wie sein eigenes betrachtete. Für ihr liebes Mit-Sein bin ich Sigrid Männer, Christian Schneider, Josefine Dorfstätter und Caroline Handler zutiefst verbunden. Naz Gruber, Thomas Dirnböck und Bernhard Mang sage ich herzlichen Dank für das Einbringen ihres Fachwissens!

2015 erschien die Publikation erstmals. Ihre Aufnahme bei Leserinnen, Lesern und Medien war äußerst beglückend und die Auflage schnell ausverkauft. Es ist mir eine große Freude, dass sie nun – überarbeitet, aktualisiert und in rucksacktauglicher Form – im STYRIA Verlag ein neues Zuhause hat. Ich bedanke mich bei dessen Team, vor allem bei Elisabeth Stein und Johannes Sachslehner, für die hervorragende Zusammenarbeit!

Mit diesem Buch wünsche ich Ihnen viel Freude an den reichen Geschenken von Semmering, Rax und Schneeberg!

Eva Gruber

Gloggnitz, im Jänner 2020

INHALT

SEMMERING

RAX

SCHNEEBERG

HÖLLENTAL

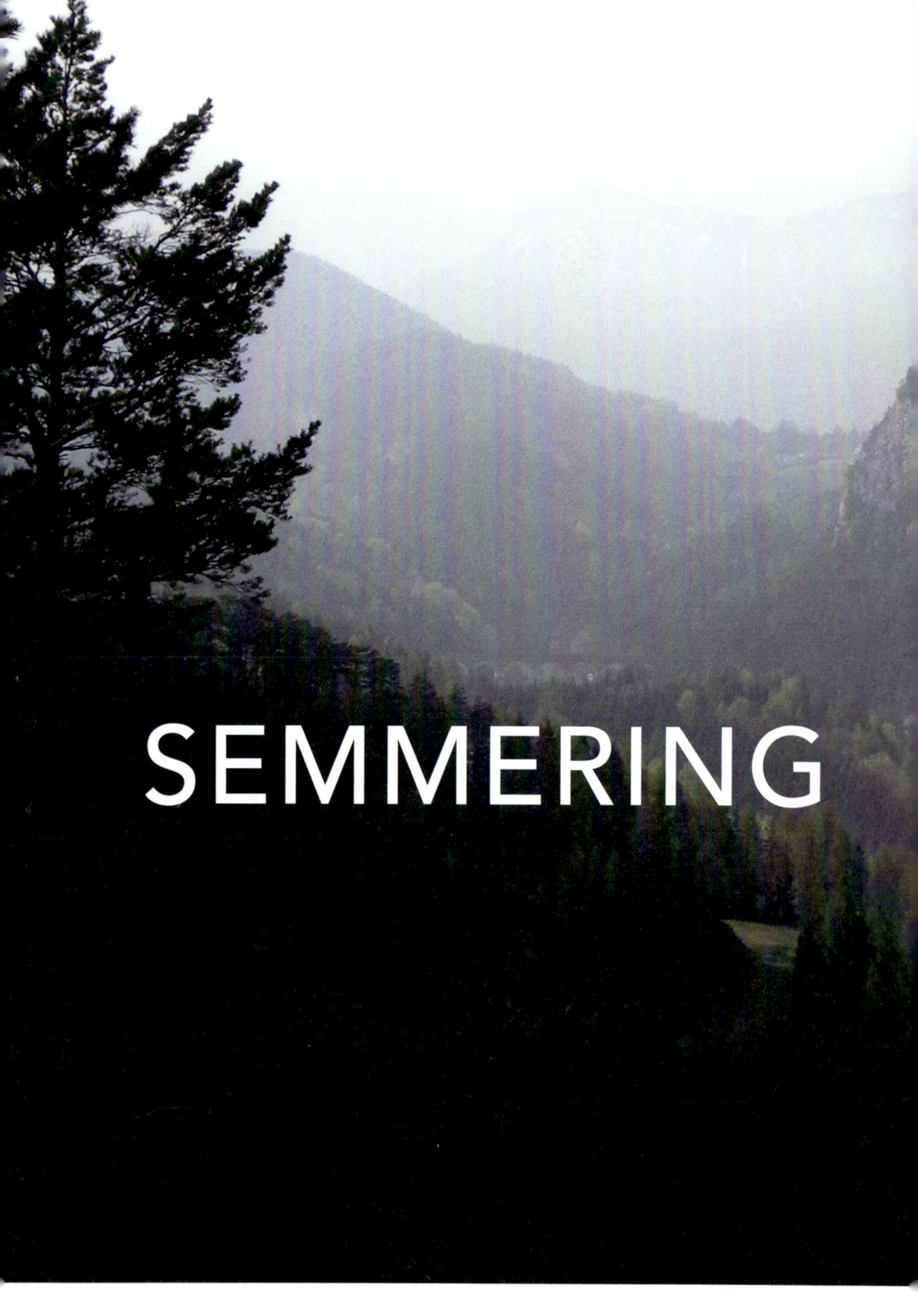

SEMMERING

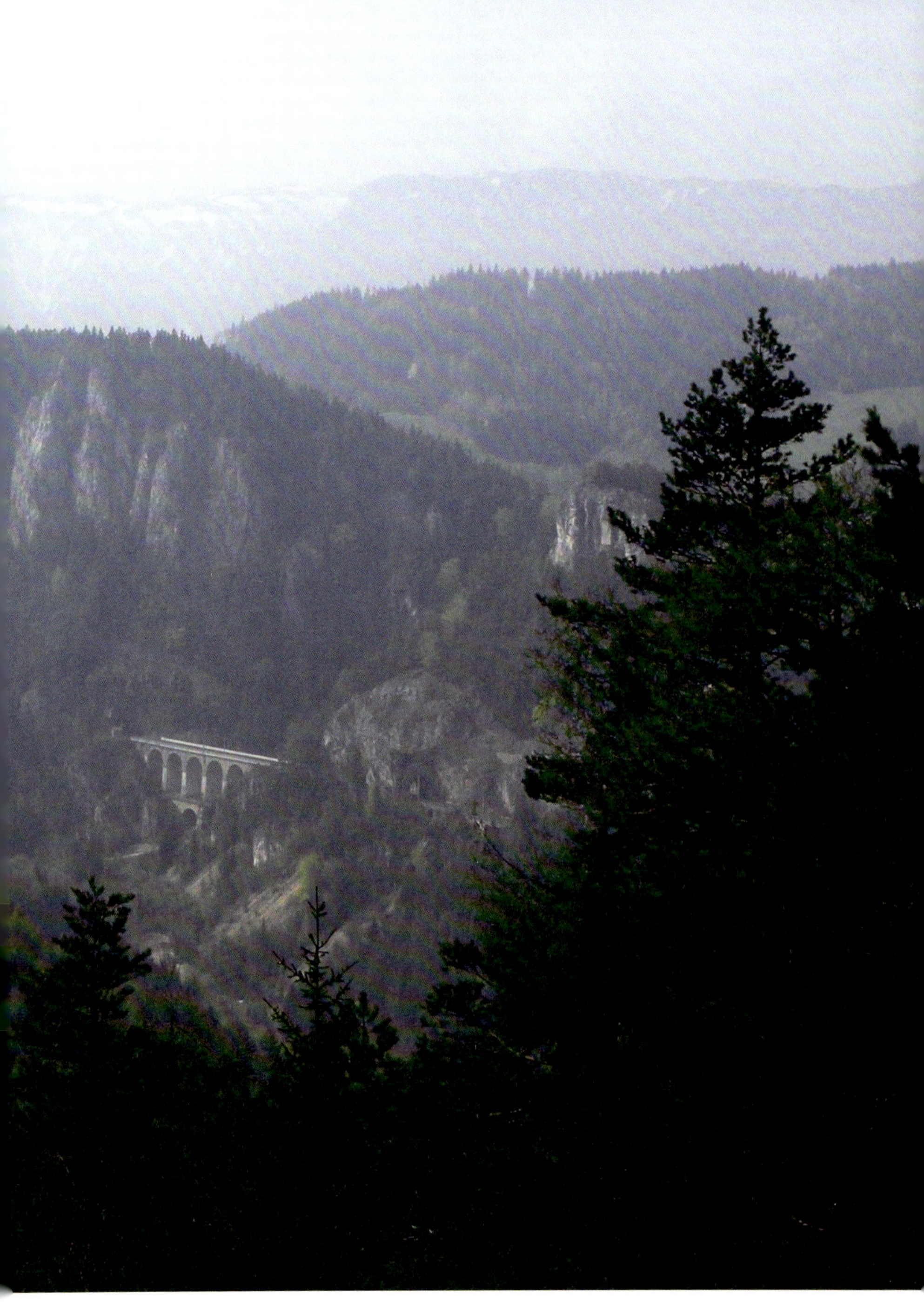

EINSTIEG

Das Semmeringgebiet ist eine höchst reizvolle, abwechslungsreiche Landschaft. Dies ist vor allem seinem komplizierten geologischen Aufbau zu danken. Denn hier treffen auf engstem Raum vier geologische Großeinheiten zusammen, wobei sich ein halbes Dutzend verschiedenster Gesteinsdecken unterschiedlichen Alters über- und ineinander geschoben haben. Die verwitterungsresistenteren Karbonatgesteine ragen als Türmchen, Zinnen und Spitzen aus den Bergabhängen, während die weichen Schiefer dazwischen abgetragen worden sind (vgl. Hackenberg in Handl 67). Der Landschaft entsprechend finden Wanderer hier sowohl ein Netz mühelos begehbarer Promenaden als auch eine Fülle von Wegen durch Märchenwälder oder auf Berge mit Rundumblicken.

Die Berühmtheit des Semmerings beruht auf seiner Bedeutung als Verkehrsweg: Während der ersten tausend Jahre n. Chr. hatte es hier nur einen Saumpfad gegeben. Um begehrte Waren aus Venedig heranzuschaffen, erfolgte 1160 der erste Ausbau, ein zweiter wurde 1728 durchgeführt und 1839 erfolgte die Anlage der Passstraße in heutiger Form. Im 20. Jahrhundert kroch eine permanente Verkehrslawine auf ihr, bis 2004 die S 6 den Verkehr aufnahm. Auch heute ist die Strecke von Wien zur Adria über den Semmering die kürzeste. Berühmt ist aber auch seine Bahntrasse: Die 1854 fertiggestellte Semmeringbahn war die erste Hochgebirgsbahn der Erde. Weil sie zudem eine der schönsten Bahnstrecken überhaupt ist, hat die UNESCO diese technische Pionierleistung samt umgebender Landschaft zu einem „Weltkulturerbe" erklärt.

In den 1880er-Jahren boomte die Passregion als mondäner Luftkurort der feinen k. u. k. Gesellschaft. Der Wintersport war dabei wesentlicher Faktor. Auch in den 1930er-Jahren war sie führend im österreichischen Fremdenverkehr (vgl. Kos Ü 203). Heutzutage positioniert sich der Semmering primär als Wien-nahe, internationale (Winter)Sportdestination.

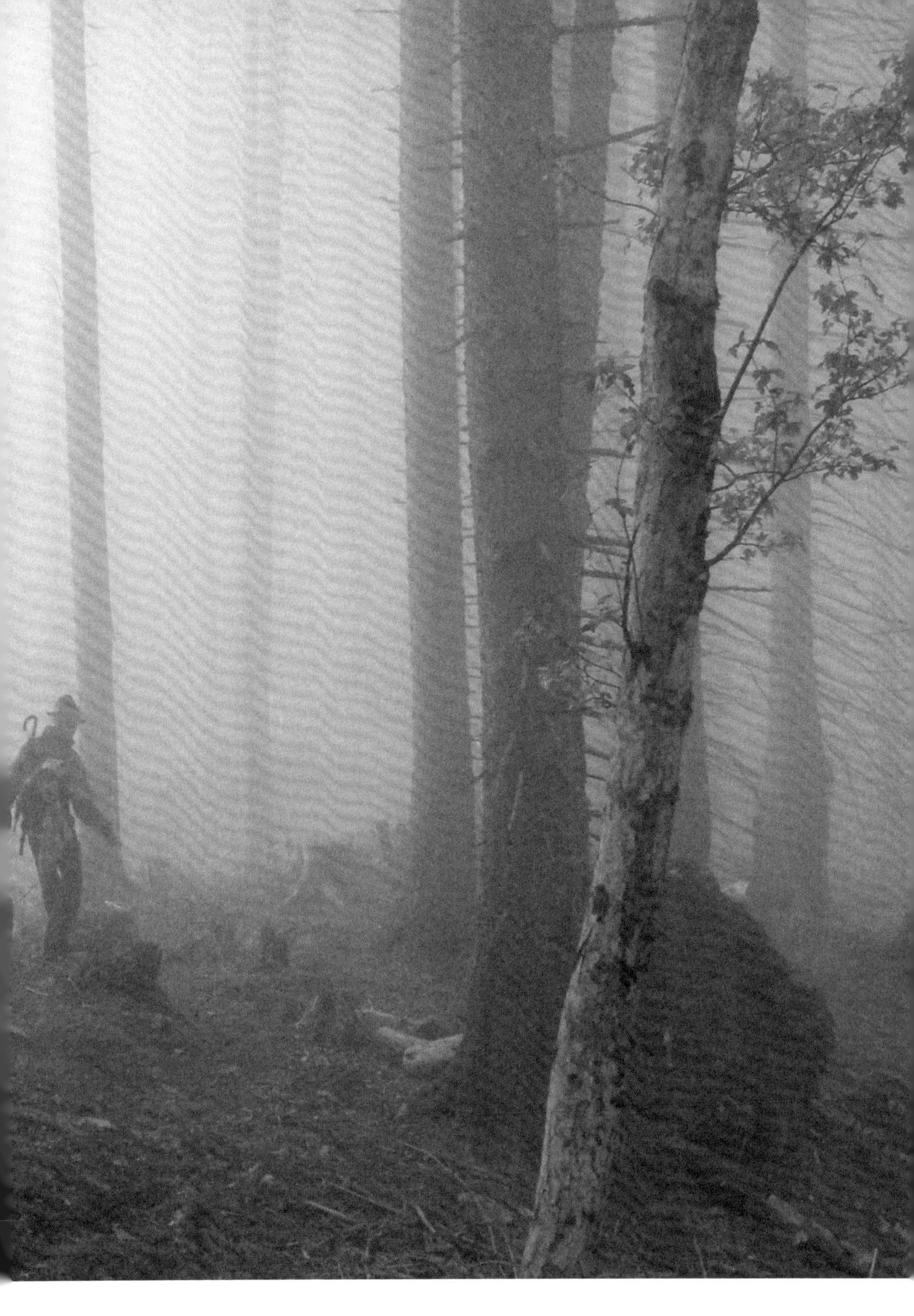

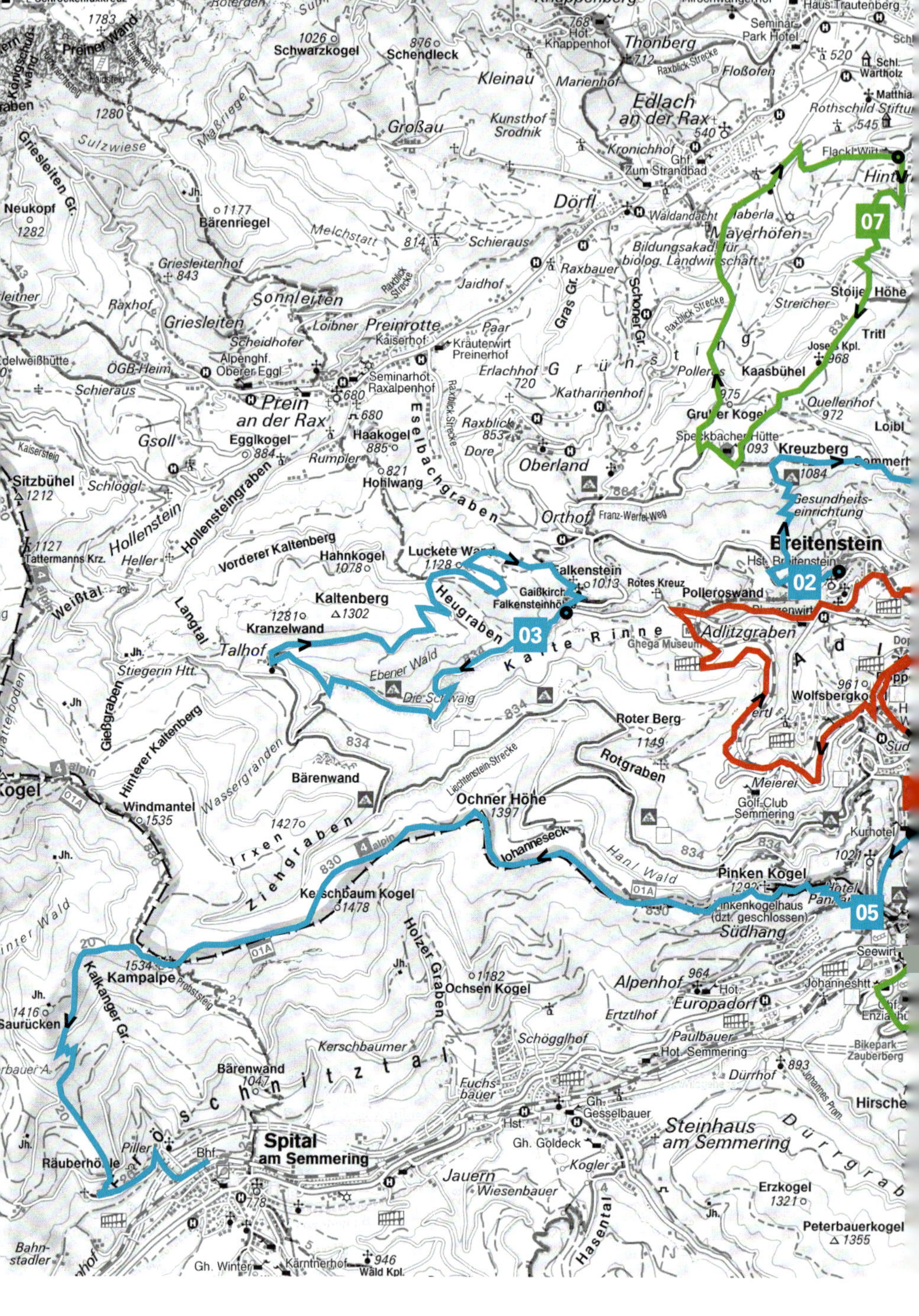

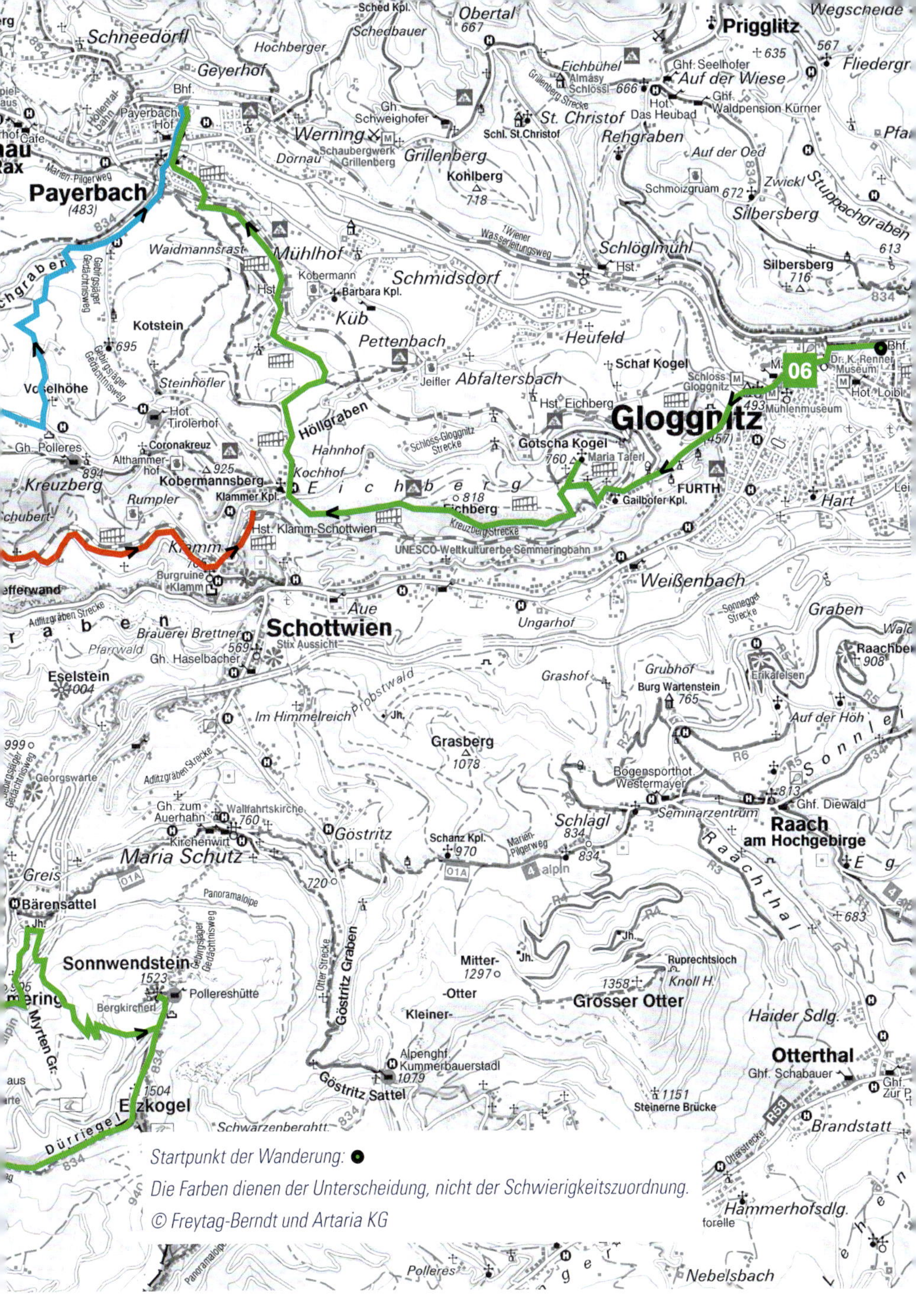

Startpunkt der Wanderung: ●

Die Farben dienen der Unterscheidung, nicht der Schwierigkeitszuordnung.

01 SONNWENDSTEIN | HIRSCHENKOGEL

In Kürze: 4 h, 700 Hm An-/700 Hm Abstieg, Zug/Bus, Kinder 10+, hundetauglich
Start/Ziel: Semmering-Passhöhe | **Anforderung:** nicht schwierig | **Wegverlauf, E, N:** Semmering-Passhöhe (div. E, N) – Almsteig – Sonnwendsteingipfel – Pollereshütte (E) – Erzkogel – Kammweg am Dürriegel – Brandstatt – Hirschenkogel (E im Liechtensteinhaus) – Brandstatt – Forststraße (unterwegs E in der Enzianhütte) – Semmering-Passhöhe (div. E, N)

02 BREITENSTEIN | PAYERBACH

In Kürze: 3 h, 300 Hm An-/600 Hm Abstieg, Zug, Kinder 6+, hundetauglich
Start: Bahnhof Breitenstein | **Ziel:** Bahnhof Payerbach-Reichenau | **Anforderung:** nicht schwierig, wenig anstrengend | **Wegverlauf, E, N:** Breitenstein/Semmering – Kreuzberg-Kamm – Sommerhöhe – Hotel Restaurant Alpenhof/Looshaus (E, N) – Abstieg zum Payerbachgraben und durch diesen nach Payerbach (div. E, N) zum Bahnhof Payerbach-Reichenau

03 LUCKERTE WAND | FALKENSTEINERHÖHLE

In Kürze: 3 h, 240 Hm An-/240 Hm Abstieg, Kinder 6+, hundetauglich
Start/Ziel: Im Adlitzgraben Parkmöglichkeit am Schranken der Forststraße in den Talhof, wo diese mit der „Kalte-Rinne-Straße" zusammentrifft | **Anforderung:** nicht schwierig, nur mäßige Höhenunterschiede | **Wegverlauf, E, N:** Schranke des Forstweges zum Talhof im Adlitzgraben – Talhof – Luckerte Wand – Gaißkircherl – Falkensteinerhöhle – kurzes Straßenstück zum Auto (nächste E beim Blunzenwirt in Breitenstein oder E, N im sehr empfehlenswerten Althammerhof in Klamm)

04 BAHNWANDERWEG

In Kürze: 4 h, 190 Hm Abstieg, Zug, Kinder 8+, hundetauglich
Start: Bahnhof Semmering | **Ziel:** Bahnhof Klamm | **Anforderung:** nicht schwierig, mäßig anstrengend | **Wegverlauf, E, N:** Bahnhof Semmering (im Ort zahlreiche E, N) – Wolfsbergkogel – Kurhaus – Aussichtswarte Doppelreiterkogel – „Zwanzig-Schilling-Blick" – „Villa Daheim" – ehem. Dampfwäscherei des Südbahnhotels – „Labestation" (fallweise E) – Fleischmann-Brücke – Rothleiten – Ghega-Museum (E) – Kalte-Rinne-Viadukt – Krausel-Klausen-Viadukt – Blunzenwirt (E) – Breitenstein – Rumplergraben-Viadukt – „Blauer Einschnitt" – Gamperlgraben-Viadukt – Wagnergraben-Viadukt – Bahnhof Klamm-Schottwien

05 PINKENKOGEL | KAMPALPE

In Kürze: 4,5 h, 550 Hm An-/760 m Abstieg, Zug/Bus, Kinder 10+, hundetauglich

Start: *Autoanreise:* Hotel Panhans, *Busanreise*: Semmering. Passhöhe, *Zuganreise:* Bahnhof Semmering | **Ziel:** Bahnhof Spital | **Anforderung:** nicht schwierig, mäßig anstrengend | **Wegverlauf, E, N:** Hotel Panhans (E, N voraussichtl. ab 2020/21) – Pinkenkogelhaus (dzt. geschlossen) – Abzweig zur Kampalpe/Weitwanderweges 01A – Kampalpe – Abstieg über Saurücken – Spital (div. E, N)

06 EICHBERG | KREUZBERG

In Kürze: 3,5 h, 260 Hm An-/270 Hm Abstieg, Kinder 8+, hundetauglich

Start: Bahnhof Gloggnitz | **Ziel:** Bahnhof Payerbach-Reichenau | **Anforderung:** nicht schwierig, mäßig anstrengend | **Wegverlauf, E, N:** Am Bahnhof Gloggnitz Bahnwanderweg Richtung Semmering folgen – Stadtzentrum Gloggnitz (div. E, N) – Schloss Gloggnitz – Waldweg zur Hochstraße am Eichberg – an Weggabelung rechts und nach (!) Tafel „Hochstraße 4" rechts in Feldweg – am Waldrand den Bildtafeln folgen zum Kirchlein „Maria Taferl" – Abstieg bis zur 5. Kreuzwegstation und geradewegs an den Waldrand – links in den ebenen Forstweg (Richtung Burg Wartenstein) – und („Kammweg" ignorieren!) nach rechts in den Bahnwanderweg Richtung Semmering – Klamm – Abstieg Bahnwanderweg nach Payerbach (div. E, N) – Bahnhof Payerbach-Reichenau

07 SPECKBACHERHÜTTE

In Kürze: 3,25 h, 550 Hm An-/550 Hm Abstieg, Kinder 8+, hundetauglich

Start/Ziel: Flackl-Wirt, Hinterleiten 12, 2650 Reichenau | **Anforderung:** nicht schwierig, mäßig anstrengend | **Wegverlauf, E, N:** Flackl-Wirt (E, N) – Stojerhöhe – Speckbacherhütte (E, N) – Gruber Kobel – Mayerhöfen – Flackl-Wirt

Für alle im Buch vorgestellten Touren gilt:

E = Einkehr, N = Nächtigung | Alpine Grundausrüstung ist unbedingte Voraussetzung! Bei Stahlseilen kann Selbstsicherung zweckdienlich sein.

HINWEIS: Die Auswahl und Beschreibung der Touren erfolgten nach bestem Wissen und Gewissen. Verlauf und Zustand von Wegen können sich ändern. Die Benutzung des Buches erfolgt auf eigene Gefahr. Verlag und Autorin übernehmen keinerlei Haftung.

WICHTIG: Informieren Sie sich vorab über Wetterverlauf, Fahrpläne öffentlicher Verkehrsmittel und Hütten-Öffnungszeiten! Wenn keine Einkehrmöglichkeit besteht, ist es ratsam, Getränke und Jause mitzunehmen.

01

SONNWENDSTEIN HIRSCHENKOGEL

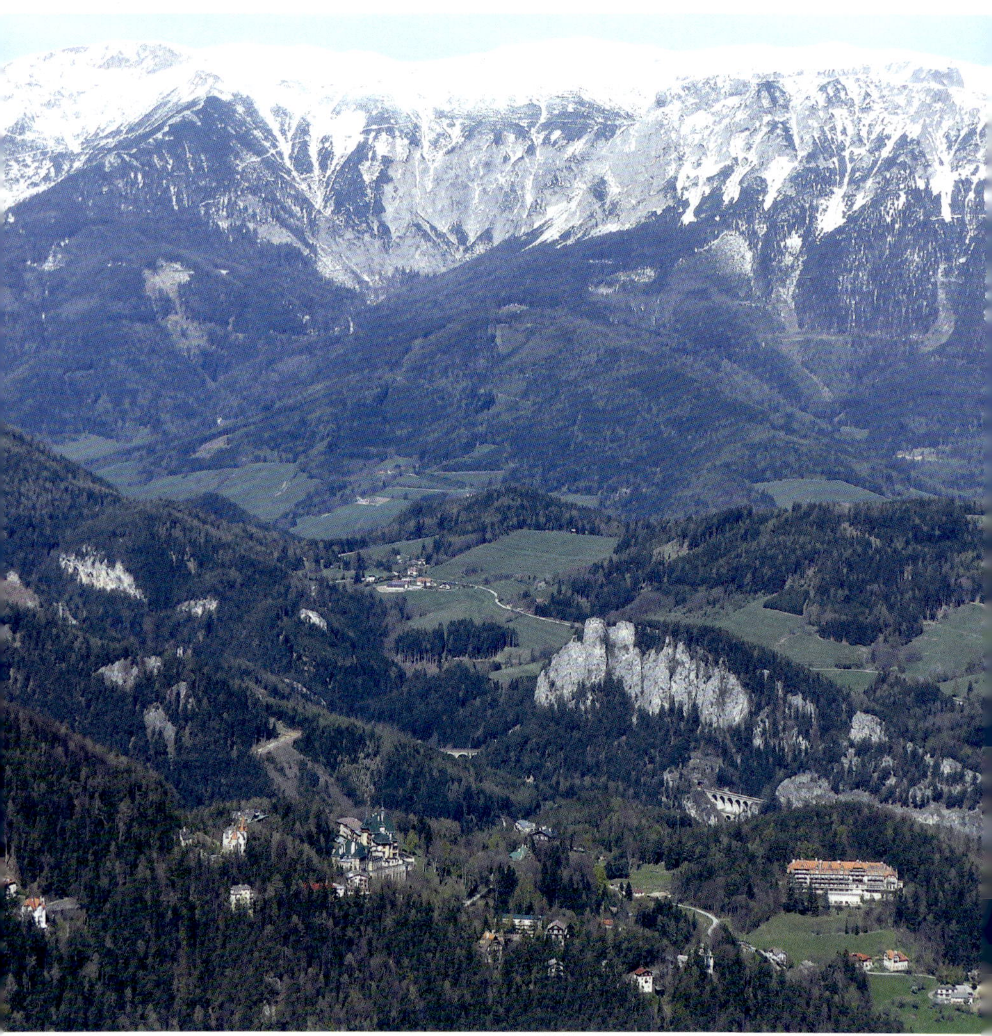

Panoramaweg mit Gipfelbesteigungen, Pollereshütte und „Blick"!

Die vier Adler aus weißem Marmor auf dem Barockdenkmal (S. 21) für Kaiser Karl VI. ragen an diesem Aprilmorgen in tiefes Himmelsblau. Vor den hiesigen Sportanlagen illustrieren sie den Spagat, den der Semmering seit jeher zu machen bemüht ist zwischen Tradition und Moderne, Sport und Kultur. Denn hinter den marmornen Adlern thront ein spaciges Oval aus Glas und Metall – die Zau[:ber:]g-Bergbahn.

Links davon folge ich der Carolusstraße bis zum Sporthotel. Vom Hotelparkplatz aus führt der Weg Richtung Maria Schutz zunächst bergab. Ich bin erst um neun Uhr gestartet, denn zeitiger läge dieses Waldstück im Frühjahr im Schatten des hohen Sonnwendsteins. So aber bezaubert das Licht. Das Grün der sich entfaltenden Buchenblätter leuchtet hell, der Laubteppich schimmert silbern und die Schatten der Bäume schmiegen sich in jede Mulde, über jede Kuppe. Felssolitäre durchsetzen das Gelände.

Zwei Mal überquert man ein trockenes Bachbett. Das zweite verläuft im Myrtengraben. In diesem Graben hätte die Weltgeschichte beinahe den Anstoß zu einem anderen Verlauf bekommen. Denn am 8. Oktober 1809 hatten Attentäter hier Gewehre auf ihr Opfer angelegt: Napoleon Bonaparte. Der Imperator kehrte jedoch um. So blieben die Kugeln in den Gewehrläufen und die Historie folgte ihrer Bahn.

Weiter geht es auf einer sacht ansteigenden Forststraße. Am Abzweig ist rechter Hand Richtung Sonnwendstein zu folgen. Nun durchsetzen den Mischwald immer mehr Kiefern, Fichten und Lärchen und erste Erika erfreuen mit ihrem Rosa. Links des Weges steht ein Kreuz auf einem Felsen. Bis hierher deckte sich der Wegverlauf mit dem des Weitwanderweges 01A zwischen Boden- und Neusiedler See, der nun (wie der Weg nach Maria Schutz) links abzweigt. Ich bleibe auf der Forststraße.

Dann biege ich, der Tafel zum Sonnwendstein folgend, nach rechts ab. Dieser Weg wird manchmal „Almsteig" genannt. Erst ist das ein Hohlweg, dann eine lange, aussichtsreiche Hangquerung. Neben Schneeberg und Semmering hat sich

Carolus-Denkmal

Auf dem von Fischer von Erlach (1693–1742) entworfenen Denkmal flankieren vier Adler die Weltkugel mit dem kaiserlichen Monogramm.

Semmering-Hirschenkogel Bergbahnen

Umfassen die Kabinenbahn Magic Mountain Xpress und sonstige Bergbahnen, den Split Park für Snowboarder und Freeskier, seit 2013 eine Ganzjahresbobbahn sowie ein europaweit konkurrenzloses Nachtpisten- und Rodelangebot, außerdem den Bikepark, welcher 200 Kilometer Radstrecken inklusive Downhill- und Freeride-Strecken sowie einen Ausrüstungsverleih inkludiert. Das „Alpincenter Semmering" bietet in seiner Ski- und Bikeschule Feriencamps, Aus- und Fortbildung sowie Verleih und Sportshop.

<

Blick vom Sonnwendsteingipfel über den Kurort Semmering, den Adlitzgraben und Kreuzberg hinweg zur Rax mit Preinerwand (in der Bildmitte)

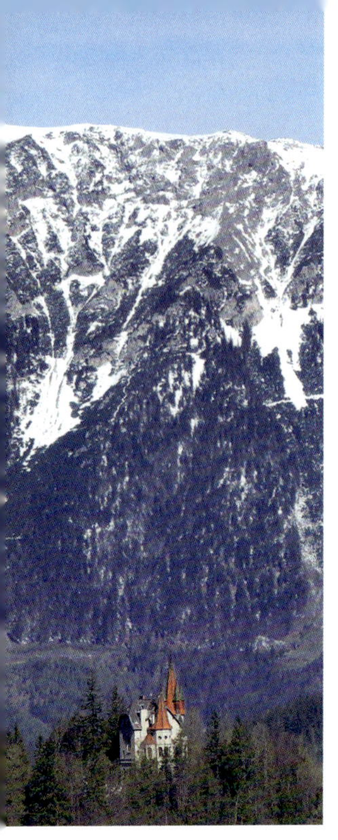

zunehmend der lange Rücken der Rax ins Bild geschoben – mit der Silhouette eines Schlösschens mit Neuschwanstein-Flair davor. Es hatte Viktor Silberer gehört, dem Medienmagnaten, Spekulanten, Sportsmann und Semmeringtourismus-Pionier, der sich das Haus als Statussymbol hatte erbauen lassen.

Schließlich gelangt man in lichten Wald, dessen Grund Schnee bedeckt. Die Temperatur sinkt merkbar. Nun folgen fünf sanfte Serpentinen den Wald hinan und eine Kehre auf der Forststraße, von der man linker Hand abzweigt auf eine Weide. Eine Armada verdorrter Grasbüschel verleiht dieser einen urwüchsigen Charakter. Darüber ragen die Sendestationen des ORF und der Telekom auf, vor deren Fundamenten im Sommer die Kühe weiden. Am Wiesenrand trifft man auf den Forstweg. Hier wende ich mich nach links und bin gleich darauf bei der Pollereshütte.

Vor der Einkehr steige ich aber hinauf zum Berggipfel. Darauf steht ein Kirchlein aus Holz und Stein und ich frage mich, ob sich am Sonnwendstein einst eine keltische Kultstätte befunden haben mag. Schon bei der Anfahrt hatte mich die Imposanz dieses Berges beeindruckt – mit seinen 1523 Metern lässt er seine Vorberge weit unter sich. Hier oben bietet sich ein grandioser Blick auf die Geländegliederung: die Mächtigkeit von Rax und Schneeberg, den Zauber von Semmering, Adlitzgraben und Kreuzberg und die Weite, die sich auftut vor diesen ersten bzw. letzten Bergen der Alpen ... (S. 16)

Im Bild ist auch die prosaische Brücke oberhalb des zwischen Felsen eingekeilten Ortes Schottwien. Durch dieses Nadelöhr presste sich jahrhundertelang aller Verkehr, wurden Öle, Gläser, Weine, Seidenstoffe transportiert. Für die 341 Kilometer auf der Venedigstraße von Villach über den Semmering nach Wien brauchte ein Fuhrwagen zwei Wochen. Die Transportkosten waren exorbitant. Hinzu kam die Straßenmaut ... Zwölf Mal wurden Händler auf dieser Strecke zur Kasse gebeten. Aber wo ein Wille, da ein Weg, heißt es. Der sprichwörtliche Weg war diesfalls ein tatsächlicher: Östlich des Sonnwend-

Silbererschlössl
Für Viktor Silberer (1846–1924) 1895 nach Plänen von Architekt Josef Bündsdorf (1858–1926) errichtet.

Bergkapelle
1935 erbaut, war im Zweiten Weltkrieg Beobachtungsposten, Fliegerabwehr- und Relaisstation. 1956 renoviert.

^
Silbererschlössl vor der Rax, vom „Almsteig" aus gesehen

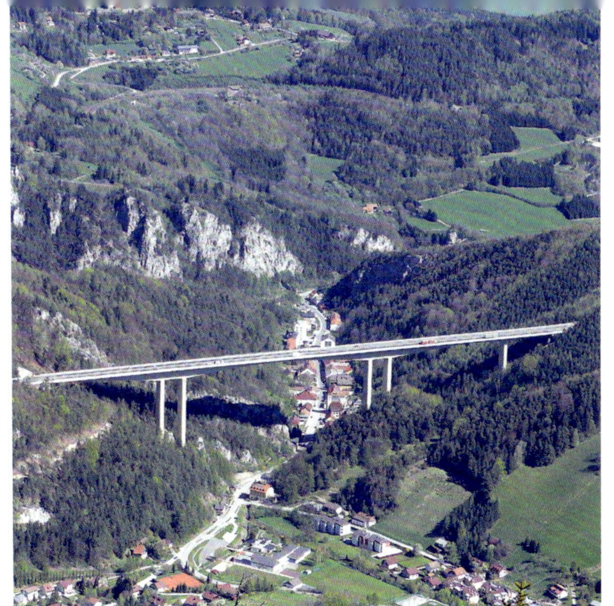

Brücke Schottwien
130 m hoch, 632 m lang; 1989 eröffnet. Während ihrer Erbauung fielen Betonteile herab, weshalb sie den Spitznamen „Bröselbrücke" bekam. Die Künstlerin Renate Kordon hat auf der Straße in Schottwien eine Gestaltung realisiert, die die Schatten der Brücke im saisonalen Rhythmus miteinbezieht.

steins wurden so oft italienische Weine geschmuggelt, dass sich bis zu 20 Zentimeter tiefe Spurrinnen in seinen felsigen Grund einkerbten und man die Passage „Weinweg" nannte!

Schottwiens Lage am Fuß des Semmerings war Mitgrund für seinen einstigen Boom, denn bis 23 Prozent Steigung auf der Passstraße bedingten den Vorspann von Ochsen und Pferden – sodass Schottwien zu einer wichtigen Umspannstation wurde, umso mehr, als ab 1730 regelmäßiger Postkutschenverkehr begann.

In der Pollereshütte genieße ich geröstete Knödel mit Salat im Freien sitzend vor Otter, Wechsel und dem „Land der 1000 Hügel", der Buckligen Welt.

Dann wandere ich weiter zum Erzkogel mit 1504 Metern. Mit ihm beginnt der landschaftliche Hochgenuss dieser Wanderroute – der Kammweg am Dürriegel von hier bis zum Hirschenkogel. Ich fotografiere das Panorama: Wechsel und Stuhleck, über den Hirschenkogel hinweg ins Fröschnitztal, den Semmering mit Pinkenkogel, Ochnerhöhe und Drahtekogel sowie Schneealpe und Veitsch, die Rax, den Schneeberg mit Gahns und Feuchter und davor den Kreuzberg. Das Grand-Hotel Panhans am Semmering wirkt wie ein Kreuzfahrtschiff auf grünen Wogen.

Postkutschen
Sie waren das erste öffentliche Verkehrsmittel und hatten zunächst weder Stoßdämpfer noch Federungen. Bei Nässe blieben ihre eisenbeschlagenen Räder leicht stecken. 10 km/h Maximalgeschwindigkeit. Mit Aufnahme des regelmäßigen Postkutschenverkehrs begann jeden Donnerstagnachmittag bei der „Goldenen Gans" am Rotenturmtor in Wien die Reise über den Semmering bis nach Fiume.

^
Brücke über die Talenge von Schottwien

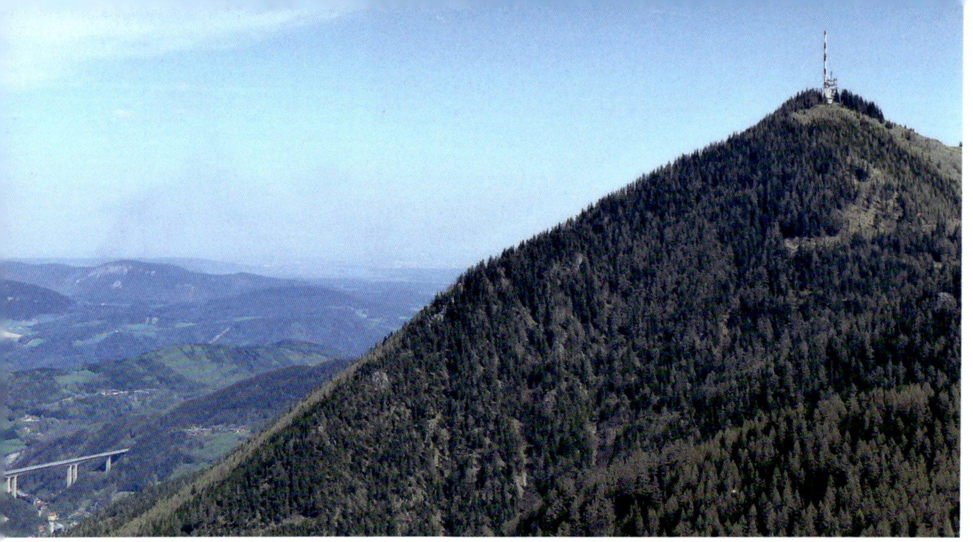

Sonnwendstein
Dieser Berg ist eine riesige „Sonnenuhr", weil, vom entsprechenden Standort aus, die Sonne bis zur Wintersonnenwende links von seinem Gipfel untergeht, danach rechts.

∧
Aussicht vom Kammweg Richtung Sonnwendstein

∧ ∧
Blick vom Hirschenkogel zum Schneeberg (mit Panoramarestaurant)

∧ ∧ ∧
Bergrettungsstützpunkt am Hirschenkogel

>
Carolus-Denkmal

Am Ende des Rückens steige ich durch Fichtenwald ab. Hier liegt noch Schnee.

An der Brandstatt trifft man auf die Forststraße. Statt von hier gleich abzusteigen, mache ich noch den kurzen Ausflug hinauf zum Hirschenkogel mit Aussichtswarte, Panoramarestaurant Liechtensteinhaus und den Liften. In Sachen Wintersport spielte der Semmering eine Pionierrolle: Schon um 1888 waren Skifahrer hierhergekommen, und bald setzte man erfolgreich auf die zunächst besonders von Adeligen geschätzten *sports*. Das erste Bobrennen Österreichs wurde hier 1906 ausgetragen. Ab 1910 gab es eine Schanze, eine Bobstrecke und eine Rodelbahn (vgl. Kos Ü 151). Seit 1995 wird der Wintersport wieder stark forciert und von In- und Ausländern frequentiert. Das mit dem Sport einhergehende Getriebe hat sein augenfälliges Für und Wider. Das Panorama mit Semmering, Rax und Schneeberg aber begeistert mich! Mich rührt auch, was ich durch das Fenster eines enzianblauen Containers, das hiesige Bergrettungsquartier, sehe: drei Akjas, sorgsam gepackt – ein Bild für die Hilfe, zu der sich Bergrettungsleute in ihrer Freizeit bereithalten.

Dann steige ich auf die hohe Aussichtswarte. Meinen Blick nehmen die beeindruckenden Haarnadelkurven der alten Semmeringpassstraße gefangen. Von 1899 bis 1933 fanden auf ihr die legendären Semmering-Auto- und Motorrad-Rennen von Schottwien herauf statt und bis zur Inbetriebnahme

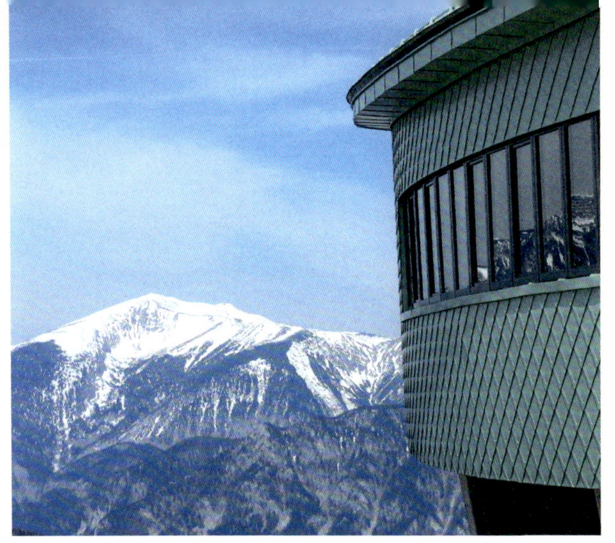

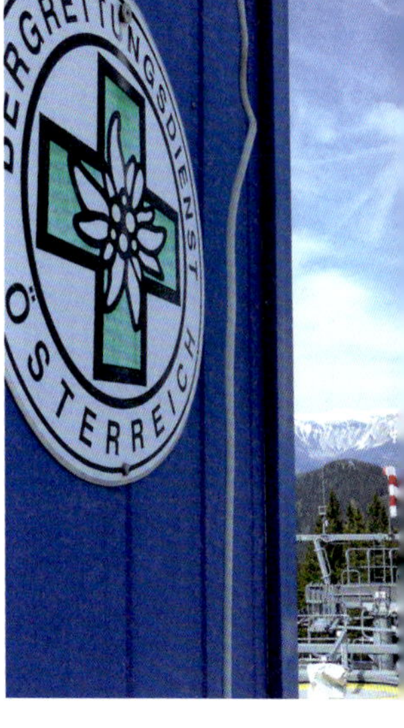

der S6 im Oktober 2004 wälzten sich auf ihr täglich bis zu 12.000 Autos, inklusive LKW, über den Pass.

Ins Tal gelange ich auf sanften Kurven der Forststraße, die ich zwei Mal am Pistenrand abkürze. Nach vier Gehstunden bin ich zurück am Semmeringpass. Im Jänner 1803 hatte diesen ein Dichter im Schnee stapfend überquert – Johann Gottfried Seume, zu Fuß unterwegs nach Syrakus in Sizilien! In seinem Reisetagebuch hatte er über diesen befunden: „Der Sömmering ist kein Maulwurfshügel!" (Seume 53)

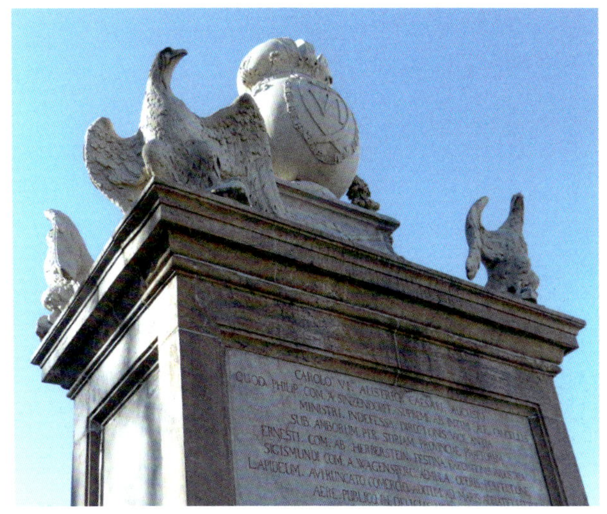

Millenniumswarte

Die 1999 errichtete Holzkonstruktion überragt den Hirschenkogel (1350 m) um 25 Meter. 155 Stufen, 360-Grad-Panoramablick.

S 6

Mit 105 Kilometern zwischen Seebenstein und St. Michael die längste Schnellstraße Österreichs. Hat 14 Tunnels (davon sechs durch den Semmering) mit 17 Kilometern Gesamtlänge. Ist im Rang einer Autobahn vignetten- bzw. mautpflichtig.

Johann Gottfried Seume

(1763–1810) Deutscher Dichter, der seine 7000 km lange Fußreise von Leipzig über Wien, Venedig, Rom und Neapel nach Sizilien in seinem Werk *Spaziergang nach Syrakus* beschrieb.

02

BREITENSTEIN PAYERBACH

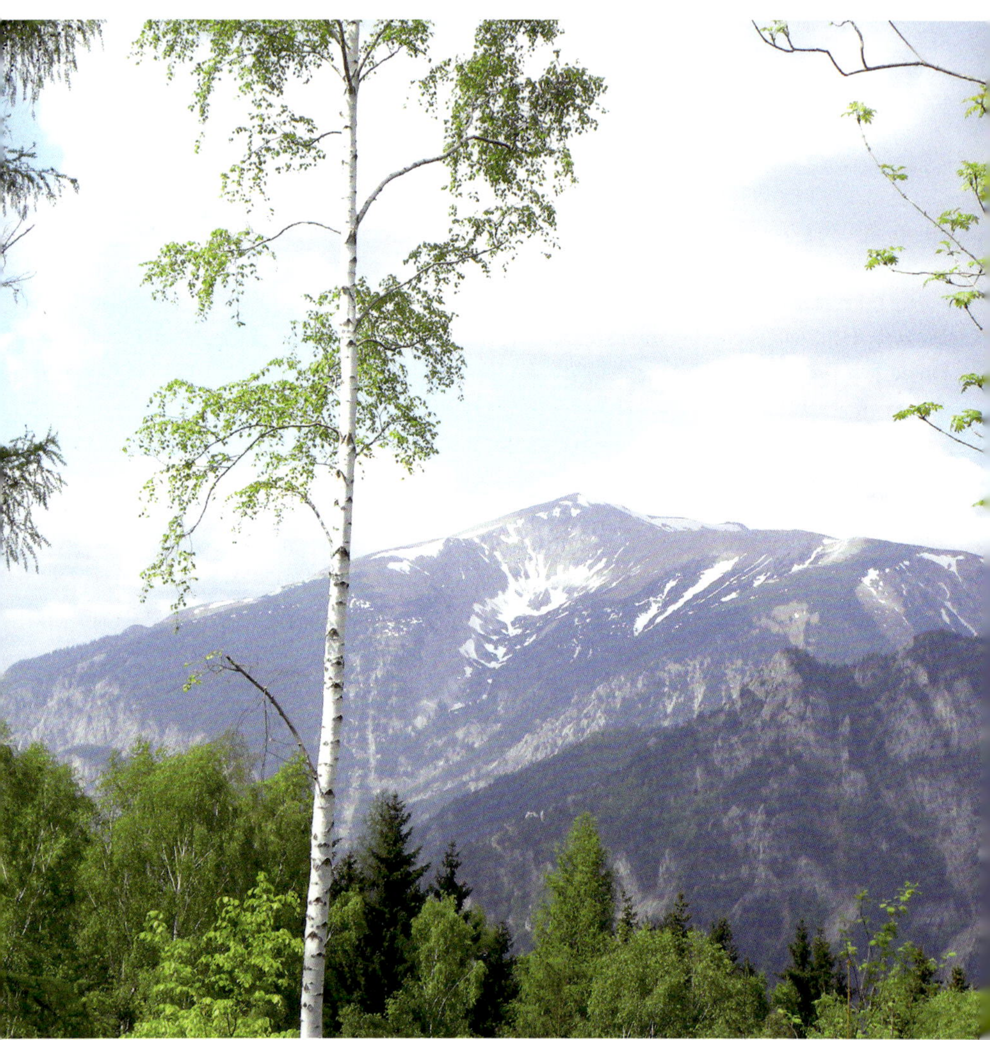

Genussreiche Kreuzberg-Überschreitung mit dem Schneeberg als Begleiter und Einkehr im Looshaus und Payerbacherhof

In Breitentein aus der Semmeringbahn gestiegen, folge ich erst der buchenbestandenen Straße nach Reichenau, Orthof und Speckbacherhütte und genieße den schönen Blick auf die Bahntrasse von einem Aussichtsplatz links der Straße.

Nach etwa zehn Minuten weist an der „Orthofstraße 20“ ein gelbes Schild nach rechts zum Waldweg Richtung Speckbacherhütte. Sofort wird ersichtlich, wie sehr sich dieses Gelände vom Kalk auf Rax und Schneeberg unterscheidet: Die Steine sind seidig glatt, schimmern blaugrau oder silber und sind vielfach bemoost. Den Waldboden bedecken Heidelbeeren.

Der nahe Wiesenhang lädt ein, den Bienen, dem „Lüfterl“ zu lauschen, dem Verdunsten des Morgentaus zuzuschauen. Der verträumt wirkende Semmering zieht den Blick auf sich. Ich fotografiere ihn aus dem Blickwinkel eines Gänseblümchens.

Wenige Kurven führen nun durch ein kurzes Waldstück. Darauf folgt ein zweiter, aussichtsreicher Wiesenhang samt Tausenden Löwenzähnen, Bauernhof, Apfelbäumen und Kühen. Spätestens hier beginnt, was ich „Werfel-Land“ nenne. Weil Franz Werfel in einer nahen Villa einsiedlerisch gelebt und unter ihrem Dach tagtäglich bis zur Erschöpfung geschrieben hat – aufgeputscht von Kaffee, Zigaretten und seiner Inspiration (vgl. Rieger 112). Das regt an, mit den Büchern jener Autoren, denen diese Berge Erholungs- und Arbeitsraum waren, lesen

Grünschiefer

Ablagerungen aus dem paläozoischen Meer, Blau- oder Grünsteine genannt. Im Bauwesen genutzt, auch für Villen und Bauten der Semmeringbahn, z. B. ihre Bahnwächterhäuser.

<

Die Gipfelpyramide des Schneebergs mit dem Feuchter davor, gesehen vom Kreuzberg-Kamm

v

Kuhweide am Kreuzberg

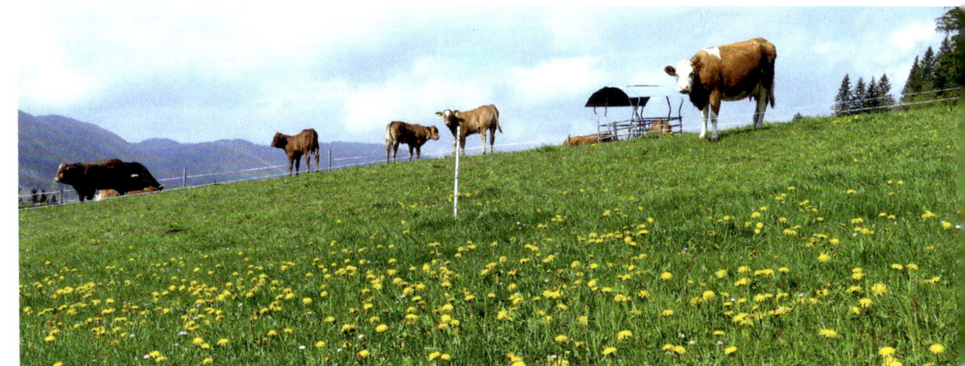

Werfel am Kreuzberg

Franz Werfel (1890–1945) hat in der von Alma Mahler 1913 erbauten Villa 1919 und während der Sommer 1920 bis 1922 sowie mitunter in den 1930er-Jahren gearbeitet. Nach 1945 wurde das Haus von der Roten Armee requiriert und dann von der Korneuburger Schiffswerft als Ferienheim für ihre Angestellten genutzt. Heute Privatbesitz am „Werfelweg".

Kreuzberg

Der Name leitet sich vom Koronakreuz ab, einer Pestsäule, die 1679 auf dem östlichen Kreuzberg von Ortsansässigen errichtet worden war zum Dank dafür, dass sie die Pest, die damals im Semmeringgebiet wütete, verschont hatte.

\>

Schiebefenster von Adolf Loos

\>>

Beispiel für eine der Fenster-Interpretationen am Kreuzberg

zu gehen: mit Doderer auf die Rax, mit Altenberg auf den Pinkenkogel, mit Raimund auf den Mariahilfberg…

Auf dem Kamm des Kreuzbergs angelangt, liegt eine Stunde genussreichen und mühelosen Gehens zum Alpenhof vor mir: Diese „Wanderung" hat höchste Kinder-, Hunde- und Plauder-Tauglichkeit, auch wenn der Forstweg anfangs etwas steinig bergab führt. Heute spielt die Sonne zwischen Fichten und Buchen mit den Schatten der Bäume fangen auf dem Boden. Und das Blau der Vergissmeinnicht „blinkt" im wechselnden Licht. Immer wieder grüßt der Schneeberg (S. 22).

Der „Kreuzberg" ist weniger Berg als ein langer Höhenzug und mit seiner Beschaulichkeit zwischen Villen und Bauernhöfen, Wiesen und Wäldern „eine eigene Welt". Das zeigt sich auch auf der 15 Minuten später erreichten Sommerhöhe, wo einige entzückende Villen über Wiesen zu Rax, Schneeberg, Gahns und Feuchter blicken.

Ab hier ist der Forstweg feinschottrig und eben. Am Totenberg weist ein Schild den Weg zum Looshaus. Er beginnt als schmaler Pfad über eine Lichtung – auch so kann man zu einem haubenverdächtigen Restaurant gelangen! Denn das einstige Landhaus der Fabrikantenfamilie Khuner ist heute das Hotel-Restaurant Alpenhof, auch Looshaus genannt. Der berühmte Architekt hatte dieses Haus mit Charakteristika des Heimatstils ausgestattet – die 1930 fertiggestellte Villa ist ein Vollblockhaus auf Natursteinsockel mit flachem Satteldach. Auf Dekor verzichtete Loos dabei aber völlig. Denn das Malerische lehnte er ab, gerade in der Natur. Dafür überließ Loos den Bergen, dem Licht, dem Ausblick die Wirkung: Am eindrucksvollsten bezeugt das die zentrale, 4,5 Meter hohe Halle mit ihrem riesigen Fenster. Hier speist man heute an einem der Tische an der Glasfront mit dem Schneebergmassiv vor sich wahrhaft fürstlich… Wie immer steht auf dieser Speisekarte Saisonal-Regionales. Heute locken u. a. Lammkoteletts (vom nahen Althammerhof) mit Bärlauchsauce, frischem Spargel und Erdäpfelstrudel… Das nehme ich, mit einem Gläschen

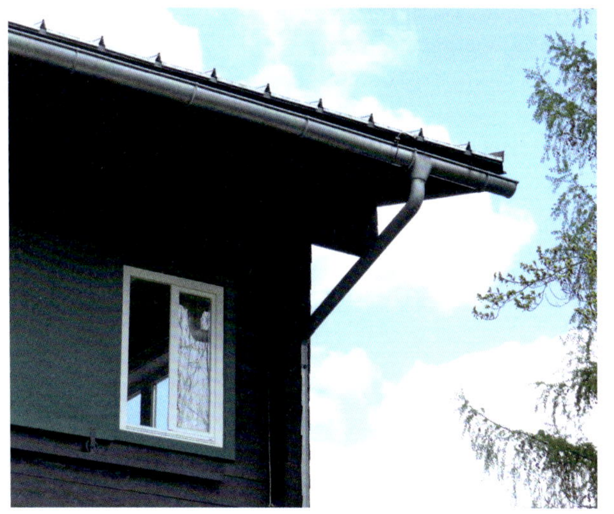

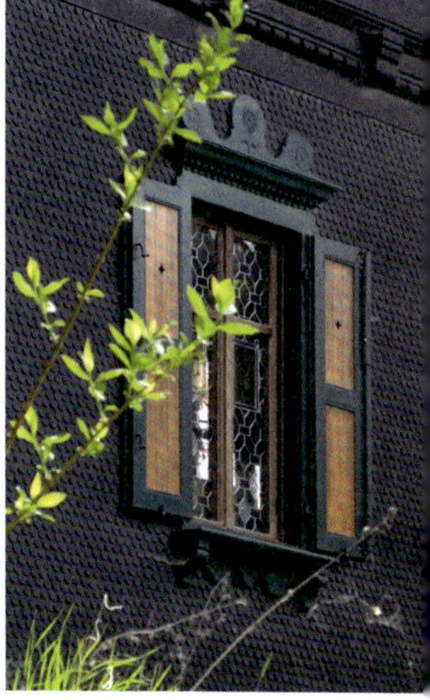

vom feinen Roten, gefolgt von einer Rhabarber-Joghurt-Terrine auf Walderdbeerenspiegel. Wer sich dem Genuss ganz hingeben will, der verlege seine Anreise mit der Bahn auf den Abend, spaziere hierher, speise und nächtige in einem der Zimmer, für die Loos jeweils eine eigene Farbe gewählt und an Japan erinnernde Schiebetüren und -fenster entworfen hat – und setze seine Tour erst am nächsten Tag fort …

Wo die Hotelauffahrt mit der Kreuzbergstraße zusammentrifft, ist der Küchengarten der Familie Steiner, der sicherstellt, dass die Gäste hauseigenes Biogemüse serviert bekommen. Hier hat selbst die Petersilie einen beneidenswerten Bergblick. Jetzt habe ich der Straße ein paar Minuten bergan zu folgen. Meinen Gang untermalen einige Takte Blasmusik. Aber schon ist die Kapelle wieder verstummt.

Bei der Bushaltestelle oben an der Kuppe folge ich dem Hinweis „Payerbachgraben“ nach links. An zwei schönen Villen vorbei geht es bergab, erst auf der Forststraße, dann auf einem Waldweg. Zwischen Birken und Kiefern schaut man auf die Rax und die beliebte Skiabfahrt „Langer Mann“. An

Looshaus

1938 wurde der Khuner-Besitz arisiert, die „Kuner Mayonnaise“ erinnert an die Familie. Das Haus überstand den Zweiten Weltkrieg unbeschadet, war Erholungsheim für Bauarbeiter, wurde 1959 von der Tauplitzer Hüttenwirtin Ilse Wurdack, Großmutter der heutigen Gastronomen, ersteigert. Seither im Besitz der Familie Steiner. Seit 2001 führen die Geschwister Hanna Sehn und Norbert Steiner das (seit 1963) denkmalgeschützte Haus.

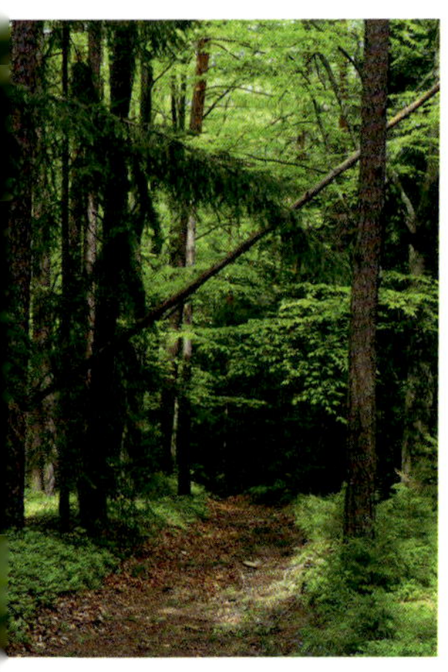

Arnold Schönberg
(1874–1951) Er schloss sein Opus 4 am 1. 12. 1899 ab.

Kirche Jakobus der Ältere
Gegründet wohl durch Graf Ekbert I. von Formbach-Neuburg-Pitten († 1144). In der Gotik Ausbau zur zweischiffigen Hallenkirche, in den 1880er-Jahren regotisiert, 1970 restauriert.

Berg-/Riesenmammutbaum
Sequoiadendrum giganteum, beheimatet in der Sierra Nevada, wo er bis auf 2500 Meter Seehöhe vorkommt, kann bis zu 95 m hoch werden.

diesem Maifeiertag ist er bloß ein haarfeiner Strich. Da spielt erneut die Kapelle ein paar Takte – Trompeten, Große und Kleine Trommel, Tschinellen sind zu hören. Ich möchte die Musikanten fotografieren, wie sie auf der Kreuzbergstraße zwischen Wiesen wandernd musizieren. Den Wiesen und Bergen ein Lied spielen – wie poetisch das ist! Waren es Anblicke wie diese, die Arnold Schönberg zur Vertonung des Gedichtes „Verklärte Nacht", sein 1899 in Payerbach komponiertes Opus 4, inspirierten? Von den Damen und Herren Musikanten ist jedoch nichts mehr zu vernehmen. Sie werden aber auch oft eingeladen zum Kaffee oder auf ein Gläschen vom Feinen... Wie etliche Autos vorher hält ein roter Porsche auf der Straße – auch sein Halt wird wohl der Aussicht geschuldet sein...

Nach einem Waldstück und einem Steilhang bin ich unten an der Straße durch den Payerbachgraben, der ich talauswärts folge. Das Talende überbrückt das 1849 bis 1851 von Ing. Andreas Theuer aus hartem Grünschiefer erbaute fünfbögige, 61 Meter lange Eisenbahnviadukt. Hier beginnt eine der mit 25 Promille steilsten Strecken der Semmeringbahn.

Am Ortsbeginn von Payerbach steht links auf einem Felssockel sein ältestes und bedeutendstes Bauwerk: die Pfarrkirche Jakobus des Älteren, deren Geschichte im 12. Jahrhundert als einschiffiges romanisches Kirchlein begann. Nach den Ungarnkriegen bot es den Menschen als Wehrkirche Schutz. Später wurde sie ausgebaut und regotisiert. Daneben wächst ein riesiger Mammutbaum.

Wenige Schritte weiter lädt ein Portal zum „Eingang in den Park" mit seinem 1909 errichteten, verzierten Holzpavillon direkt an der Schwarza. Auch in Payerbach begann das Sommerfrische-Leben mit Fertigstellung der Semmeringbahn so richtig zu florieren: Hotels, Geschäfte, ein Schwimmbad (ab 1910 samt „Damenbecken"), der Park wurden gebaut, Kahnfahrten auf der Schwarza angeboten, Konzerte im Pavillon gegeben... Und Villen wurden gebaut – zu sehen z.B. in der Dr.-Eduard-Coumont-Straße, der Anton-Weiser-Straße und

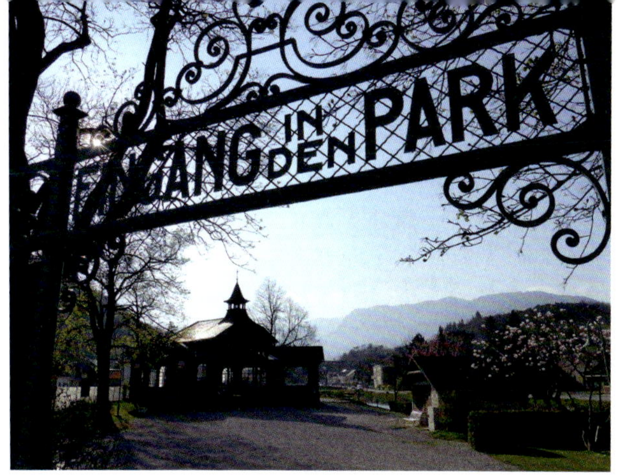

der Mühlhofstraße. Mich bringen diese Villen oft zum Träumen vom Leben darin: von Einmachgläsern mit angesetzten grünschaligen Nüssen, die langsam zum Likör reifen, von Schwammerln, die zum Trocknen am Dachboden liegen, von Kräuterbüscheln, die duftend von Balken hängen, von Festen unter der Kastanie und der Holzveranda, wo man, wenn's nieselt, geschützt an der Luft sitzt und liest und Tee trinkt …

Am Hotel Payerbacherhof an der Hauptstraße schätze ich alles, besonders, dass Heinz Hübner seinen Gästen – neben den Annehmlichkeiten eines Komforthotels – im Schankbereich noch immer die Gemütlichkeit eines Dorfwirtshauses bietet. Hier treffen sich jeden Dienstagabend Musizierende am Stammtisch. Sie sind kein Verein, aber ihre Freude am Singen ist so haltbar, dass ihre Treffen seit über zwanzig Jahren stattfinden … Was man von ihnen am häufigsten zu hören bekommt, sind Lieder der großen amerikanischen Songwriter wie Dylan, Baez, Guthrie, Mitchell, Young, Reed …

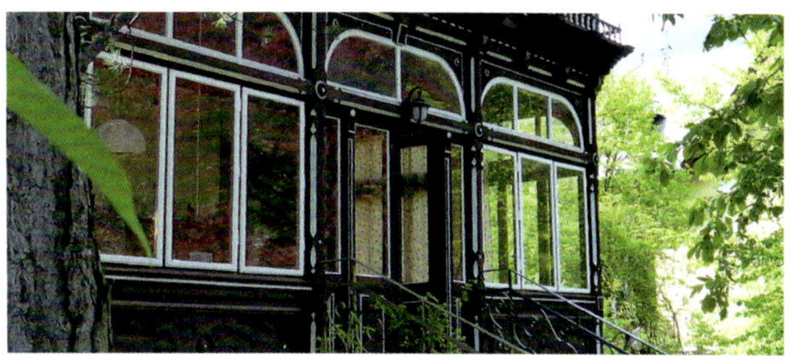

Payerbach
Jungsteinzeit-Jäger durchstreiften die Region. Am Grillenberg in der späten Bronzezeit (1200–800 v. Chr.) Kupfer- und ab 1790 Eisengewinnung. Ein Dolmen in der Mühlhof-Au bezeugt keltische Siedler. Erstmals 1094 erwähnt, als Graf Ekbert I. dem bayerischen Benediktinerstift Formbach Güter im Pittner Land, darunter ½ Hube (ca. 15 Joch) in „beirbach" (auch *Pairpach, Bayerbach, Peyerbach*), schenkte. 1805 und 1809 Plünderungen durch Franzosen.

Villenstile
Einerseits der auf Erholung fokussierende mit „ländlichen" Formen (Tiroler-/Schweizerhausstil) und andererseits der repräsentative Baustil oft mit Dekors des romantischen Historismus.

^ ^
Am Abstieg

^
Entrée zum Payerbacher Kurpark

<
Payerbacher Villenveranda

03

LUCKERTE WAND FALKENSTEINERHÖHLE

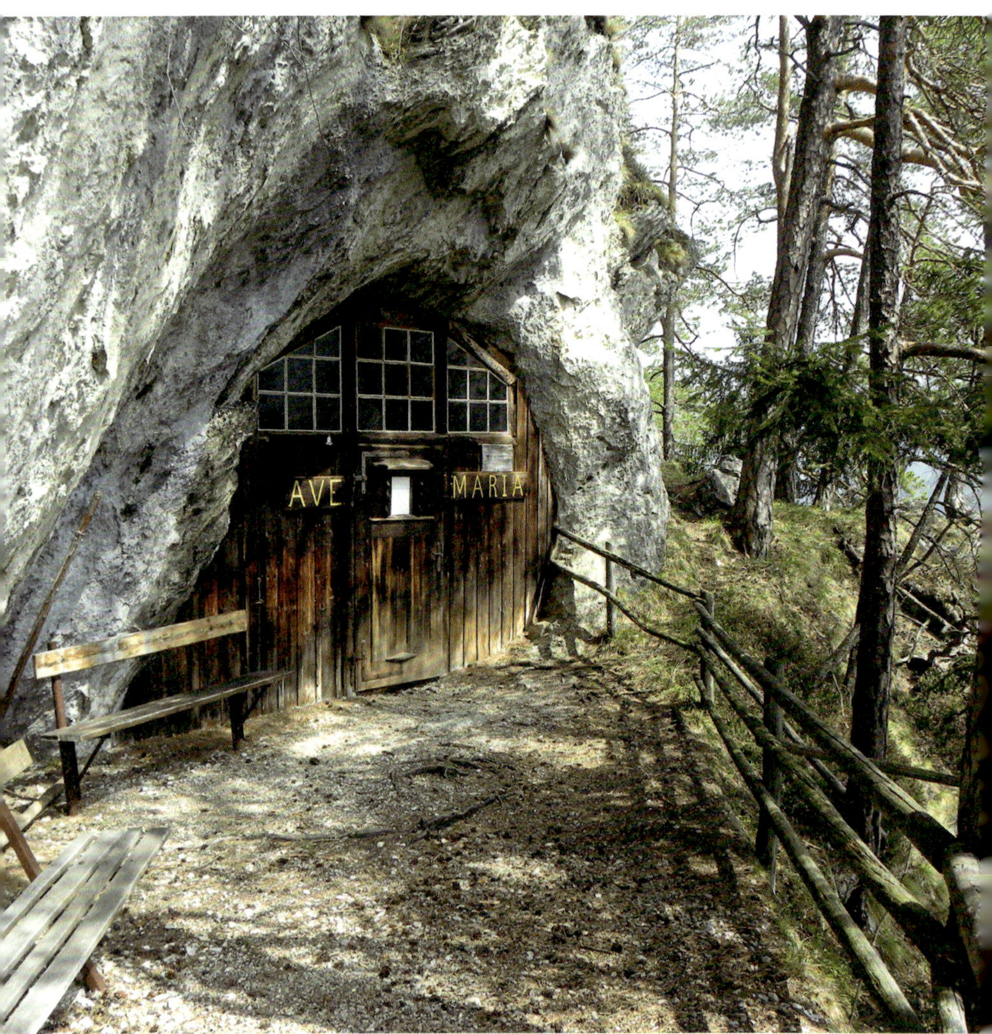

Der Mystik und den Höhlen des Adlitzgrabens zur Feier

Auf der Anfahrt zu meiner Tour liegt an diesem ersten Mai morgens ein zarter Schleier über allem. Er macht aus dem Landschaftsbild – komponiert aus den hellen Grau-, Grün- und Blautönen seiner Felsen, Wälder und des Himmels – ein duftiges Aquarell. Was den Blick daran bannt, ähnelt einem Trugbild der Fantasie: Die auf senkrechtem Felsen thronende Burgruine Klamm.

Nach 1827 hatte diese Johann I. Fürst Liechtenstein gehört. In ihrer dekorativen Gruseligkeit eignete sie sich bestens als Krone der fürstlichen Inszenierung eines panoramatischen Landschaftsgartens englischen Stils zu ihren Füßen. Fast jeder, der den Semmering überqueren wollte, musste in Schottwien warten – darauf, dass die Pferde gewechselt, gebrochene Achsen repariert, das Nachtlager bereitet wurde. Währenddessen konnten Reisende zum nahen „Panoptikum der Sinnesreize" mit Gloriette, Schweizerhaus, Grotten, kleinem See und Wasserfall schlendern und sich wohlig gruseln, was biedermeierliche Zeitgenossen so schätzten, angesichts schaurig-schöner Szenerien wie der des Adlitzgrabens (vgl. Kos Ü 41).

Am Ortsanfang von Schottwien rechter Hand in den Adlitzgraben eingebogen, passiere ich den Standort jener ehemaligen Anlage. In Breitenstein zweige ich in die „Kalte-Rinne-Straße" ab, die bis 23 Prozent Steigung hat. Der Adlitzgraben ist ein tiefes Tal zwischen engen Felsen wie der Polleros- und der Weinzettelwand. Auf dem feuchten, dunklen Waldgrund des Talschlusses liegen Felsfindlinge, wild gespalten und weit überhängend. Ihre mit Blaualgen bewachsenen Flächen schimmern stahlblau, der von Gräsern, Halmen und Farnen bedeckte Boden leuchtet in vielen Grüntönen. Es ist jene Landschaft, der Heimito von Doderer das allzeit mögliche Auftreten der von ihm so geliebten Drachen zugeschrieben hat. Wenn Nebel den Wald verschleiert und nur das Geräusch fallender Tropfen die Stille durchbricht, wirkt die Gegend umso mystischer, wildromantisch ist sie immer. An heiteren Frühlingstagen wie heute zeigt sie ihre liebreizende Seite.

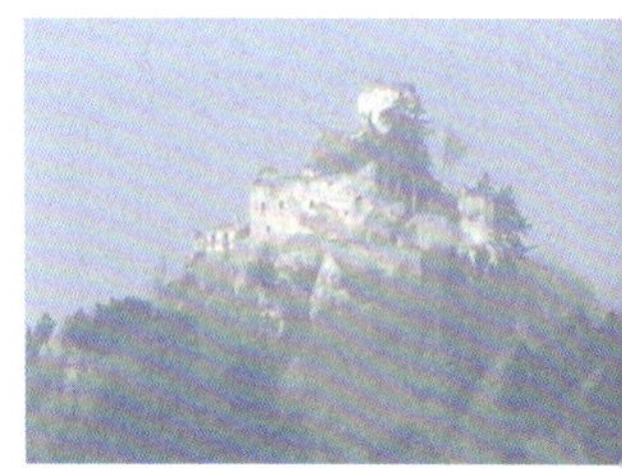

Schottwien

Einst prosperierendes, regionales Zentrum, bedingt vor allem durch seine Lage: Von 1728 bis 1841 brauchten alle Fuhrwerke Vorspannpferde oder -ochsen. 1889 gab es hier 15 Gasthöfe. Von 1842 bis 1845, als die Semmeringbahn in Gloggnitz endete, erfolgte der Transport über den Pass mit Pferdefuhrwerken. Auf der B 17, der „Triester Bundesstraße", rollte sodann eine ständige Verkehrslawine durch den Ort. Die seither in Schottwien eingekehrte Ruhe hat ihren Preis: Die S 6 verläuft hier auf einer gewaltigen, das Tal überspannenden Autobahnbrücke …

<

Natur und Mystik: der Eingang zum Gaißkircherl

^

Die „traumhafte" Burgruine Klamm, von Aue aus gesehen

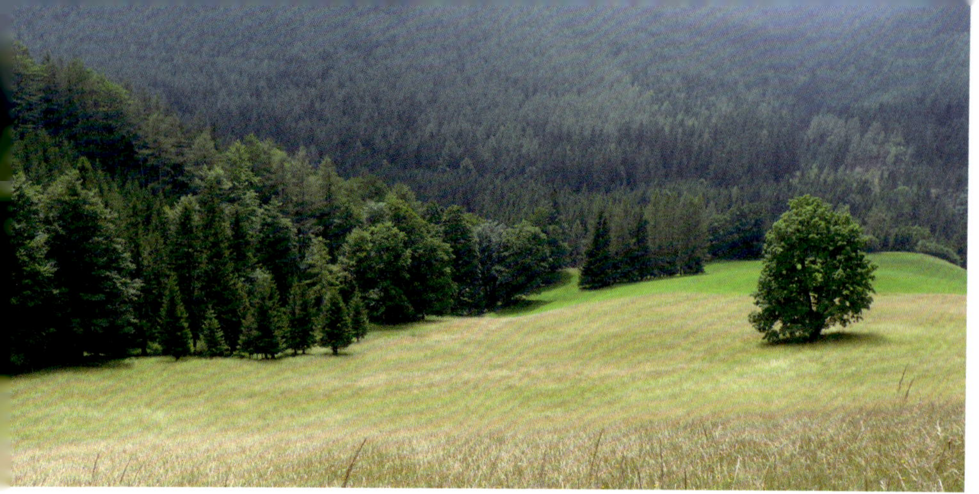

^
Wiesen und Wälder im Talhof-Gebiet: Stille pur

^ ^
Idyllischer Rastplatz Luckerte Wand

^ ^ ^
Luckerte Wand, 1181 m

Ich parke das Auto vor dem Schranken am Beginn der Forststraße. Sie führt in etwa fünf Viertelstunden kaum ansteigend zum Talhof. Anspruchslose Strecken wie diese haben ihr Gutes: Sie geben meditativem Gehen Raum oder erlauben, den Fokus auf ein Gespräch oder seine Innenwelt zu richten. Einzelne Felsen säumen anfangs den Weg. Der frühlingsfrische Mischwald erfreut mit leuchtenden Buchenblättern, Vogelgesang und dem süßen Duft des Seidelbastes.

Ein Forsthaus am Weg erinnert mich mit seiner geordneten, stattlichen Ländlichkeit an Stifters *Nachsommer*. Der Talhof tut das umso mehr: ein weiter Talgrund mit Teichen, Weiden, wenigen, gepflegten Gebäuden und einer nördlich wirkenden dunkelbraunen Holzkirche mit Butzenscheibenfenstern und schlichtem, holzgetäfeltem Innenraum. Dieser stille, waldumstandene Talgrund ist wie ein in Glas gegossenes, Stifter'sches Idyll, samt ehemaligem fürstlichem Jagdschloss. Heute wirkt im Talhof die Gemeinschaft „Maria, Königin des Friedens".

Ein Kuckuck ruft mehrmals. Ich wende mich der Forststraße zu, die am Schloss vorbei den Hang sacht hinansteigt und raste bald am Rand eines Wiesenabhangs. Ich verliere mich im Anblick der ihn umgebenden Wälder mit ihrem Smaragdgrün, ihrer Weite, ihrer Ruhe. Es ist ein Mysterium um die Stille dieses Meers von Bäumen, um das Dunkel ihrer Schatten dazwischen. An einem Zweig hängt ein Spinnennetz. Schlingernd bezeugen seine Silberfäden jeden Lufthauch. Wie schön das

Jagdschloss

Für Johann II. Liechtenstein von Gustav von Neumann um 1914 erbaut, war es für Fürst und Fürstin Liechtenstein häufiger Wohnsitz.

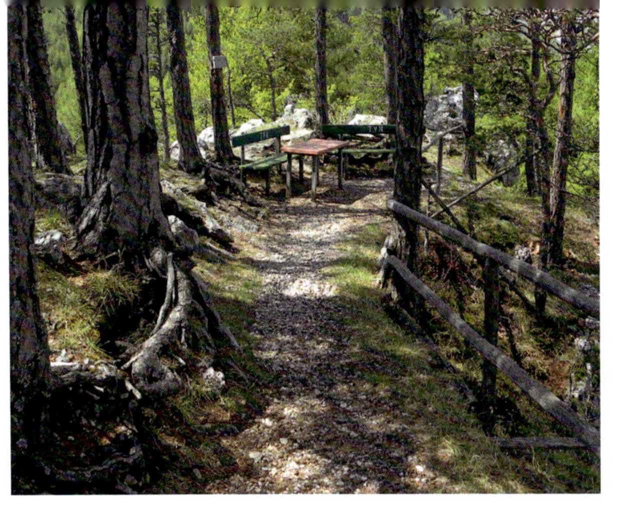

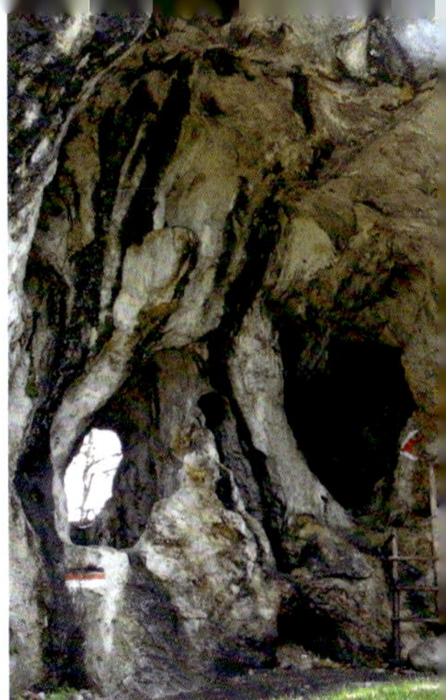

sanfte Windspiel im Blattwerk ist, der Ruf des Kuckucks! Ich träume davon, diesen Klangteppich mit klassischer Musik zu unterlegen – vielleicht würde dieses Miteinander für das jeweils andere hellhöriger machen.

Jenseits der Kuppe führt die Forststraße einige Kehren abwärts durch stille Fichtenwälder. Bei der Kreuzung geht es erst rechts, dann links, bis bald die „Luckerte Wand" erreicht ist – ein pittoreskes, den Kamm zierendes, etwa zehn Meter hohes Felsensemble. Dank einiger Holzleitern kann man den Fels durch eines der namengebenden Löcher durchqueren. Im Inneren fokussiert sich der Blick auf perspektivisch bedingte, unterschiedliche Vignetten des Waldes – einen Baumwipfel, einen Ast, das Unterholz.

Unter dem Felsüberhang wurde früher Feuer gemacht. Es ist vorstellbar, dass das Menschen hier schon in vorgeschichtlicher Zeit taten. Sicher ist immerhin, dass in der Prähistorie in der Umgebung nach Erz geschürft und es u. a. im Eselbachgraben, direkt zu Füßen der Luckerten Wand, verhüttet wurde. Ein 3000 Jahre altes Bronzemesser, das dort in einer Bodenschicht voller Metallschlacken aus einer Kupferschmelze gefunden wurde, beweist das.

Oben auf dem Felsen ist ein idyllischer Rastplatz. Hier bezaubern von Föhren und Lärchen gerahmte Aussichten auf Rax und Schneeberg. Heute eignet ihnen ein zauberhaft-luftiger Appeal. Ich jausne und trage mich ins Gipfelbuch ein.

Bronzezeitlicher Bergbau
Wurde nahe Prein rund um den Haakogel (auch Haarkogel) und am Kaltenberg betrieben. Verhüttet wurde das Kupfererz im Hollenstein-, im Eselbach- und im Fuchsgraben.

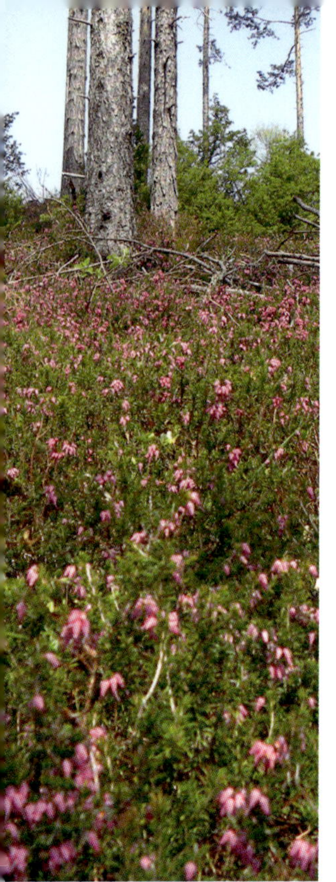

Vom folgenden, aussichtsreichen Kamm wünschte ich, er wäre fünf Mal so lang – so nett ist das mühelose Gehen zwischen Kiefern, Erika und einigen Felsen! Dann führt ein Serpentinenpfad durch steiles Waldgelände bergab. Nach einem kurzen Stück Forststraße ist dem Pfeil linker Hand zum Gaißkircherl zu folgen. Hier färbt die Erikablüte jetzt den Waldboden rosa. Bald schaut man von senkrechten Felsen zwischen Föhren in den Canyon des Adlitzgrabens.

Am Ende dieser beschaulichen Tour folgen mehrere Höhepunkte: Erst das Gaißkircherl (S. 28), dessen Name eine einstige keltische Kultstätte vermuten lässt. Seit wann sie als christliches Marienheiligtum fungiert, ist unbekannt. Jedenfalls haben Mitglieder des christlichen Verbandes weiblicher Wiener Hausangestellter hier 1913 eine Marienstatue aufgestellt. Dieser Ort hat die Mystik, Schlichtheit und Naturverbundenheit einer franziskanischen Stätte. Umso besser passt, dass hier ein vom Heimatmaler Josef Stopper gemaltes Porträt Pater Maximilian Kolbes hängt, eines polnischen Franziskaners, der im KZ anstelle eines Mithäftlings in den Tod ging. Die

Maximilian Kolbe
(1894–1941) Polnischer Minorit, Verleger, Publizist. 1982 heiliggesprochen, Patron der Journalisten.

Josef Stopper
(1914–1981) Preiner Schuldirektor, Chorleiter, Heimatmaler.

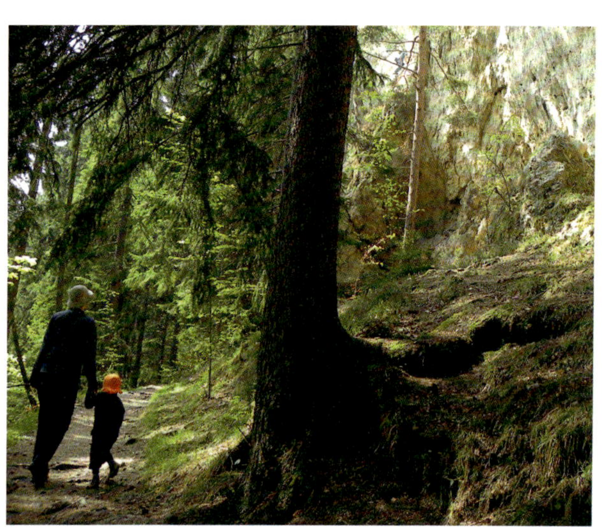

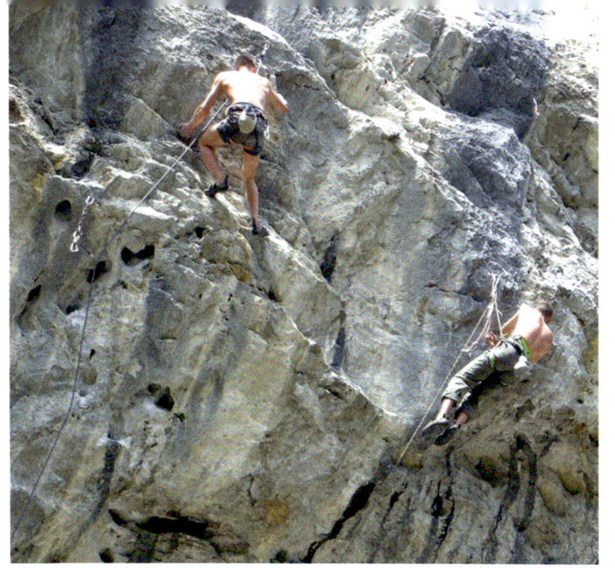

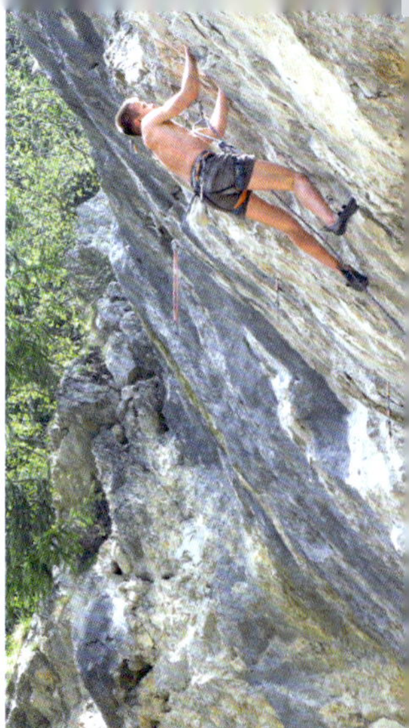

Kirchen-Höhle ist auf einer Seite offen. Vor der Öffnung steht ein Tisch. Sein von Alter und Wetter silbern gefärbtes Holz bedecken Kerben mit Namen und Jahreszahlen. Daran lässt sich Zeit sehen, ja ertasten: 1975, 1961, 1940, 1911.

Auf schmalem Waldpfad abgestiegen, stehe ich vor der Falkensteinerhöhle. Sie war schon im Biedermeier eine Attraktion, nachdem sie Fürst Johann I. Liechtenstein Touristen zugänglich gemacht hatte. Die teilweise aus Marmor bestehende Höhle ist über 100 Meter lang. In Krisenzeiten haben sich Menschen immer wieder in Höhlen versteckt – auch in dieser eindrucksvollsten aller Fluchthöhlen im Umland Wiens. So etwa 1945 und davor zur Zeit der Türkeneinfälle (vgl. Lukan W 195).

Hier ragt eine imposante Felsflucht auf. Die schwierigsten Klettertouren sind im Wandteil an der Straße. Der wird oft zur Arena Schaulustiger. Ich habe Genickstarre vom Hinaufschauen, so hängt der Fels dort über. Tschechische Kletterer versuchen sich eben an einer schwierigen Tour. Alle schauen schweigend zu, um nicht zu stören. Man hört nur die Karabiner gegen den Fels scheppern und wie die Freunde angenehm unaufgeregt miteinander reden. Sie bewegen sich ruhig, rasch, elegant. Als sie den Überhang geschafft haben, klatschen wir.

Nach kurzem Straßenstück genieße ich die Retourfahrt durch den Adlitzgraben aus umgekehrter Perspektive.

Erika

Erica herbacea, auch Schneeheide oder Frühlingsheide. Vorkommen bis auf 2700 m in Gebirgen West-, Mittel- und Südosteuropas sowie Marokkos auf Kalkböden, besonders Dolomitgestein. Vor allem in trockenen Kieferbeständen. Lebt in Symbiose mit dem für sie überlebenswichtigen Wurzelpilz vom Typ der „Ericaceen-Mykorrhiza". Wird bis 30 cm hoch, ist ein Frühblüher – daher wichtige Bienenweide. Bestäubung durch Tagfalter, Bienen usw.

<

Am Fuß der Kletterfelsen

∧

International bekanntes Klettergebiet Adlitzgraben

04

BAHNWANDERWEG

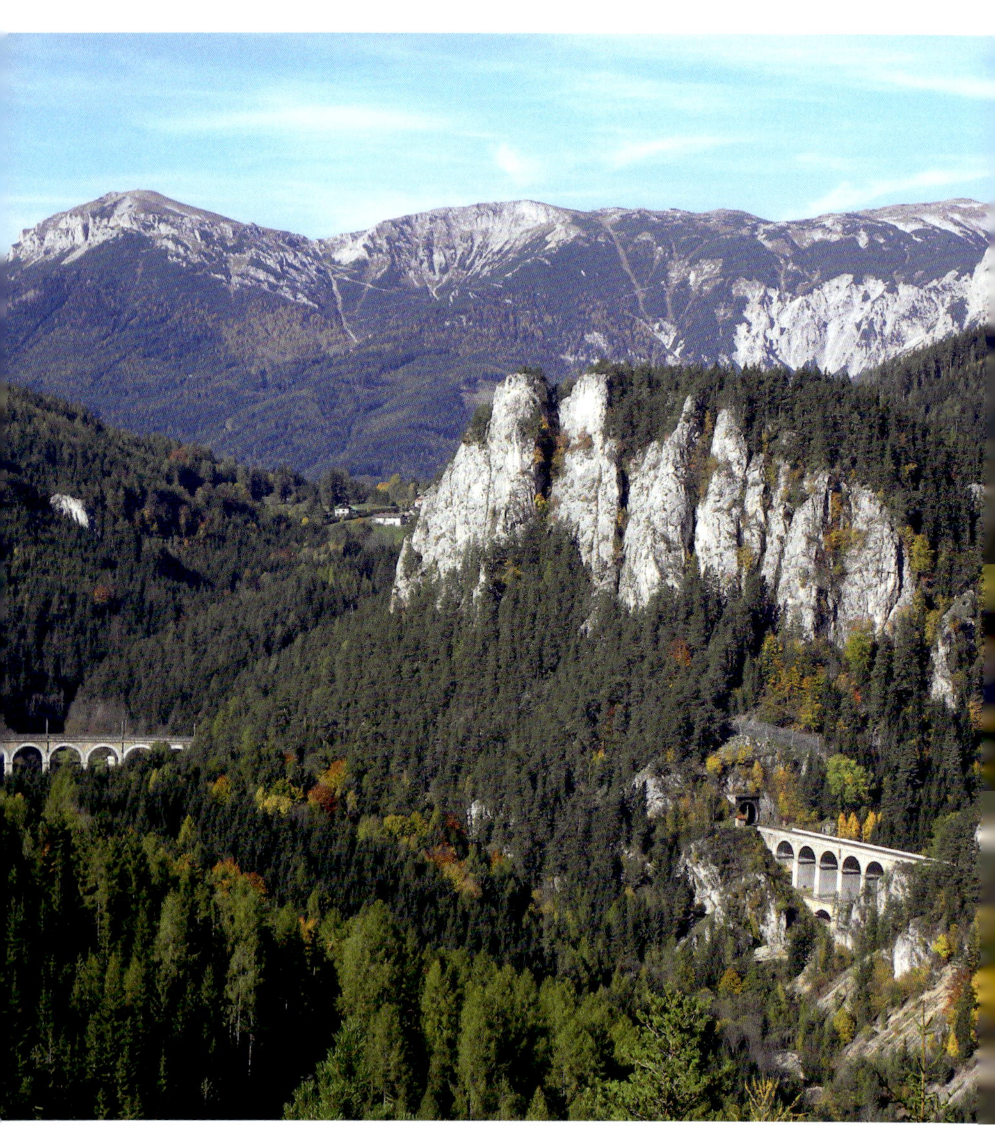

Entlang des UNESCO-Weltkulturerbes Semmeringbahn
vom Bahnhof Semmering zum Bahnhof Klamm

„Bahnsteig 2: Regionalzug nach Semmering fährt ab“, kündigt Chris Lohner am Bahnhof Payerbach-Reichenau an. Als dann eine Mitreisende im Zug ein Bonbon auspackt, illustriert das Knistern des Zellophans, wie sich der vor mir liegende Tag darbietet: Er lädt mich ein, ihn mir auf der Zunge zergehen zu lassen, denn die Bahnfahrt auf den Semmering gehört zu den schönsten Ausflügen in Österreich. Ich empfinde sie immer neu als aufregend.

Aus dem in Fahrtrichtung rechten Fenster schaue ich vom Payerbacher Viadukt auf Rax, Feuchter und Gahns, einen entgegenkommenden Zug, dann links auf die Küber Villen, die sanften Eichberg-Wiesen und für einen Augenblick, zwischen Baumwipfeln, auf Schloss Wartenstein. Rasch huschen Bilder vorbei – von der Burgruine Klamm über die von einem blauen Hauch verklärten Wälder des Adlitzgrabens bis zu Viadukten, Tunnels, Bahnwächterhäusern, Bauernhöfen. Wir Passagiere wechseln permanent die Fensterseiten… Weiter geht es mit beständigem „Tatata tatata tumm, Tatata tatata tumm, Tatata tatata tumm“. Dazwischen zischt oder sirrt es metallisch und in den Tunnels rauscht es anhaltend. Die Finsternis darin ist samtig-tiefschwarz und in der Weinzettelwand unterbrochen von in Rundbögen aufblitzenden Bildern. In Breitenstein steigen zwei ältere Paare zu, die mir sympathisch sind – Wiener

Semmeringbahn
Dass sie 1854 den damals höchsten auf Schienen erreichbaren Punkt der Erde bezwang, war großtechnische Pionierleistung. 1998 wurde sie als erste Eisenbahn weltweit mit umgebender Landschaft von der UNESCO zum „Weltkulturerbe“ erklärt. Der Semmering-Basistunnel wird voraussichtlich 2027 fertig, die Bahnfahrt über den Pass wird gewährleistet.

Weltkulturerberegion
Ist eine Kooperation der Gemeinden Breitenstein, Gloggnitz, Payerbach, Prigglitz, Reichenau, Schottwien, Schwarzau im Gebirge und Semmering zur Förderung von Identität, Vernetzung, Erreichbarkeit und Attraktivität als Wohnstandort.

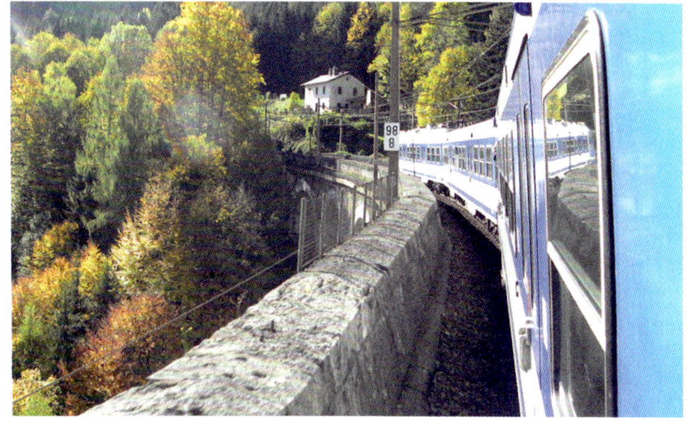

<
Aufregende Fahrt mit der Semmeringbahn
<<
Einzigartig: der „Zwanzig-Schilling-Blick“

Strecke

Vom Bahnhof Semmering bis Bahnhof Payerbach 21.336 m, bis Gloggnitz 22.960 m, bis Breitenstein 9.545 m. Den Fahrplan parat haben ist ratsam, damit an neuralgischen Punkten Züge beobachtet werden können. Güterzüge kommen als nichtplanbare Überraschungen hinzu.

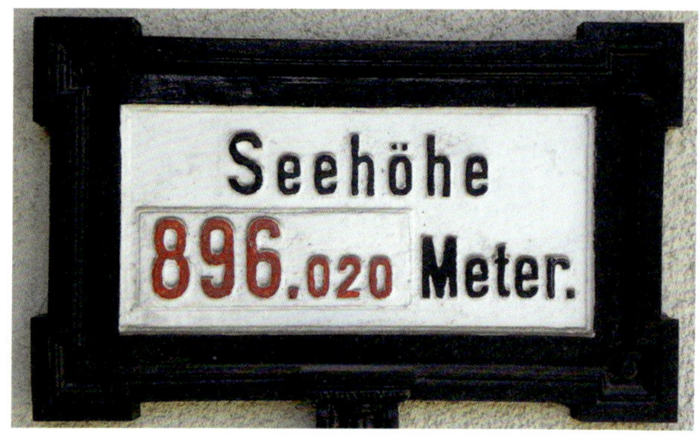

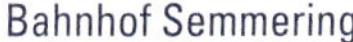

Bahnhof Semmering

Mit informativem Museum und Denkmal im Neorenaissancestil für den Erbauer der Semmeringbahn, Carl Ritter von Ghega.

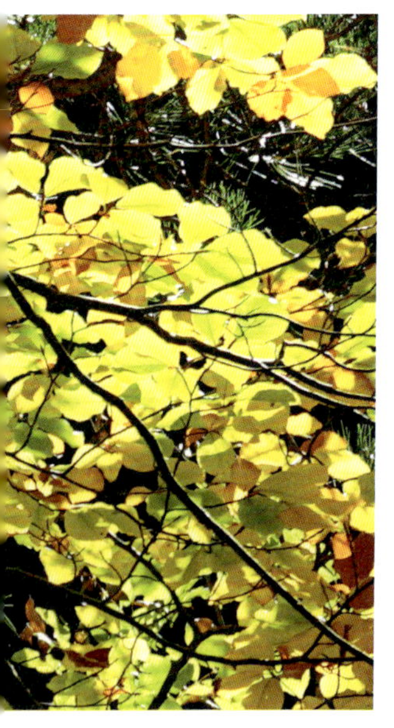

Bildungsbürger, die in England fraglos *gentlemen* und *ladies* genannt würden. Diese Spezies ist hierorts häufig anzutreffen. Bald folgen nun die schönsten Bahnbauten der Strecke: das zweistöckige Viadukt Krauselklause, der Tunnel durch die Polleroswand und das Viadukt Kalte Rinne. Viel zu bald kündigt Chris Lohner an, „Nächster Halt, next stop: Semmering. Dieser Zug endet hier!" und entlässt uns mit einem abschließenden „Auf Wiedersehen!" Ein Schild auf dem Bahnhofsgebäude zeigt die Seehöhe: 896,020 Meter. Der Zug hat auf weniger als 20 Kilometern 401 Höhenmeter überwunden!

Zweierlei zeichnet die vor mir liegende Wanderung aus: die dabei erlebbare enge Verbindung von Natur und Technik, weil der Weg meist der Bahnstrecke folgt, und dass seine Länge individuell gestaltbar ist, da die Rückreise von verschiedenen Bahnhöfen angetreten werden kann. Ich will heute bis Klamm wandern und folge, nach einem kurzen Stück entlang der Gleise, zunächst einer der für den Semmering typischen, von Ruhebänken flankierten schattigen Wald-Promenaden. Schon bald zeigt sich zwischen den Baumspitzen ein – den Mysterien der Perspektive und der Geografie zu dankendes – vielfältig komponiertes Bild: das Kurhaus am Wolfsbergkogel, die Weinzettelwand, vor die sich die ehemalige Wäscherei des Südbahnhotels geschoben hat …

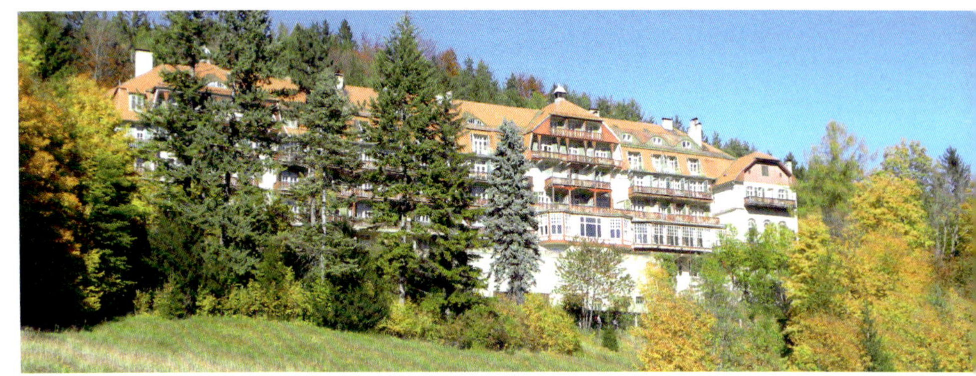

Am Wolfsbergkogel zeigt sich rechts der Straße Erstaunliches: Goldfarbene Buchen neben und einen teppichgleichen Wiesenhang vor sich, steht hier ein langgestrecktes Gebäude, das mit seinen Loggien an die Decks eines Luxusdampfers erinnert – Zeuge jener Zeit, als der Semmering „Beletage der Wiener Ringstraße" genannt wurde: ein 110-Zimmer-Bau, der als Kurhaus ein besonders diskretes und vornehmes Refugium der High Society um 1910 war. Der Bahnwanderweg führt an ihm vorbei. Die verblühten Rosen zu Füßen dieses Gebäudes mit dem Flair des berühmten Hotels in Thomas Manns *Zauberberg* betrachtend, denke ich daran, dass hier einst Max Reinhardt, Arthur Schnitzler, Gerhard Hauptmann, Hermann Bahr, Franz Werfel logierten. Ihr reiches Erbe wird am Semmering immer wieder zur Aufführung gebracht. Und das Kurhaus wird, von seinem neuen Besitzer generalsaniert, in der Zukunft als Hotel erneut Gäste beherbergen.

Von der Aussichtswarte am Doppelreiterkogel erblickt man die anmutigere Facette des Semmerings: Gekrönt von Sonnwendstein, Erzkogel, Hirschenkogel, Semmeringkogel und Pinkenkogel ragen das Südbahnhotel, die Türmchen des Silbererschlössels, Jugendstilbauten oder Landhäuser aus dem Grün der Wälder. Sich umdrehend, kann man von hier den Zügen auf dem imposantesten Abschnitt ihrer Semmeringfahrt

Kurhaus

1909–1911 als drittes Nobelhotel auf dem Semmering im Heimat- und Jugendstil mit feudalen Akzenten erbaut. Vom Wiener Chirurgen Franz Hansy geleitet, fokussierte es auf die Heilung von Atemwegserkrankungen.

^

Kurhaus am Wolfsbergkogel

^ ^

Tafel am Bahnhof Semmering

<

Herbstliches Baumkleid

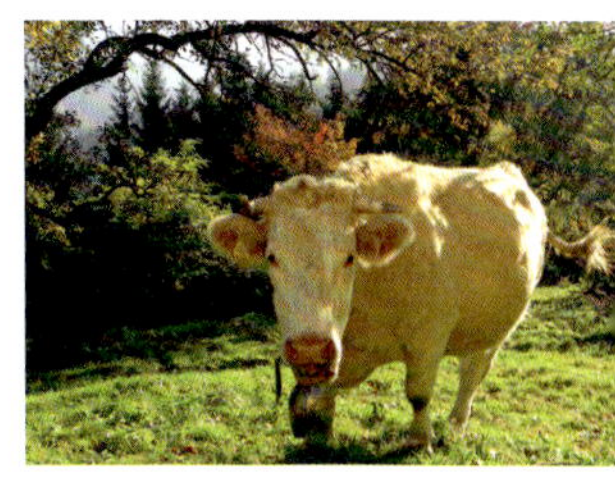

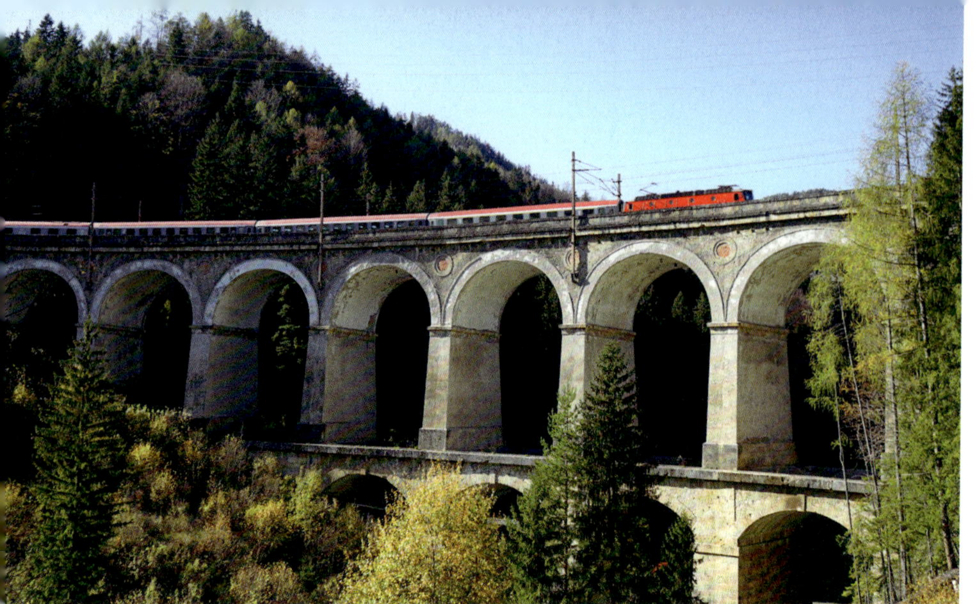

Bauten

Ghega verband seine utopische Idee mit harmonischer Streckenführung und klassischen Formen – im Dialog mit der Landschaft. Für die Brücken hatte man sich gegen neugotische Spitzbögen und für klassizistische Rundbögen entschieden. Trotz ihrer soliden Basis wirken die Bauten grazil und beschwingt. Auch die verwendeten heimischen Hausteine verbinden sich mit der felsigen Landschaft.

∧
Kalte-Rinne-Viadukt

zusehen – von Klamm bis zum Viadukt Kalte Rinne. Diese großartige Szenerie krönen Kreuzberg, Schneeberg, Rax.

Kurz darauf genieße ich an anderer Stelle die Aussicht auf die Polleroswand und das Viadukt Kalte Rinne – ein Anblick, der so malerisch ist, dass er einst die Zwanzig-Schilling-Banknote zierte (S. 34). Nun quert die Promenade einen Kiefernwald, durch den sich wiederholt prächtige Blicke öffnen. Bei der einstigen Dampfwäscherei des Südbahnhotels (heute eine Wohnanlage für Golfer) kommt man den Gleisen nahe. Aber auch wenn man die Züge nicht sieht, hört man sie oft. Ihre Melodie – komponiert aus gleichmäßigem Rauschen, rhythmischem Poltern und langgezogenem, metallischem Sirren – hängt ab von Zuggewicht, Streckenneigung, Kurvenradien und Fahrtrichtung. Ich freue mich, die Klang-Faktoren immer neu zu dechiffrieren. Das metallische Quietschen eben verlautet, dass der talwärts fahrende Zug gehörig bremst ...

Im unteren Adlitzgraben bewundere ich das achtbögige, sanft geschwungene Fleischmann-Viadukt mit der für die hiesigen Bauwerke typischen, architektonisch gelungenen Kombination einer höchst soliden Basis mit eleganten Bögen. Nachdem ich es von schräg oben besehen habe, durchwandere ich das Viadukt, nähere mich ihm nach kurzem Straßenstück auf dem

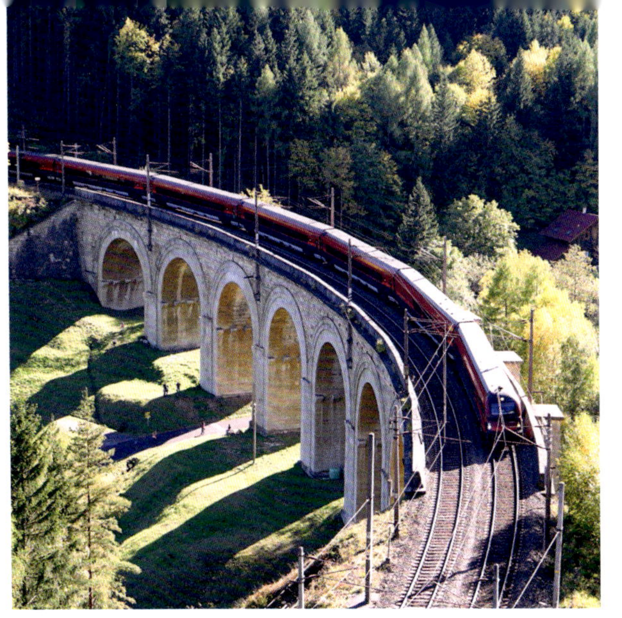

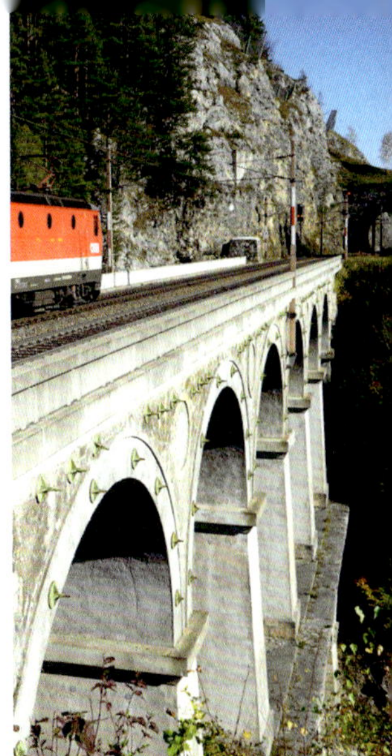

Niveau seiner Gleise wieder an und habe bald, nach schweißtreibendem Anstieg, auf der anderen Hangseite, von der Rothleiten, einen beeindruckenden Blick auf den Gleiskörper von schräg oben. Von hier sehe ich einem Zug auf seiner Fahrt über das Viadukt zu. Nun quert der Weg den Hang, parallel zum Schienenstrang, hoch oberhalb von ihm. Zwei Railjets gleiten unter mir vorbei. Der Blick auf Breitenstein lässt irreführend glauben, man sei bald dort …

Zwischen Fichten schimmert bald das Kalte-Rinne-Viadukt – ein ungemein eleganter, 46 Meter hoher, zweistöckiger Bau, der in einer 190 Meter langen, 193 Grad beschreibenden Kurve das Tal überbrückt. Bald blickt man direkt auf seine Gleise. Fast lautlos fährt ein IC über sie hinweg. Durch das Viadukt geschritten, biege ich links ab in den neuen Weg entlang der Polleroswand – höchst empfehlenswert, weil er die Semmeringbahn und ihren Bau physisch erleben lässt! Vom Gamperlgraben-Viadukt steige ich ab in die Kalte-Rinne-Straße und gelange bald nach Breitenstein mit seinen gepflegten Häusern und Gärten und zum Blunzenwirt, wo man in der warmen Jahreszeit die Hausspezialität oder anderes Ländlich-Deftiges an die Tische am murmelnden Bächlein serviert bekommt.

Ghega-Museum

Nahe dem Kalte-Rinne-Viadukt hat Georg Zwickl in einem der einst 55, heute denkmalgeschützten Bahnwächterhäuser sein Ghega-Museum etabliert. Neben Imbissen und besten Bahn-Blicken wird hier viel Informatives geboten. Ghegas Trassierungsart wurde bald so populär, dass „Semmering" zum Synonym wurde für viele von der Bahn bewältigte Pässe („Sächsischer Semmering", „Prager Semmering" etc.)

∧
Krauselklause-Viadukt

∧ ∧
Fleischmann-Viadukt

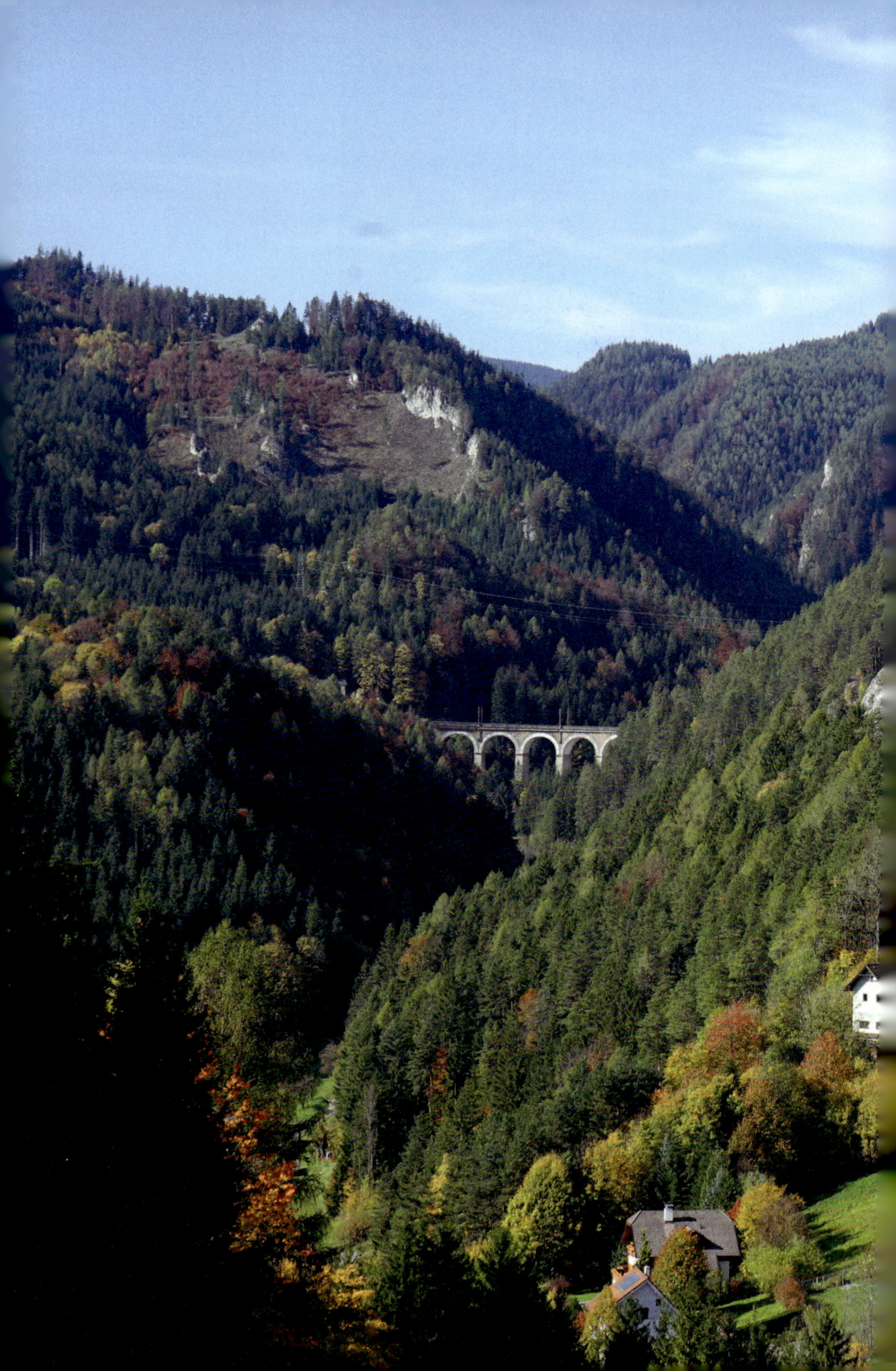

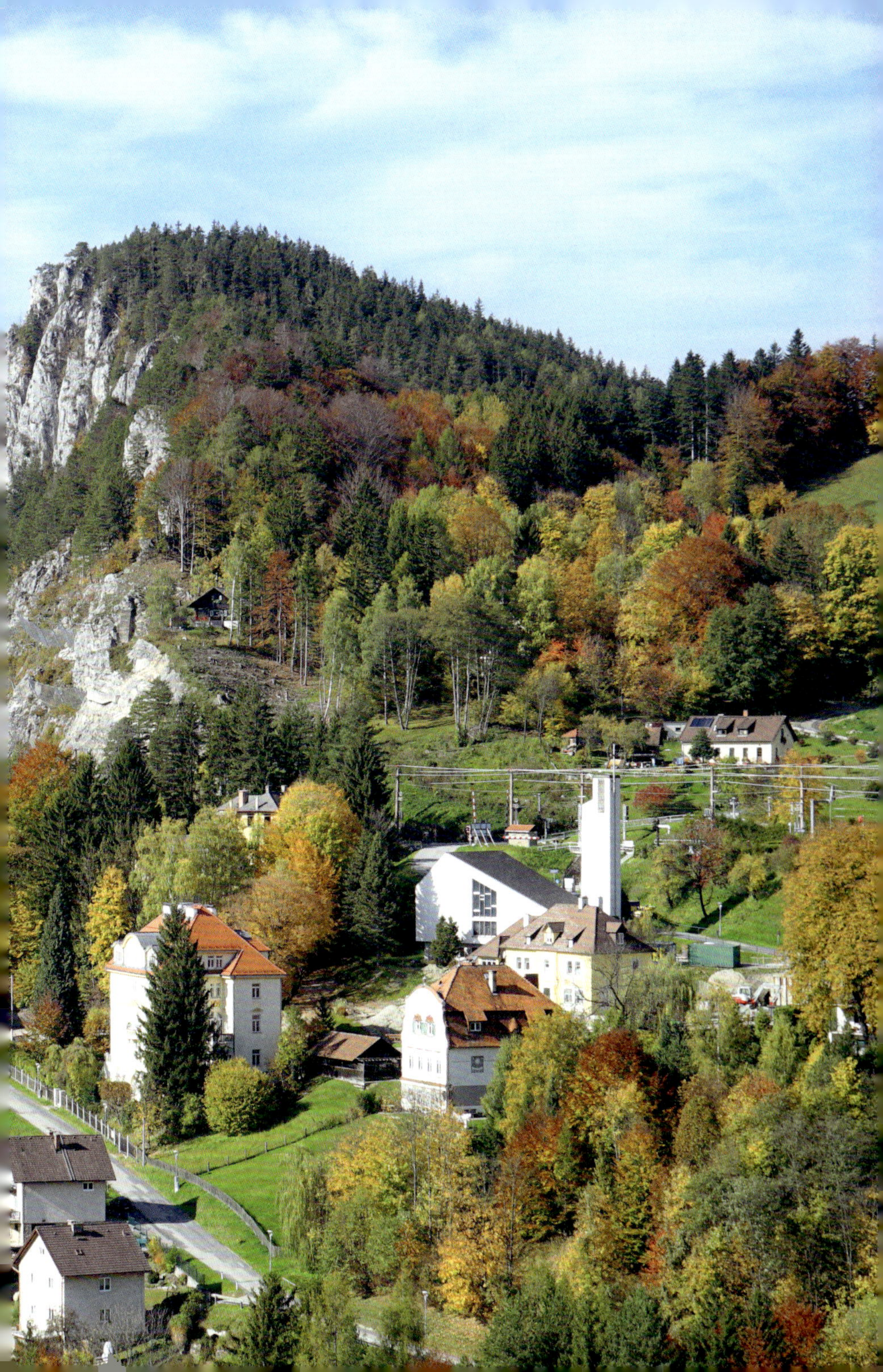

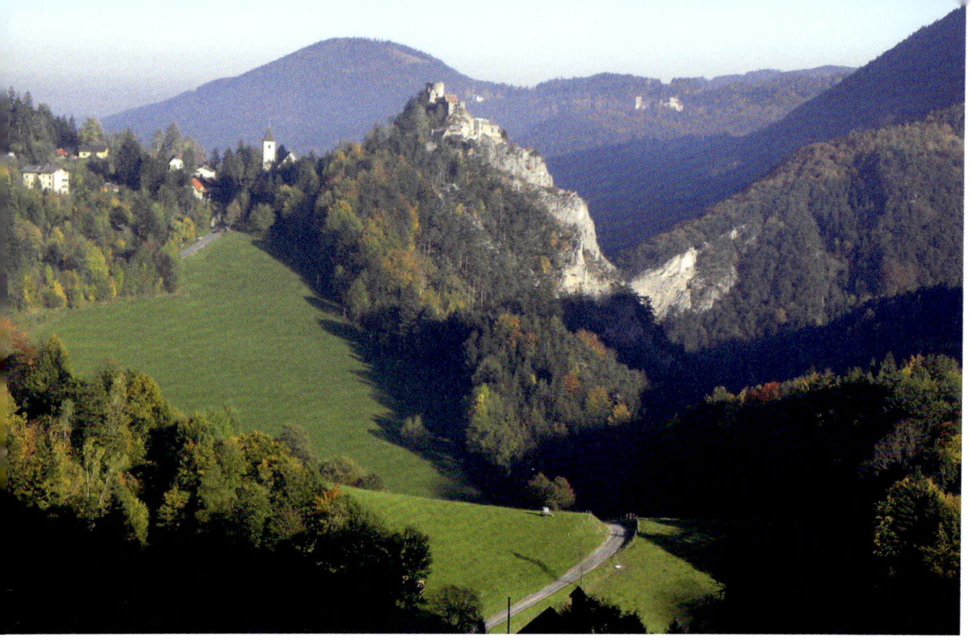

Breitenstein
Ab 1910 erste Villen – u. a. die Jugendstilvilla der k. u. k. Gesellschaft vom Weißen Kreuz. 1919 wurden der Semmering und Breitenstein eigenständige Gemeinden. Seither versucht sich Breitenstein mit seiner Ruhe als Ort für Erholungssuchende zu positionieren.

Blauer Einschnitt
Zwischen Gamperl- und Rumplergraben-Viadukt. Benannt nach den blauen Gesteinsschichten, die beim Bahnbau angeschnitten wurden.

Durch Wald drei Kehren ansteigend, treffe ich im oberen Ortsteil Breitensteins auf die Asphaltstraße und wandere, an zwei stattlichen Jugendstilbauten vorbei, Richtung Klamm.

Ab Breitenstein öffnen sich die Wälder. Von der ersten Wiese genieße ich den Blick auf den Ort zwischen herbstlich bunten Bäumen, mit dem Glockengebimmel der Kühe und dem Zirpen der Grillen als Begleitmusik. Ein lohnender Abstecher ist hier der zum Gipfel der Weinzettelwand. Er bietet dem Auge einen schönen Semmeringblick und dem Ohr erneut verblüffende Zug-Klangerlebnisse – bedingt durch die gewundenen, durch Tunnels und Galerien führende Bahntrasse.

Das nun folgende Sträßlein säumen Bäume voll kleiner, tiefroter Äpfel. Ich passiere erst ein altes, gepflegtes Bauernhaus aus dunklem Holz, dann ein windschiefes, verlassenes. Auf einer Tafel steht „Blauer Einschnitt" – ein Name, der poetische Bildunterschrift ist für diesen Anblick von dunkelblauen Schattenseen, bunten Herbstwäldern und kalkweißen Felsen … Nun nähert sich der Schotterweg abermals dem Gleiskörper. Beim Rumplergraben-Viadukt ist er auf Augenhöhe. Als ein Zug über ihn braust, „atmet" der Schienenstrang unter seinem Gewicht.

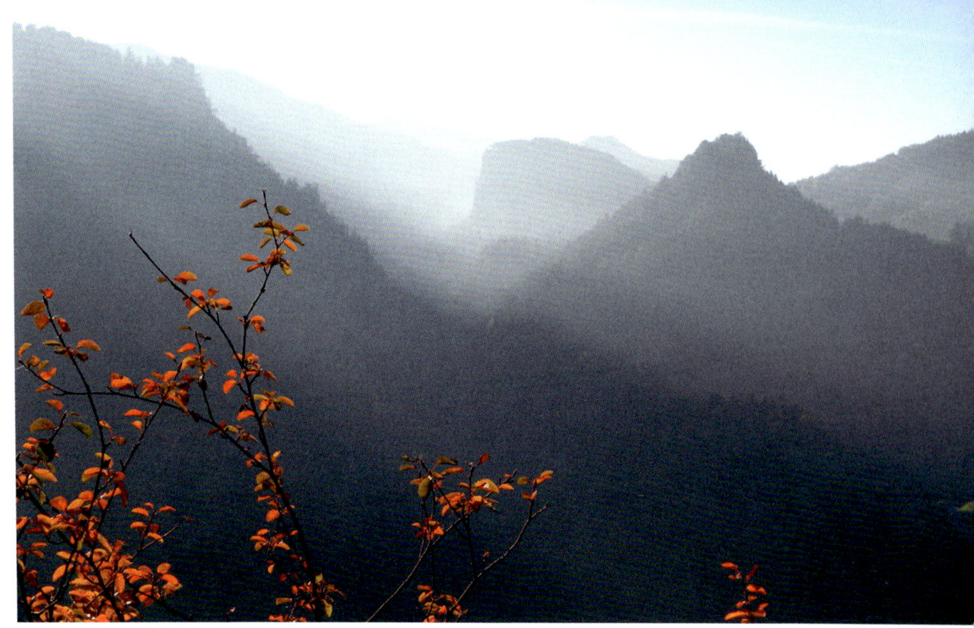

Ein Waldpfad führt bergab zum Gamperlgraben-Viadukt. Seine Bögen fokussieren den Blick auf die von zeitigen Schatten verdunkelte Landschaft. 37 Meter oberhalb passiert erneut ein Zug das Viadukt … Nach einem Kilometer bewundere ich das zweigeschossige Wagnergraben-Viadukt – mit neun Bögen oben, fünf unten, 142 Metern Länge und 38,9 Metern Höhe!

Zehn Minuten später halte ich die Luft an – von den Felsen vor der Ruine Klamm auf die kulissenartigen Wände des Adlitzgrabens blickend. Die Ruinenmauern hinter mir haben etwas Schauriges – und machen „Geschichte" greifbar: Es heißt, diese Burg – *In der Chlamme* – gehe auf das 12. Jahrhundert zurück, als zwei Raubritter aus der Not des Grafen von Stuppach, der sich beim Jagen verirrt hatte, Profit schlugen. Sie sollen ihn zwar aus der Wildnis geführt haben – aber erst, nachdem er ihnen dafür den finsteren Adlitzgraben „zum Dank" versprochen hatte – worauf sie hier eine stolze Festung bauten … Sie krallt sich wie eine steinerne Hand an den Felsen und zeigt „mit schroffer Gebärde himmelwärts" (Komarek 33).

Wenig später bin ich am Bahnhof Klamm. Fahrkarten kauft man im Zug. Exakt nach Fahrplan lässt Chris Lohner alsbald verlauten, „Platform 1. The train is arriving. Please step back!"

^
Pittoresk: der Ausblick von der Burgruine Klamm in den Adlitzgraben

^^
Romantisches Ensemble: Klamm mit Pfarrkirche und Burgruine

05

KAMPALPE | SPITAL

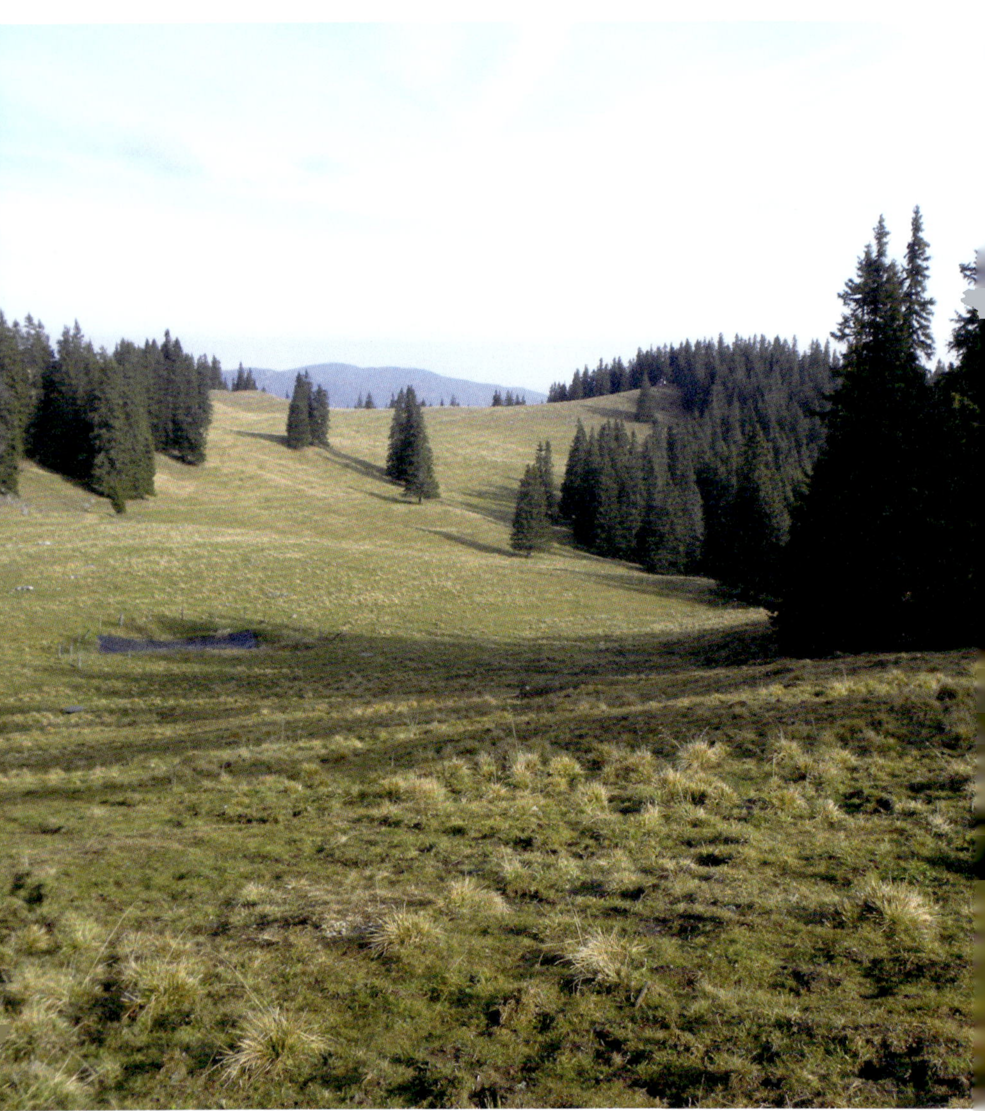

Über mehrere Semmering-Zauberberge
zur stillen Kampalpe mit Abstieg nach Spital

Dass es mir überall am Semmering einfiele, ihn mit dem Markennamen „Zauberberg“ zu bezeichnen, kann ich nicht behaupten. Seine komplexe Kunstwelt inkludiert neben verwunschenen Sehnsuchtsorten architektonisch Trostloses. Am Semmering hatten schon immer Naturliebhaber mit den *fans of fun* gehadert, aber sein Facettenreichtum war Erfolgsgarant!

Als ich zehn Gehminuten vom Pass entfernt an diesem nebeligen Novembermorgen vor der 300 Meter langen Fassade des Grand Hotels Panhans stehe, erinnert es mich sehr wohl an den Roman Thomas Manns, den der Kurort als Name nutzt. Die Loggien des Hotels gleichen denen einstiger Luxus-Kurhotels und versetzen einen in „glanzvollere“ Zeiten (sofern man damals zu den *happy few* gezählt hätte)...

Einst war der Semmering die vielleicht prunkvollste Beletage der k.u.k. Monarchie. Deren Untergang beobachteten von ihren Logenplätzen in hiesigen Grand Hotels neben Peter Altenberg, Hermann Bahr, Sigmund Freud, Heinrich von Ferstel, Theodor Herzl, Adolf Loos, Arthur Schnitzler, Stefan Zweig, Felix Salten. Es war zudem ein Ambiente, in dem man sich in eleganten Foyers und auf pittoresken Promenaden inszenierte, wo sich Damen vor dekorativen Bergpanoramen in feinen Roben ins beste Licht setzen konnten, wo es sich so amüsant gesunden, flirten, tanzen und im Norwegerdress beim Sport prestigefördernd brillieren ließ, denn der Semmering war schon um 1900 Wintersportort ersten Ranges!

Panhans

1888 eröffnete der legendäre Küchenchef des Südbahnhotels, Vinzenz Panhans, das zweite Großhotel auf dem Semmering. 2013 wurde das Viersternehotel von Gault Millau mit einer Haube gekürt. Dazwischen wechselten Auf und Ab: 1913 war es mit 400 Zimmern eines der größten Hotels Mitteleuropas. Auf die Weltkriege folgten Flauten. Dazwischen florierte es in den 1930er-Jahren, besonders wegen seines 1934 eröffneten Casinos und des größten alpinen Hallenbades. Nach einer Revitalisierung 1978 erwarb es 2014 die Panhans Holding Group (im Eigentum der Schweizer Renco Invest AG), die eine Generalsanierung durchführt.

<

„Zauberberg“-Feeling: Grand Hotel Panhans

<<

Märchenhafte Kampalpe (1535 m)

v

v v

Impressionen aus dem ausgedehnten Waldgebiet zwischen Pinkenkogel und Kampalpe

Eichhörnchen

Sciurus vulgaris, rot- oder schwarzbraun, ca. 25 cm lang, 300 g leicht, bis zwölf Jahre alt, hören, riechen und sehen sehr gut (schwarz-weiß), hervorragende Kletterer, legen Vorräte an, Fellwechsel vor dem Winter, im Winter längere Schlafphasen.

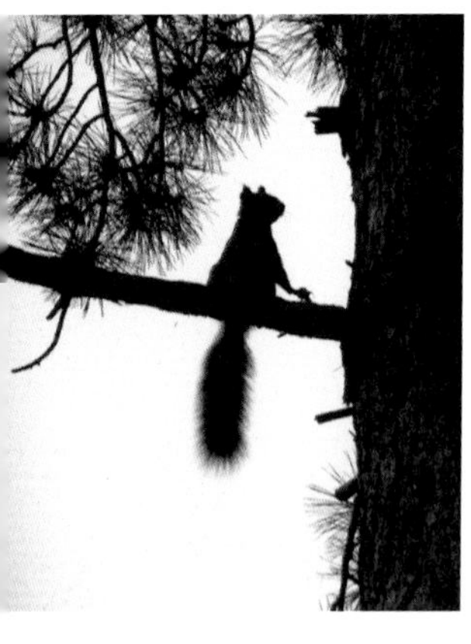

Dieses repräsentative Semmering-Viertel überragt kraft seiner Form und Höhe der Pinkenkogel. Mehrere Wege führen zu seinem Gipfel. Meiner beginnt links des Hotels Panhans. Von verlässlichen Markierungen geführt, steigt man durch Mischwald, dann auf einer Forststraße und schließlich in Serpentinen durch den Fichtenwald hinan, zwei Schotterstraßen überquerend. Im oberen Bereich öffnen sich wunderschöne Ausblicke auf Schneeberg, Rax, Kreuzberg, Breitenstein und den Adlitzgraben mit seinen Felsen. Auch die Semmeringbahn erfreut optisch – und bei entsprechender Windsituation – akustisch. Nach einer Stunde ist das Pinkenkogelhaus erreicht. Leider ist das Schutzhaus an diesem beliebten Ausflugsziel noch immer – „bis auf Weiteres" (?) – geschlossen.

Eine rote Markierung geleitet nun auf der Forststraße ein Stück weit bergab. Hier sähe man zwischen Baumkronen ins Fröschnitztal, aber heute liegt es unter einer Nebeldecke.

Bald ist der Abzweig Richtung Kampalm erreicht. Hier hat man nur Natur vor Augen und Stille im Ohr. Zu 90 Prozent umfasst der Rundblick hier Wald, da und dort durchbrochen von Felsen. Ich schaue in die Richtung meines Zieles. Davor erheben sich mehrere bewaldete Kuppen (Ochnerhöhe 1403 m, Kerschbaumkogel 1480 m und Kampalpe 1535 m). Der Weg dorthin durch die von Fichten geprägten Wälder ist gut markiert und verläuft genau an der Grenze zwischen Steiermark und Niederösterreich – meistens als Kammweg, manchmal eben, mit geringen An- und Abstiegen.

Dieser Weg ist ein Teil des Weitwanderweges 01A zum Bodensee. Aber mir scheint schon die vor mir liegende Strecke durch dieses Meer von Bäumen weit und sie beschert mir eine gewisse Scheu: Der Wald ist eine Landschaft, in der der Wanderer weder Übersicht noch Ausblick hat und deren Größe und Ende außerhalb seines Blickfeldes liegen. Nicht umsonst ist der Wald seit jeher Schauplatz von Märchen und literarische Metapher für das Undurchdringliche, Beängstigende, worin man sich des Unberechenbaren, der Begegnung mit dem

Drachen gewärtig sein muss. Der Nebel heute verstärkt diese Qualitäten. Aber genau das hatte ich mir gewünscht, Grusel inklusive ... So tauche ich ein in den verschleierten Wald vor mir.

Tatsächlich verzaubert der Nebel den Wald geradezu. Er verhüllt ihn wie Engelshaar den Christbaum. Dunkle Buchen am Horizont verwandelt er zu japanischen Tuschzeichnungen auf silbern schimmernder Seide. Wenn ein Lichtstrahl seinen Schleier durchdringt, fächert er ihn auf zu einem Strahlenkranz. Auf einer gelben Lärche glitzern silberne Wassertröpfchen sonder Zahl. Auch auf den Nadeln der Tannen hängen Tropfen. Jene leuchten wie Bernstein, diese wie Smaragd, manche wie Saphir und andere wie Rubin.

Waldpassagen, die von Lärchen, Heidelbeeren, Moosen und Steinen geprägt sind, erinnern mich an den Grund des Meeres, an Kelpwälder und Korallenriffe. Es ist lautlos darin.

In manchen Bereichen ist der Wald vor allem Raum. Hier ähnelt er gigantischen Sälen mit hohen Säulen, licht und leer, mit wenig Unterholz. Kaum ein Vogel lässt sich hören. Stille und Menschenleere haben nun eine beinahe greifbare Präsenz.

An anderen Stellen schließt sich das Geäst dicht um einen. Hier ist das Gegenteil fühlbar: das Dunkle, Unübersichtliche. Unwillkürlich muss ich an Wölfe, Bären und Räuber denken,

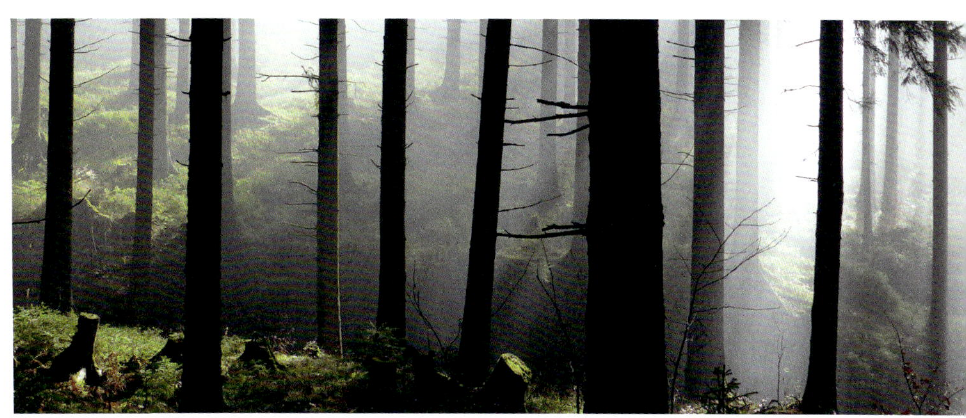

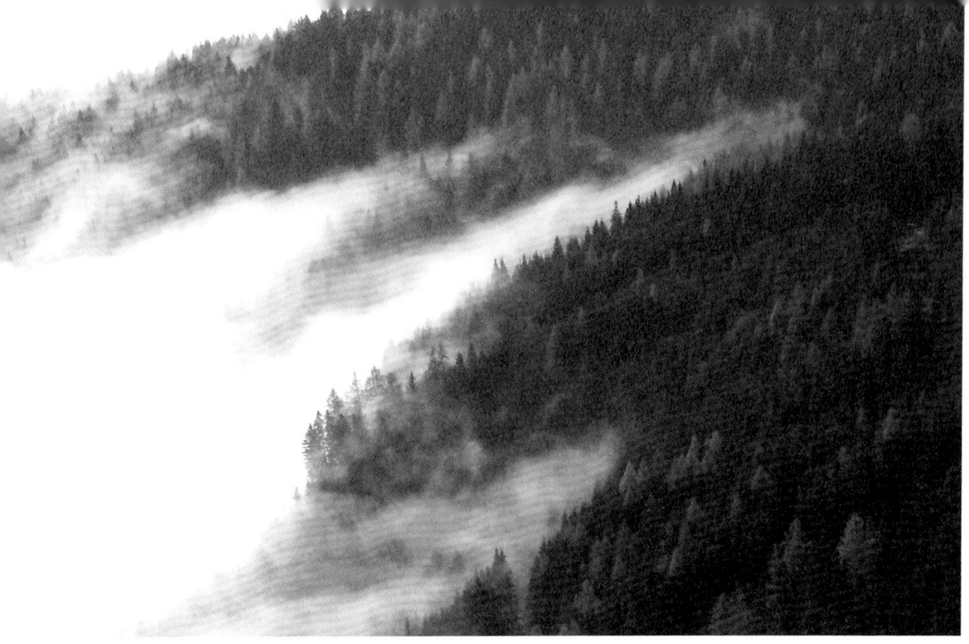

Cerewald
Bzw. *Cerwald* oder *Cerwalt* genannt. Das war der deutsche Name des Semmering-Südhangs, der von *zirm*, Zirbe, kommen dürfte.

^
Blick westwärts vom Gipfel der Kampalpe auf die steirischen Wälder, umwallt vom Nebel
^ ^
Kreuzrippengewölbe in der Pfarrkirche Spital

die auch in diesen Wäldern einst das Leben der Wanderer, Pilger und Händler bedroht hatten. Denn noch vor 1160 kam man nur auf einem Saumpfad über den Pass. Und der verlief durch den *Cerewald*, wie der Semmering einst hieß – einer jener das mittelalterliche Europa bedeckenden Urwälder, in denen Raubtiere und Wegelagerer auf Beute lauerten, weshalb Händler ihre Waren hier nur mit bewaffnetem Begleitschutz transportierten. An solches denkend, kann ich mich nicht enthalten, mich ein, zwei Mal umzudrehen ... Dieser große Wald fühlt sich nun tatsächlich wie ein „Zauberberg" an und empfiehlt sich als Ambiente für die Lektüre von Heimito von Doderers sogenanntem Ritterroman *Das letzte Abenteuer*.

Einzelne Blicke in das Umland hat der Wald uns vergönnt, aus ihm heraus trete ich oberhalb des Ziehgrabens. Auf dem schattigen Schlag bedeckt Reif jeden Halm und jedes Blatt.

Nicht lange später erreiche ich das Juwel in des Waldes Mitte: die Kampalpe (S. 44). Das Bild der weiten Alm unter dem kalten Himmelsblau fühlt sich an wie eines für Einsamkeit, Ernst, Stille – so schön, dass es auch traurig stimmt. Von den Felskanzeln an ihrem Südrand sähe man auf der einen Seite zu Sonnwendstein, Stuhleck, Hochwechsel, Pretul und auf der anderen zu Schneealpe, Proles, Lachalpe, Tonion usw. Heute aber brandet hier ein Nebelmeer gegen die Wälder (S. 48) – wie von Caspar David Friedrich gemalt, samt den Gämsen.

Von hier steige ich über den Saurücken nach Spital ab. Zunächst geht es steil hinunter: auf engen Kurven durch einen Wiesenhang im lichten Wald. Sodann folgen zwei sanftere Geländestufen, die man auf Serpentinen überwindet. Der Nebel hat sich gelichtet und erlaubt auf langer fallender Querung am Forstweg Rückblicke hinauf zu den Felsen, wo ich vorhin war. Der Nebel in den Tälern liegt hell zwischen den blauen Silhouetten der Berge. Den schwarz gezeichneten Wald davor tupfen cognacfarbene Lärchen. Am Wegrand ragen sie in berauschendem Champagnergelb in das Himmelsblau.

Schließlich öffnet sich von einer großen Lichtung der Ausblick auf Spital am Semmering – mit seinen Skipisten und dem Sessellift vom Stuhleck bis direkt ins Ortszentrum. Sein auffallendstes Gebäude ist die Kirche, Erbe des mittelalterlichen Hospiz, nach dem der Ort „Spital" heißt. Erneut wechseln mehrfach Waldwege und Forststraßen. Aber alle Abzweige sind zweifelsfrei rot markiert.

Ich besuche die örtliche Kirche: Ausschlaggebend für den Aufschwung des Semmerings im Mittelalter war die Handelsmacht Venedigs. Dort stapelten sich die begehrtesten Waren des Abend- und Morgenlandes. Dort trafen sich alle Straßen Mitteleuropas. Von dort schifften sich Pilger ins Heilige Land ein. Eine Verbesserung der Verbindung zur Adria stand dringend an. Entscheidend dafür wurde das einstige Hospiz in „Spital". Seinen Bau hatte Markgraf Otakar III. 1160 beauftragt. Die Brüder im Hospiz hatten Kranken, Armen und Reisenden Kost und Logis zu bieten, ihre Hauptaufgabe war es jedoch, den Saumpfad über den Semmering auszubauen. Dieser neue Weg war von Wagen befahrbar, und schon 1250 florierte auf ihm der internationale Warenverkehr zwischen Wien und Venedig. Heute unterquert die Tunnelserie der S 6 den Semmering. Schöner ist die Bahnfahrt über den Pass!

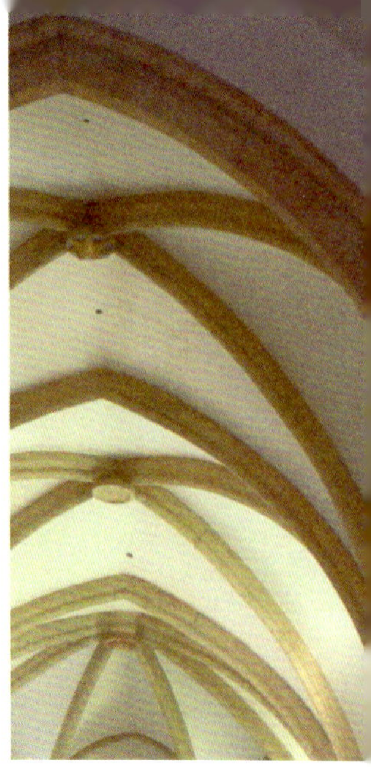

Spital am Semmering
800 m, 6,5 km südwestlich des Semmeringpasses, an der S 6 und ÖBB. Ab 1331 für 455 Jahre zum Zisterzienserstift Neuberg gehörig; schwere Schäden durch Ungarn und Türken; Eisenbergbau war lange Haupteinnahmequelle; seit dem Bahnbau massiver Fremdenverkehrsanstieg. 1893 wurde seine höchste Erhebung, das Stuhleck (1782 m), als erster österreichischer Alpengipfel mit Skiern bestiegen. Heute eines der bekanntesten Wintersportgebiete der Ostalpen, auch Sommersportaktivitäten. Sehenswerte Fin-de-Siècle-Bauten.

06

EICHBERG | KREUZBERG

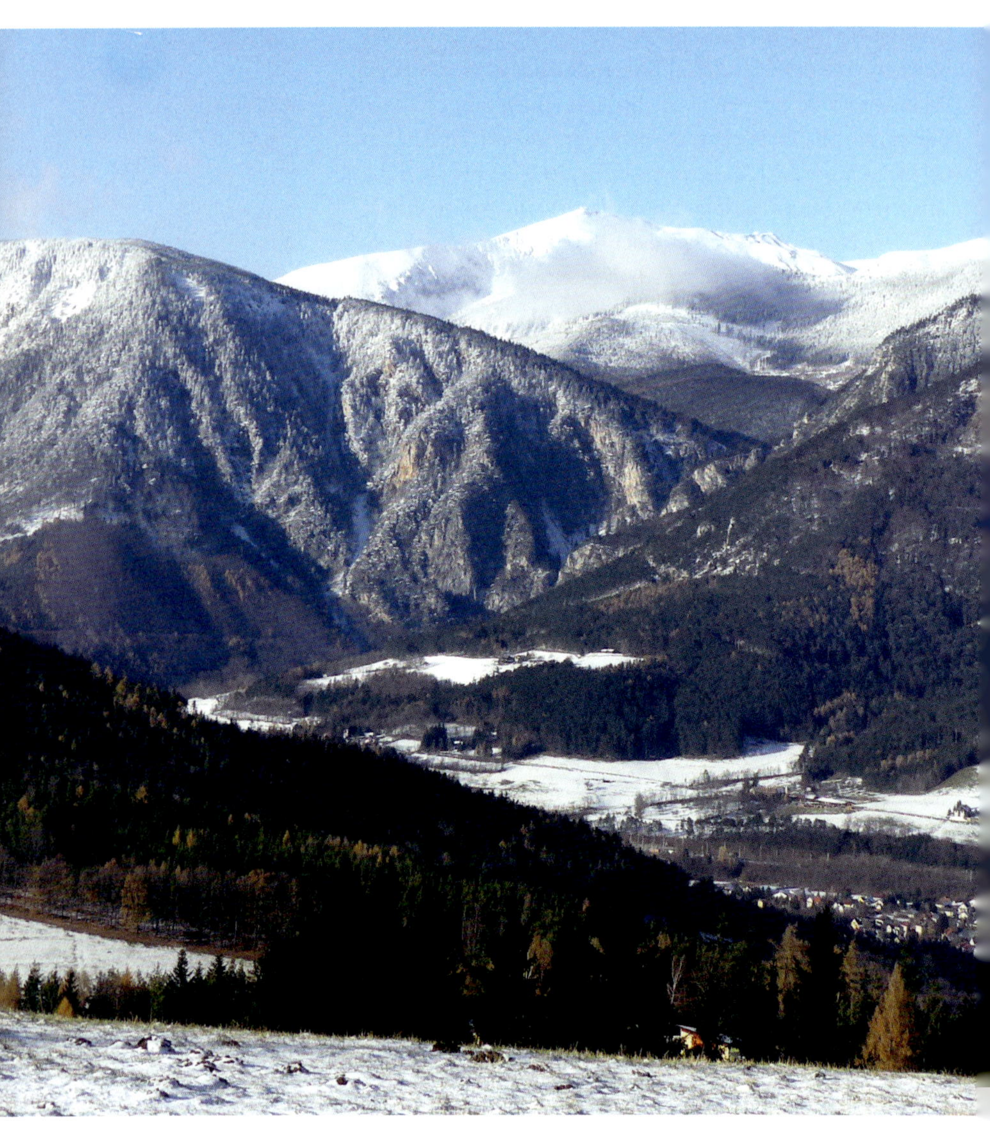

Auf dem Bahnwanderweg vom Bahnhof Gloggnitz zum Bahnhof Payerbach-Reichenau

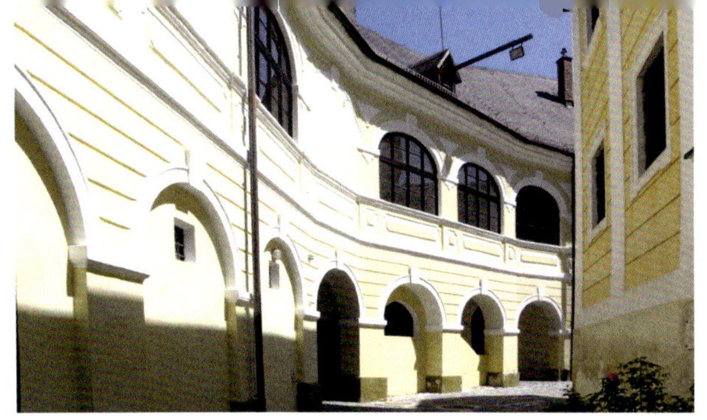

<
Eleganter Schloss-Innenhof
<<
Ausblick vor Klamm zu Schneeberg, Gahns und Feuchter

Schon am Bahnhof Gloggnitz von einem gelben Schild zum „Bahnwanderweg“ geleitet, flaniere ich nach Überquerung der Adlerbrücke durch das hübsche Zentrum von Gloggnitz.

Oberhalb der Stadt verdecken Bäume das, was heute „Schloss“ heißt und doch circa 700 Jahre lang ein Kloster war, in dem (meist fünf) Benediktiner lebten. An der Kreuzung zur Reichenauer Straße führt hinter dem Stiegenwirt der Bahnwanderweg entlang der überwucherten Steinumfriedung des Bauwerks zu ihm hinauf. Ekbert I. Graf von Formbach (bei Passau am Inn!) hatte 1094 den Benediktinern hierorts Ländereien für einen Klosterbau geschenkt. Die Mönche hatten die Region besiedelt vorgefunden – von slowenischen Slawen, die im 8. Jahrhundert von Kärnten hergezogen waren, sowie von Bayern und Franken, die Karl der Große nach 800 ins Land gerufen hatte (vgl. Pap R 13). Von beiden Ethnien geprägte Flurnamen und Kunstformen lassen auf eine friedliche Koexistenz schließen. Um 1100 hatten die Mönche bereits ein kleines Kloster gebaut und verbreiteten fortan den christlichen Glauben und landwirtschaftliches Wissen. Das Kloster fungierte auch als Wehrburg mitsamt Ringmauer, Graben, Schießscharten, Pechnasen und Bastionen. Im Nordteil sind Reste davon erhalten. Hier fanden die Menschen Schutz vor Ungarn, Türken und 1945 vor den Russen. Tritt man durch das Torhaus, erinnern die weiß-gelben Barockfassaden der Trakte mit der zentralen Kirche an Feste und hohe Gäste des Hauses, etwa von Kaiser Karl VI. mit Gattin und Tochter Maria Theresia, die hier am 21. Juni 1728 zu Mittag speisten, bevor sie die Semmering-Passstraße eröffneten. Auch heute stehen Schloss und Restaurant für Kultur, Veranstaltungen, Hochzeiten offen.

Gloggnitz
428 m, von Slawen *klokotnica, clocnica, gloknitza* getauft, nach dem „Glucksenden Bach“, dem heutigen Weißenbach. Am Nordfuß des Semmering gelegene Industrie- und Einkaufsstadt, unersetzlich für die Nahversorgung der Bewohner des Schwarzatals.

Schloss Gloggnitz
Außen dreigeschossiger, innen zweigeschossiger, polygonaler Bau mit Trakten um Zentralhof, im Kern spätgotisch, im 17./18. Jh. Umbauten und Barockisierung. Romanischer Karner, gotische Michaelskapelle. Die Schlosskirche Maria Schnee war bis 1962 Pfarrkirche. Ihr ältester Bauteil ist die Frauenkapelle mit Gruft der Grafen von Wurmbrand-Stuppach. Klosterauflösung 1803. Seit 1928 im Besitz der Stadt Gloggnitz.

Forellenstein
Unterhalb des Schlosses führt links ein Pfad zum Johannesfelsen mit dem barocken Johannes-Nepomuk-Breitpfeiler, ab 1730 von Propst Franz Langpartner erbaut. Der Fels setzt sich aus „Forellenstein" zusammen – nach seiner an Bachforellen erinnernden Zeichnung. Er besteht primär aus saurem Alkali-Gneis und entstand durch Metamorphose eines Rhyolith infolge der Alpenerhebung am Ende des Mesoziokums. Er ist typisch für die „Silberbergserie" der Grauwackenzone und kommt ausschließlich zwischen Gloggnitz und dem Raxental vor. Am Eichberg findet er sich häufig!

Am Ende des Schlossareals steht die Ortstafel Eichberg. Hier biege ich nach links und beim EVN-Häuschen nach rechts. Dort trete ich in den Wald. Dieser Pfad führt erst in langer Hangquerung und dann in vier Kehren sacht ansteigend durch den von hohen Buchen dominierten Mischwald des östlichen Eichberges. Heute reflektiert der schattige Schneehang das Blau des Himmels in irisierendem Lavendel. Eichen und Föhren entlassen einen oben aus dem Wald.

Tritt man am Kahlenberg auf die Kuppe heraus, ist es mit einem Schlag anders. 1504 behauptet der die Propstei Gloggnitz visitierende Formbacher Abt Angelus Rumpler in seiner *Historia Monasterii Vornbacensis*, Gloggnitz sei „zum größten Theil von Bergen umgeben, von denen einige bis in die Wolken reichen" (zit. n. Toplitsch S 110). De facto reduziert sich diese poetische Ausgestaltung zu bewaldeten Hügeln (Hintere Eichberge, Gotschakogel, Schafkogel, Hundsberg und dahinter Gahns und Feuchter sowie linker Hand Raachberg, Grasberg und Großer Otter), die den Horizont wellig begrenzen. Davor sind Obstgärten, Wiesen und Bauernhöfe im Blick, aber kein Ort. Hier ist man hinausgehoben über den Alltag. Dieser Fernblick auf pure Natur ist Mitgrund für meine Liebe zum Eichberg. Ins Zentrum dieses 3-D-Bildes führt die Hochstraße, ein Asphaltband auf breitem Hügelrücken. Ich genieße die klare Luft und die Sonne. Der Eichberg ist um das eine Quäntchen sonniger: Hier gedeihen – neben den namengebenden Eichen – Äpfel, Kirschen, Zwetschken und die wärmebedürftigere Maroni, die auf ehrwürdigen Bäumen mit knorrigen Stämmen wächst. Einst aber sahen diese sanften Eichberghänge ganz anders aus – damals bedeckten sie Weinrieden ...

Denn die Benediktiner hatten sich auf Weinbau spezialisiert: Er wurde ihre einträglichste Geldquelle und die Brüder mehrten ihre Anbauflächen, bis, laut Abt Angelus Rumpler, um 1500 ganz Gloggnitz dem Kloster gehörte. Den *Mons Eihperch* hielt er für eine gute Lage, insgesamt aber schienen ihm „alle diese Weine etwas rauh und minderen Wertes".

>
2. Kreuzwegstation am Weg zum Taferlberg

Er schätzte den Blick vom sonnigen Refektorium auf die Weingärten (am Schlossberg bis 1835 betrieben) und nannte den Eichberg schwärmerisch „Sorgenflucht“ (zit. n. Toplitsch S 111). Wie der hiesige „Weinweg“ bezeugen etliche örtliche Flurnamen den einstigen Weinbau.

Auf den Eichberg wandere ich mitunter mehrmals wöchentlich. Hauptgrund für die hohe Frequenz meiner Gänge ist, dass sich auf dem hiesigen Gotschakogel das kleine Kirchlein Maria Taferl verbirgt. Zu ihm gehe ich auch heute. Als sich das Asphaltsträßlein gabelt, nehme ich daher den rechten Ast und biege ein paar Meter weiter an der nächsten Kreuzung gleich nach (!) der Tafel Hochstraße 4 erneut rechts ein auf den ebenen Feldweg. Von hier schaut man direkt auf die Gleise der Semmeringbahn und in der Ferne auf den Beginn des Steinfeldes mit seiner Industrie. Am Waldrand steht eine der zum Kirchlein führenden Kreuzwegstationen, denen ich folge.

Dann biegt der Weg in den Wald ein. Bald ist das Kirchlein in seiner Mitte erreicht. An ihm mag ich alles: Es ist klein, schlicht, aus Holz und an einer Seite zur Natur hin offen. Im Winter liegen manchmal Schneewehen darin. Hier heraufsteigen und an diesem Ort Bitte und Danke sagen, für das mir Wichtige eine Kerze anzünden, ist ein Ritual, das mir guttut. Die Einträge in den Büchern bezeugen, dass es anderen genauso geht. Denn das ist ein Wallfahrtsort – der kleinste nah und fern. Der Legende nach hat im 16. Jahrhundert ein Schäfer ein Marienbild (Taferl) auf einen Baum gehängt. Drei Mal wurde das Bild entfernt und drei Mal kehrte es angeblich von selbst zurück. Worauf an dieser Stelle eine Kapelle errichtet und „Maria Taferl“ genannt wurde. Möglicherweise hatte man damit eine frühere Kultstätte christianisiert (vgl. Lukan W 188). Fast immer brennt in der Kapelle eine Kerze. Dieser naturnahe Andachtsort hat seine Liebhaber, besonders unter den Eichbergern, die ihr Kirchlein seit 1924 liebevoll instand halten.

Bis zur 5. Kreuzwegstation wieder abgestiegen, gehe ich geradeaus weiter an den Waldrand mit seinen herrlichen

Maria Taferl

Die Gründungslegende teilt es mit anderen Wallfahrtsstätten. 1857 Bau der Kapelle, 1881 Holzanbau im „byzantinischen Stil", 1924 Turm und 1955 Jägergedenkstein errichtet. Von den Eichbergern 1998 in 312 Stunden und mit großen Materialspenden der Zimmerei Josef Kleinhofer saniert. Zu Mariä Geburt jährliche Messe, zu Christi Himmelfahrt Jägermesse.

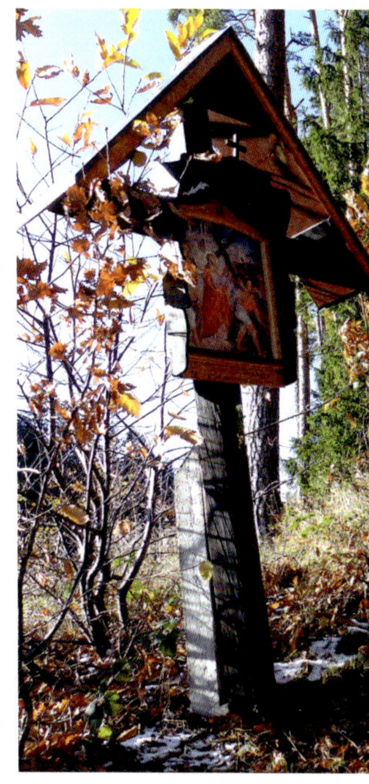

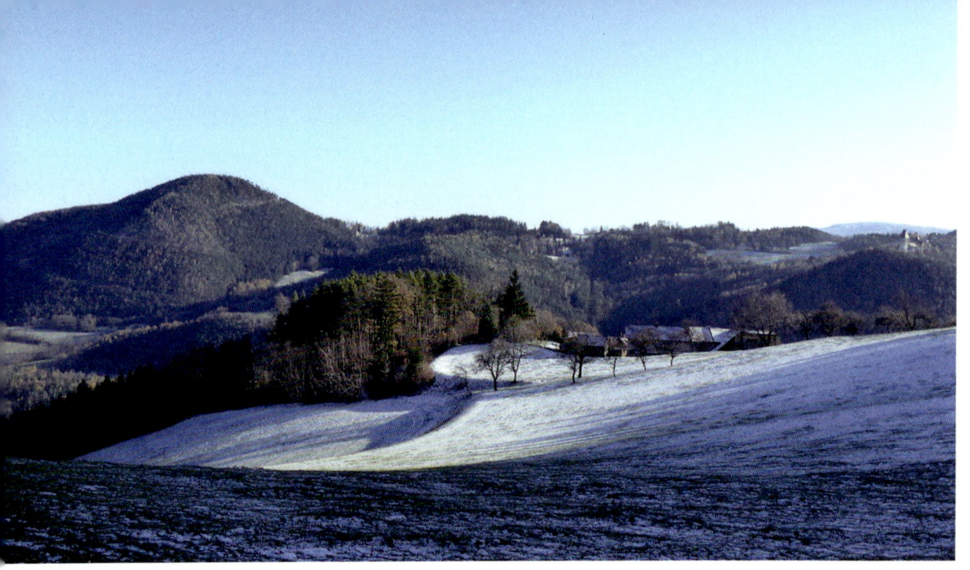

Burg Wartenstein
12./17. Jh.; Privatbesitz. Die Sage erzählt von einem unterirdischen Gang, der von hier zum Benediktinerkloster Gloggnitz geführt haben soll.

^
Kuhweiden am Eichberg mit Burg Wartenstein im Hintergrund
\>
Blick vom Weinweg am Ortsrand von Payerbch zum Feuchter im letzten Abendlicht

Föhren. Ich liebe das seidige Rauschen des Windes in ihren langen, glatten Nadeln und den niemals gleichen Blick auf Rax und Schneeberg.

Nun nehme ich den ebenen Forstweg Richtung Burg Wartenstein mit ihren markanten Wehrtürmen. Schnee färbt die sanften Wiesen weiß. Im Schatten leuchten sie in tiefem Lavendel. Davor stehen sonnenbeschienene Halme in schimmerndem Goldton.

Nach dem so beschilderten „Kammweg" biege ich bald rechts in den Bahnwanderweg ein. Damit habe ich einen fast ebenen, feinschotterigen Forstweg vor mir. Das Sonnenlicht vergoldet jedes Blatt eines Birkenhains – vor dem dunkleren Blau der Berge und dem helleren des schattigen Tals. Heute knirscht Schnee unter meinen Schritten. Es folgt eine Passage, in der Föhren dominieren, dann Fichten, dann Birken. In jedem Waldabschnitt klingt der Wind anders.

Eine Wiesenkuppe der Hinteren Eichberge eröffnet einen Rast-/Lese-/Jausenplatz mit großartigem Ausblick zu Semmering und Schneeberg (S. 50).

Erneut geht es durch Wald. Ein Mann hat seinen Traktor geparkt und ist am Holzarbeiten. Der Winter ist die Zeit dazu. Es riecht nach Motoröl und Harz. Dann ist Klamm erreicht.

Am Bauernhof an der Eichbergstraße wende ich mich nach

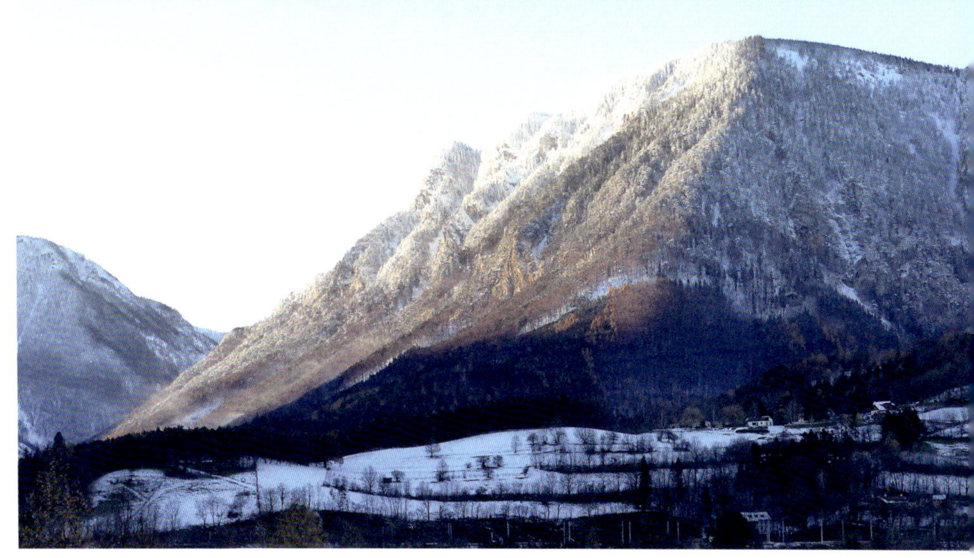

links und steige einige Straßenmeter bergan. Hier bin ich am Kreuzberg mit seinen Jahrhundertwendebauten. Die Villen Hofmann, Huber, Walter, Olga, Halberstadt, Budischovsky und Manner erzählen hier von anderen Zeiten. Gleich bei der gelben Villa biege ich rechts ein. Auch dieser Wegabschnitt ist verlässlich markiert und als Bahnwanderweg beschildert. Ab Klamm ist ihm nach Payerbach zu folgen.

Erst führt die Forststraße durch Wald und entlang zweier Wiesen sanft fallend talwärts. An diesem späten Novembernachmittag ist es hier schattig und ich wandere durch eine ganz und gar irisierend-lilablaue Landschaft.

Auch in Küb hat die Semmeringbahn eine Haltestelle. Daher entstand hier ab ca. 1890 eine kleine, feine Sommerfrischekolonie mit Villen, Hotel und mietbaren Sommerwohnungen. Eine ganze Weile folgt nun der Weg den Gleisen und lässt die Bahn hautnah erleben. Dann unterquert man die Trasse und folgt einem entlang der Bahnböschung verlaufenden Waldpfad linker Hand weiter.

Auch in Payerbach erinnert der „Weinweg" an den einstigen Weinbau. Über dem Ort schimmern die Schneehänge von Gahns und Feuchter rosa im Abendlicht. Mit diesem ergreifenden Bild im Herzen steige ich bald in den Zug heimwärts.

Küb

Neben der Bahn war für das Entstehen der Sommerfrischekolonie in Küb ausschlaggebend, dass der Ort außerhalb der Taxrayon Reichenau lag und daher finanziell interessant war.

Weinbau

Urkundliche Erwähnungen von lokalem Weinbau: 1127 Neunkirchen, 1131 Stuppach, 1188 Gloggnitz, 12. Jh. am Grillenberg, 1220 Eichberg, 1322 Silbersberg, 1582 Payerbach und Reichenau, 1648 Pettenbach. Im 16. Jh. erreichte das Geschäft mit dem Wein seinen Zenit. Da und dort wurde er noch bis ins 19. Jh. kultiviert.

07

SPECKBACHERHÜTTE

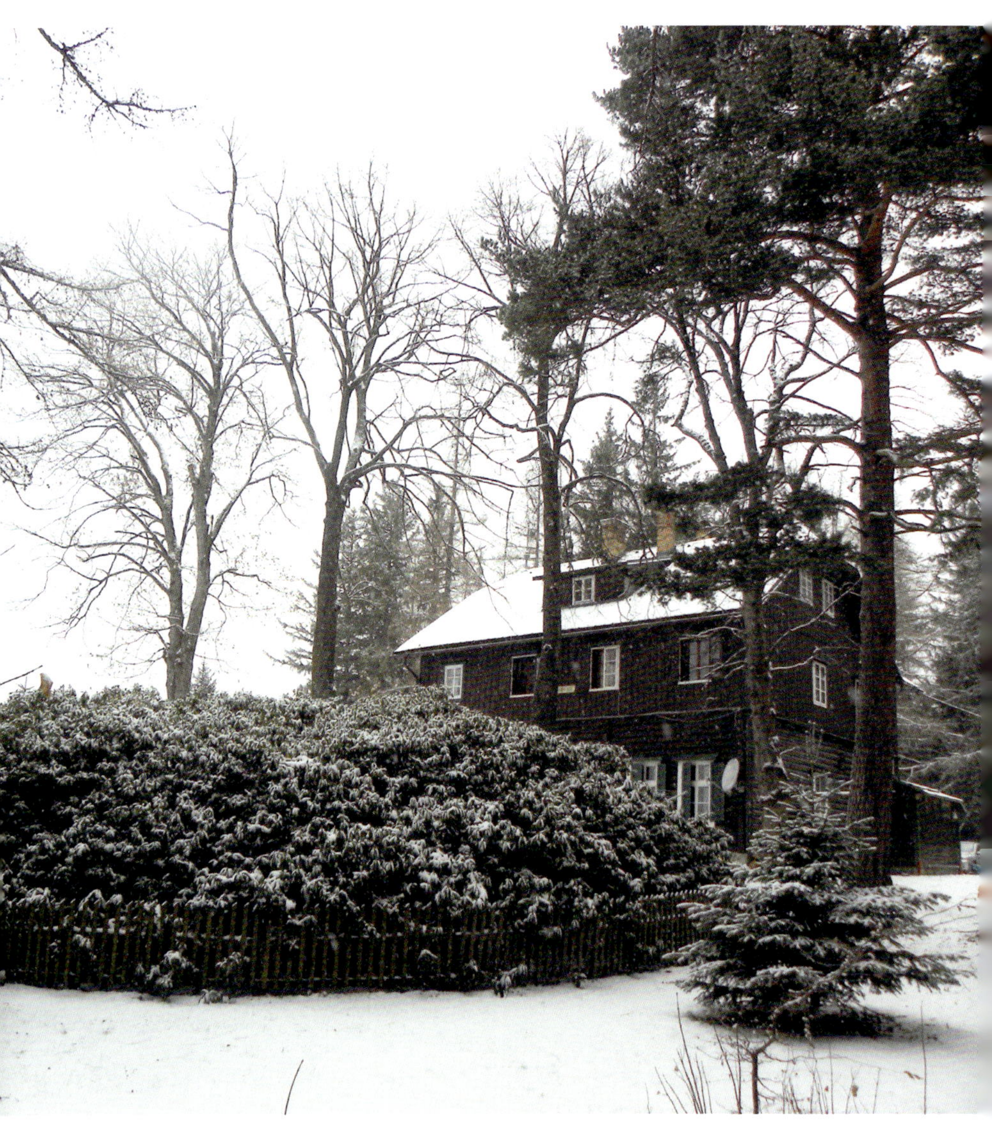

Wanderung zwischen Flackl-Wirt in Reichenau und Speckbacherhütte am Kreuzberg

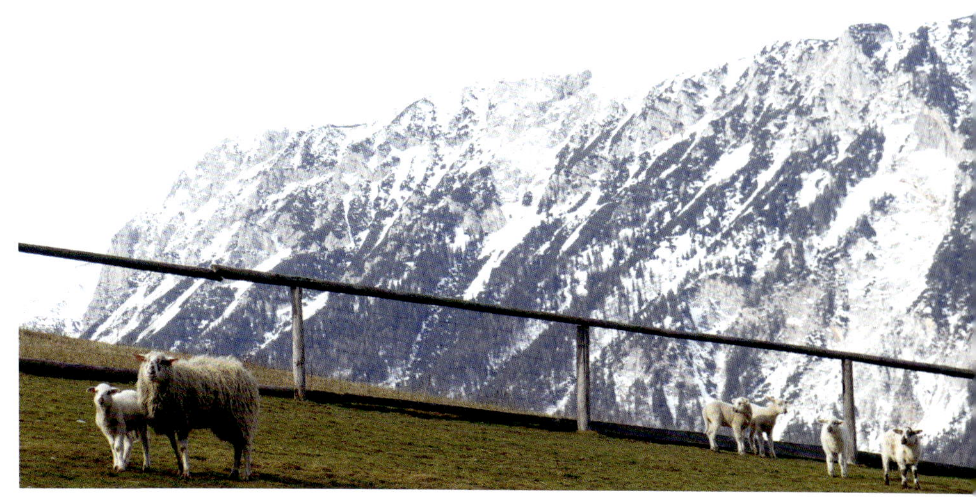

Erster Adventsonntag – Zeit, sich mit dem Winter zu befreunden. Heute schließt sich Christian Schneider mir an. Wir fahren zum Flackl-Wirt in der Hinterleiten 12 in Reichenau.

Trotz seiner Größe ist das Seminarhotel, zu dem Alfred Flackl den seit 150 Jahren im Familienbesitz befindlichen Hof samt ehemaligem Bauerngasthaus ausgebaut hat, ein höchst sympathischer Ort. Das liegt vor allem an der familiären Atmosphäre, die es dank Familie Flackl hat und an der Gruppe von Künstlern, die alljährlich in der zweiten Augusthälfte Wolfgang Männers Mal- und Zeichenseminar in dessen Atelier besuchen. Folglich sind „beim Flackl" die Wände dicht behängt mit deren Werken – in liebenswert unorthodoxem Stilmix, einem Zeugnis von Lebensfülle, Zufall, Zeit. Während der Seminarwochen dringt zudem Musik aus jedem Fenster: Geigen, Bratschen, Cellos, Klavier: Die Studentinnen und Studenten der isa-Musikworkshops proben. Zwei Wochen lang finden dann im Umland viele Klassik-Konzerte statt!

Vom oberen Parkplatz des Gasthofs führt ein Karrenweg den Berg hinan, vorbei bei der kleinen Menagerie, die die Familie Flackl für ihre jüngsten Gäste geschaffen hat mit Ponys, Ziegen, Schafen, Kaninchen, Hühnern usw. Kurz darauf drehe ich mich um und bin wie stets aufs Neue beglückt von diesem märchenhaften Anblick: Auf derselben Sichtachse wie

isa

Internationale Sommerakademie der Universität für Musik und darstellende Kunst Wien. Programminfos auf *www.isa-music.org*

∧

Beim Flackl-Wirt gelegene Schafweide mit der Rax im Hintergrund

<

Rhododendron bei der Speckbacherhütte, Christian Schneider

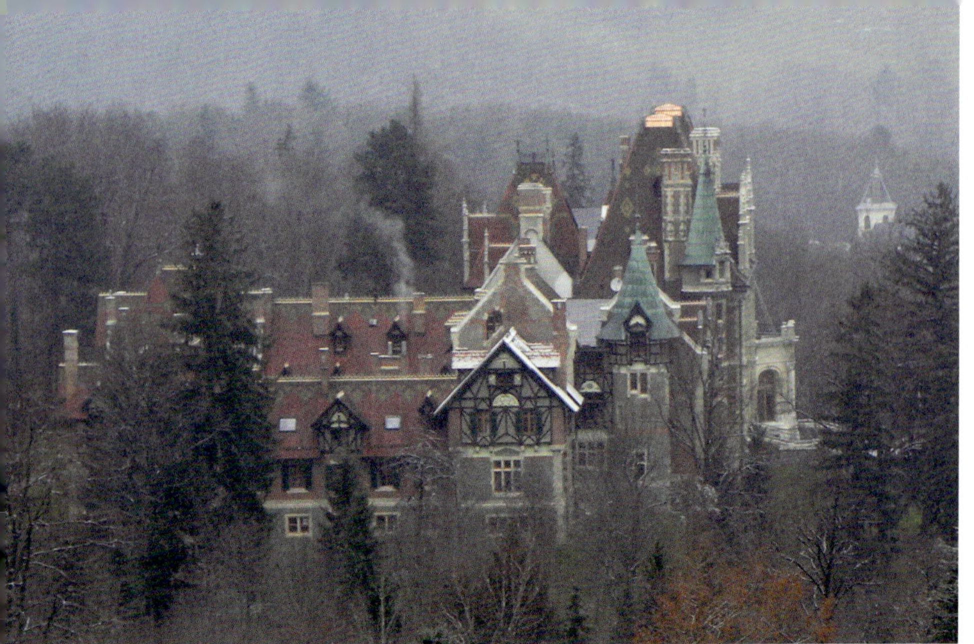

Schloss Rothschild
Das einem Loire-Schloss ähnliche Gebäude mit Renaissanceoptik bezeugt ein typisches Prestigeduell der Gründerzeit, denn das Kaiserhaus hatte den Rothschilds, trotz derer Verdienste um die staatliche Stabilität, lange die „Hoffähigkeit" vorenthalten. Ab 1884 entstand nun das Prunkschloss Nathaniel Rothschilds mit 200 Zimmern und Salons. Fünf Jahre später wurde der Bau eingestellt – nachdem er zehn Mal so viel wie Schloss Wartholz gekostet hatte. Heute gehört es den Vereinigten Altösterreichischen Militärstiftungen.

die Flackl-Gebäude ragen die Türmchen, Spitzen, Erker und bunten Keramikdächer gleich zweier Schlösser aus den umgebenden Wäldern: Das von hier aus Nähere ist Schloss Rothschild, erbaut von Nathaniel Baron Rothschild, Spross der jüdischen Bankiersfamilie, der mit seinem prunkvollen Bau das Schloss des kaiserlichen Bruders, Erzherzog Karl Ludwigs, klar übertraf. Tiefer im Tal ist dessen Schloss Wartholz zu sehen, das sich Karl Ludwig eher als gemütlichen denn als feudalen Landsitz hatte errichten lassen. Heute gehört es Christian Blazek, Landschaftsgärtner, Inhaber der Gärtnerei Wartholz mit Geschäft und elegantem Café, wo sich's unter Kristalllustern oder in der warmen Jahreszeit im Barockgarten in Korbfauteuils fein sein lässt. Im Literatursalon Wartholz finden Lesungen, Feste und Veranstaltungen statt. Über die seinerzeitige Vorliebe des Erzherzogs Karl Ludwig für Reichenau bin ich froh: Da er sich hier niederließ, folgten der Adel und die Elite der Geistes- und Kulturwelt. Und sie bauten sich schöne Villen und brachten ihre Kultur mit und eine umfassendere Weltsicht.

Mit stürmischer Zuneigung wende ich mich nun dem Weg und dem Winter zu: Die Laubbäume sind längst kahl. Nur die

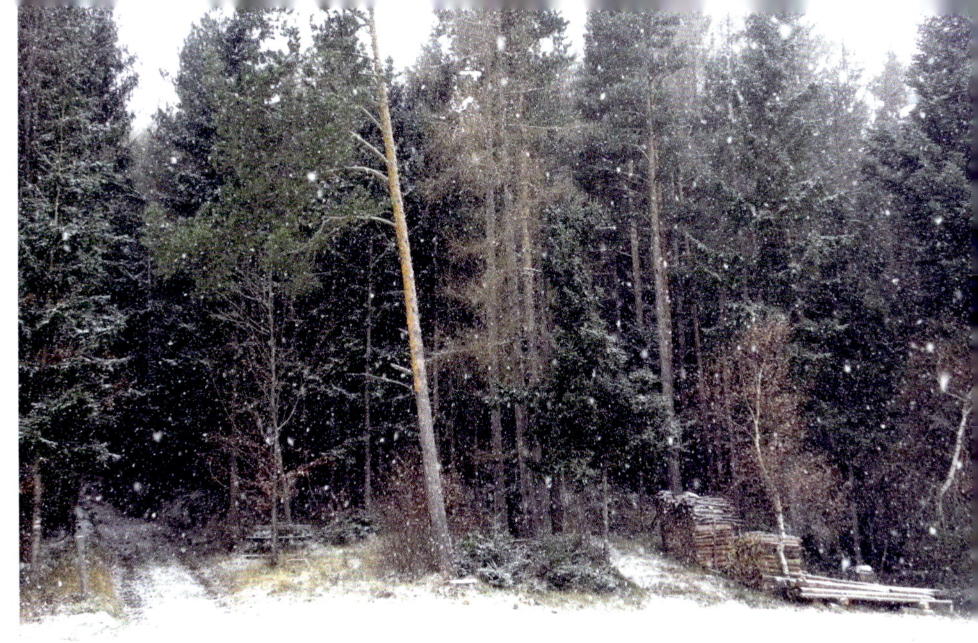

gelben und roten Punkte einzelner Äpfel setzen Farbe ins Bild. Heute tragen sie Schneehauben. Das Weiß des Schnees unterstreicht die feinen Linien der Äste, sodass sie sich hell vor dem Waldesdunkel abzeichnen. Nach kurzer Zeit auf dem Karrenweg weist eine gelbe Markierung links in den Wald, durch den es sanft bergan geht. Danach tritt man hinaus auf einen Wiesenabhang. An seinem Rand stehen die Pferde des Biobauernhofs Leitenmaier unter dem Dach des Gebäudes. Zur Asphaltstraße hochgestiegen, folgen wir dieser kurz, um dann rechter Hand zur Stojerhöhe zu gelangen. Sie ist einer meiner Lieblingsplätze – eine offene, weiträumige Wiesenkuppe, von der sich – bei anderen Wetterverhältnissen – ein großartiger Blick bietet auf Reichenau, Gahns, Schneeberg, Richtung Höllental, Rax und Umgebung sowie zum Kreuzberg. Auf der Bank bei der idyllischen kleinen Kapelle, in der unlängst ein Kind des nahen Bauernhofes getauft worden war, habe ich so manches Picknick genossen, gelesen, geschrieben …

Das heutige Winterwetter aber hat andere Vorzüge. Der Schneefall ist dichter geworden. In unfassbarer Fülle gaukeln dicke Flocken aus einem scheinbaren Nichts herab. Die Wiesen sind weiß. Wir folgen der Forststraße nach rechts und

Stojerhöhe
Wegkapelle, 1870 vom Besitzer des nahen Bauernhofes errichtet.

^
Verschneiter Waldrand nahe der Stojerhöhe (809 m)

^ ^
Schloss Rothschild mit seinen Türmchen, Giebeln, Rauchfängen und farbenprächtigen Dachflächen

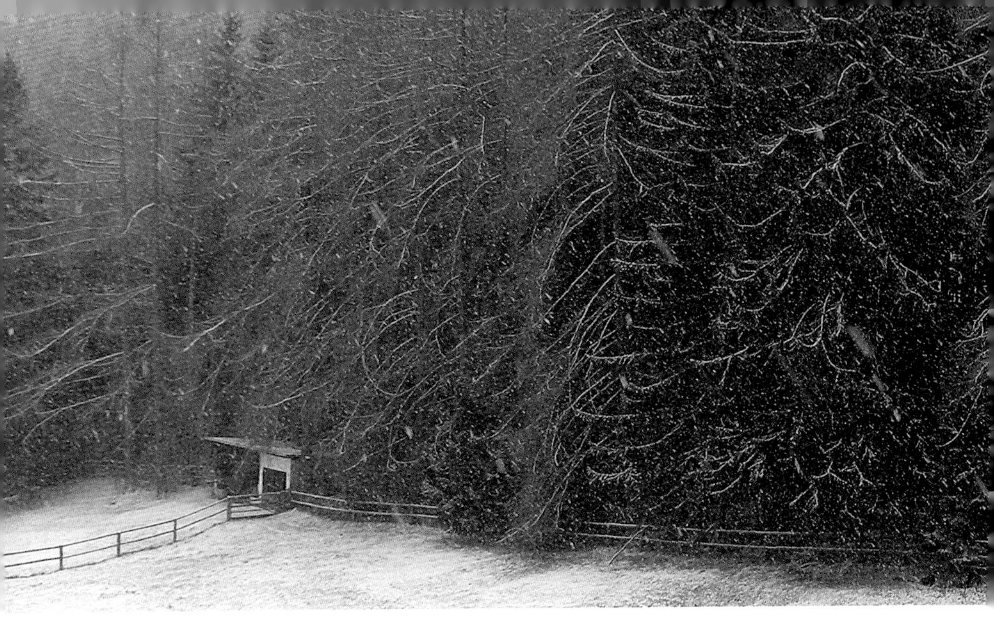

Speckbacherhütte
1089 m, 1901 formierte sich die Alpine Gesellschaft „D'Speckbacher" (nach dem Tiroler Freiheitskämpfer Josef Speckbacher) zur Durchführung von Treffen, Wanderungen, Ausflügen. 1907 eröffneten sie auf der Rax die „Speckbacherhütte", die 1927 abgetragen wurde. Im selben Jahr kauften sie das Jagdhaus am Kreuzberg von Baron Nathaniel Rothschild und bauten die hiesige Speckbacherhütte. 1908 pflanzten „D'Luftschnapper" hier einen Rhododendron aus dem Himalaya. Mittlerweile gehört er mit 131 m² zu den größten Europas mit prachtvoller Blüte im Mai!

betreten den hohen Fichtenwald, durch den wir bis zum Ziel wandern. Niedrige Tannen flankieren mitunter den Weg. Der Schnee auf ihren Ästen erinnert an Staubzucker.

Inmitten des hohen Waldes steht die kleine Josefs-Kapelle. Ihrer Lage und der modernen, rot-blauen Glasfenster wegen mag ich sie sehr. Hier oben sind die Bäume höher und mitunter durchmischt von Lärchen. Das Orange ihrer Nadeln schimmert da und dort unter der weißen Schneedecke. Der Weg ebnet sich hier und steigt nach der Quellenhof-Lichtung, die mir wie ein vom Wald gefasstes Juwel erscheint, nochmals an. Dann ist die Hochfläche erreicht. Am Rand des locker bestandenen Waldareals mit hohen Lärchen und alten Fichten hat die Speckbacherhütte (S. 56) ihren Platz.

Anfang November 2014 haben Alexandra und Helmut Pirchmoser das Haus übernommen. Hier stimmt alles: die Qualität der Speisen, Weine, Mehlspeisen, die gemütliche Ausstattung der Räume genauso wie das Service. Entsprechend beliebt ist dieser – auch mit dem Auto erreichbare – Ort. Daher ist an Wochenend- oder Feiertagen Reservierung angeraten … Umso mehr bewundere ich, dass selbst im turbulenten Mittagsgeschäft das gesamte Team seine Freundlichkeit bewahrt und Alexandra auch dann ihre Gäste stets mit einem strahlenden Lächeln begrüßt. Wir nehmen Platz in der gemütlichen Veranda mit ihren Holzmöbeln und dem schönen Ausblick auf das Schneetreiben aus der dreiseitigen Fensterfront. Bald serviert Alexandra Helmuts Linsen mit Speck „von da Speck“. Sie munden köstlich zum Raxbräu, einem in Payerbach gebrauten Bier.

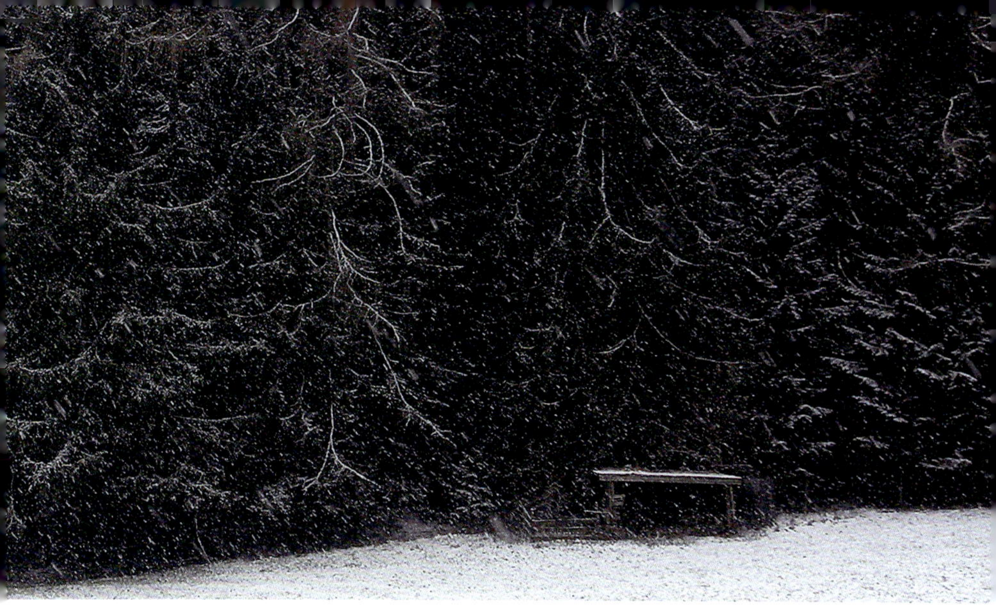

Nach einem geteilten Kürbiskuchen sind wir gestärkt und bereit zum erneuten Eintauchen in das Schneetreiben. Wir nehmen nun einen anderen Abstieg – den Richtung Edlach, um dann über den Gruber Kogel zurück zum Flackl zu gelangen. Immer der Markierung folgend, überqueren wir im unteren Bereich des Abstiegs die Orthofstraße. Oberhalb des Ortsteils Mayerhöfen treten wir auf eine aussichtsreiche Wiese, über die man weiter geradewegs absteigt. An seinem Ende mündet der Weg in eine Forststraße, der man rechter Hand zu einer kleinen Kapelle folgt. Hier schwenkt man links in die Orthofstraße und biegt bald rechts in den Dr.-Konried-Weg ein, auf dem es zurückgeht zum Flackl-Wirt. Auch im Flackl-Wald unterstreicht der Schnee so manch nettes Detail.

Jetzt freue ich mich auf den Abend des ersten Adventsonntags, das Holz im Ofen knacken zu hören, Tee zu trinken und eine Kerze anzuzünden …

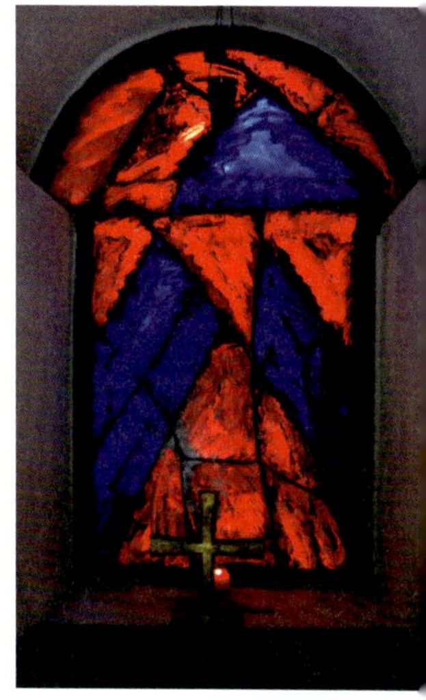

^
Fenster der Josefs-Kapelle

^^
Verschneiter Waldrand beim Quellenhof (972 m)

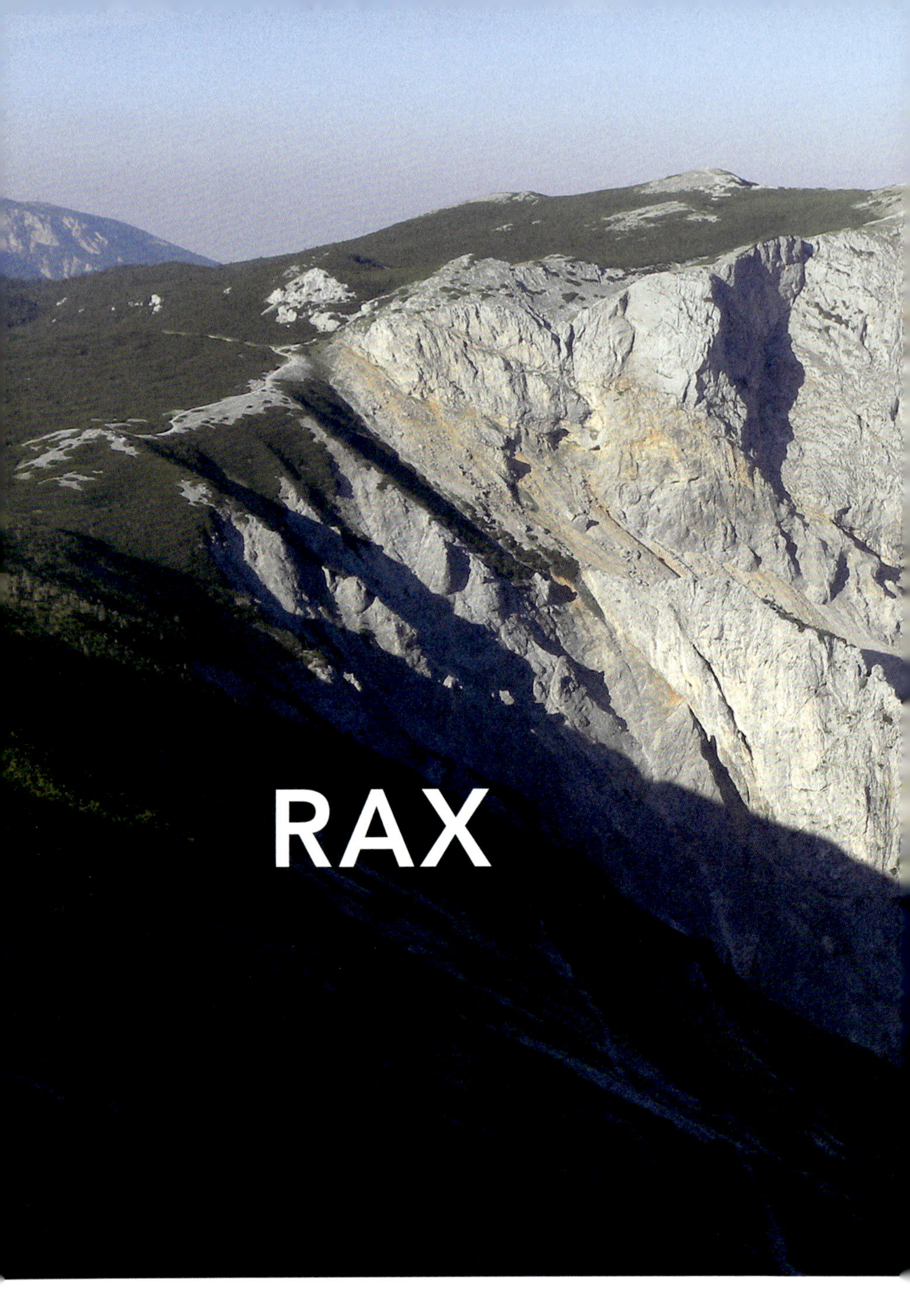

RAX

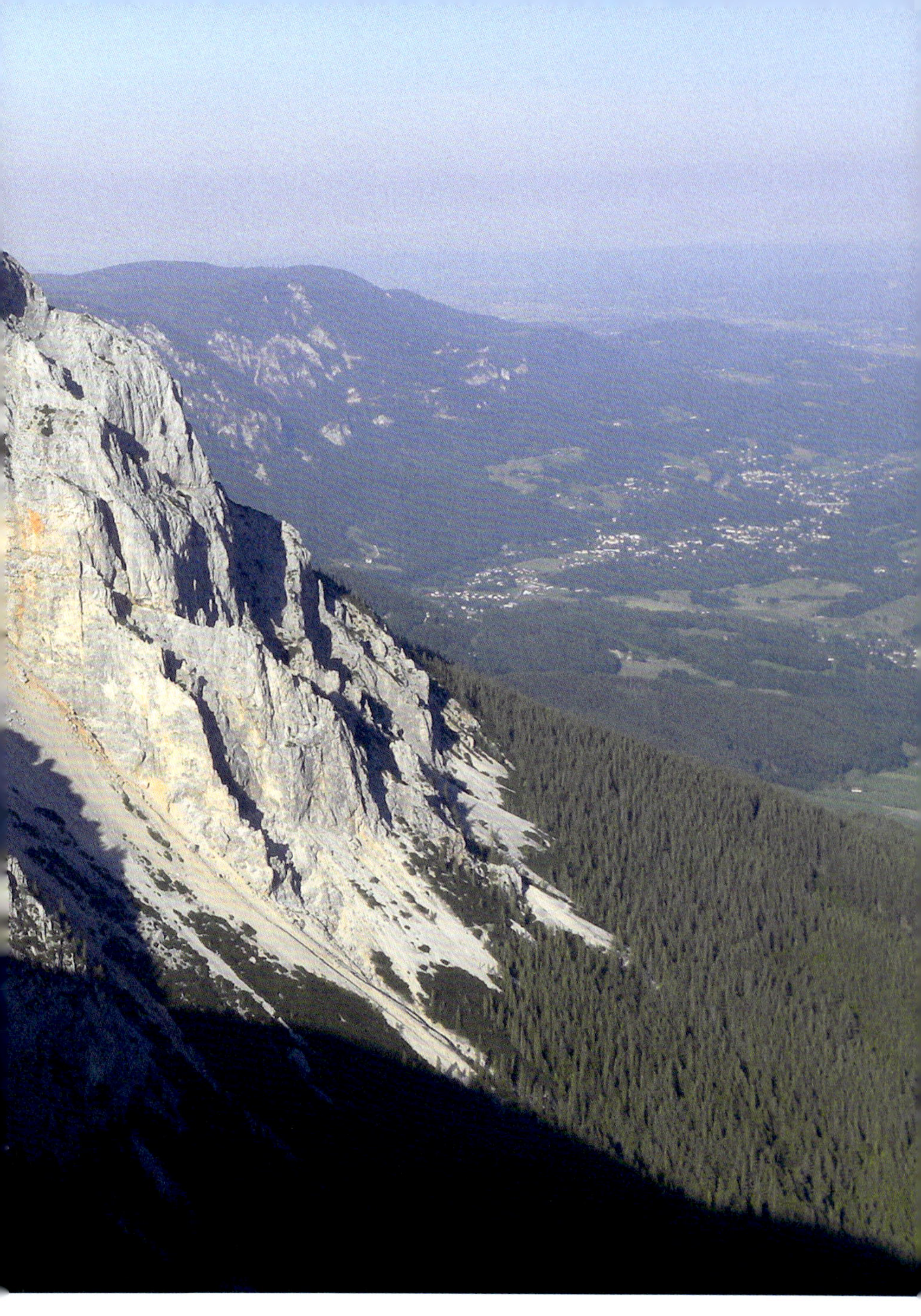

EINSTIEG

Aus der Vogelperspektive gesehen hat die Rax eine Dreiecksform. Die längste Seite davon zeigt sich vom Reichenauer Tal aus als Plateauberg, der mit bis 400 Meter hohen Felsen abbricht – an das Korallenriff erinnernd, das der Berg vor 230 Millionen Jahren war. An seiner dem Steirischen zugewandten Seite wachsen dunkle Wälder hoch hinauf. Die das Höllental begrenzende Seite durchziehen tiefe Schluchten mit bis 500 Meter hohen, jäh aus dem Tal aufragenden Steilwänden. Die Rax hat eine Gesamtfläche von etwa 100 km². Ihr Plateau mit den Hochflächen Grünschacher, Scheibwald und Heukuppe bedeckt ein Drittel davon. Für Wanderer beruhen ihre Stärken auf der Fülle unterschiedlicher Routen und der Weite ihres Rückens, die zum Sich-Ergehen auf Höhenwegen einladen.

Seit der Steinzeit hatten ungezählte Namenlose auf Bergen Wild, Holz, Erz, Pflanzen oder Schutz gesucht. „Bergsteiger" – die (wie den Renaissancedichter Petrarca) kein Zweck, sondern „neugieriges Verlangen nach einem Erlebnis der Seele" (Kos Ü 15) auf den Berg führt, betraten die Rax allerdings erst ab den 1850er-Jahren. Denn anders als der Schneeberg war sie von Wien nicht zu sehen, schwieriger erreichbar und hatte den Nimbus größerer Gefährlichkeit. Mit dem Bau von Straßen und der Bahnstrecke bis Gloggnitz 1842 begann ihre Erschließung, wobei Bergsteigen zunächst großbürgerlichen Städtern vorbehalten war. Alpine Vereine wurden ab 1862 gegründet, Wege errichtet, Schutzhütten gebaut. Damit schnellten die Besucherzahlen in die Höhe und die systematische Erschließung der Ostalpen folgte. Ab 1875 konzentrierten sich die Bergsteiger aus der Metropole auf die Rax. Sie wurde zur Wiege der Wiener Alpinschule. Wieder war es ein Investitionsschub, der neue Besucherrekorde brachte: 1926 wurde die Rax-Seilbahn als erste Seilbahn Österreichs eröffnet. Heute kommen jährlich eine halbe Million Menschen aus dem In- und Ausland auf Rax und Schneeberg!

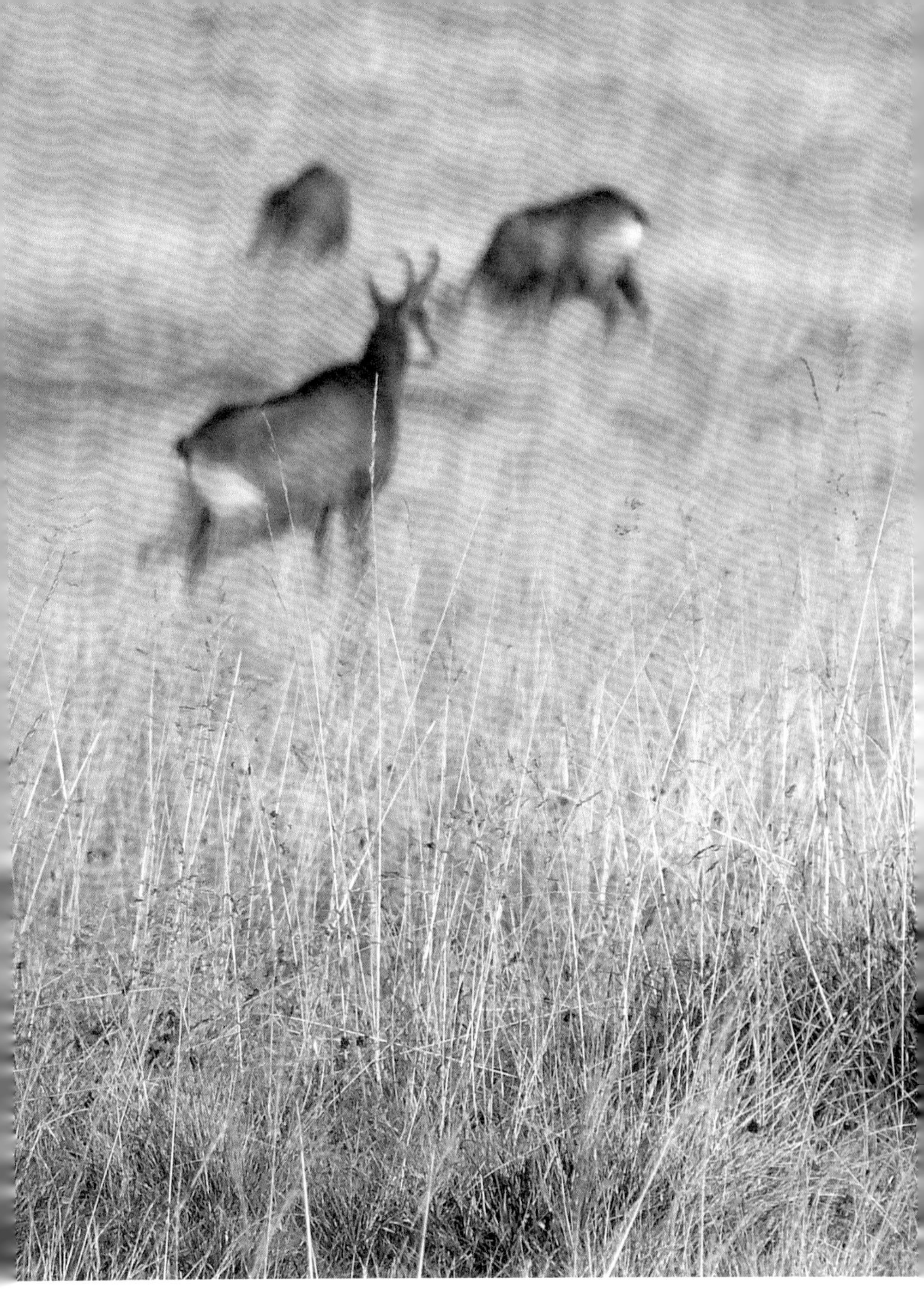

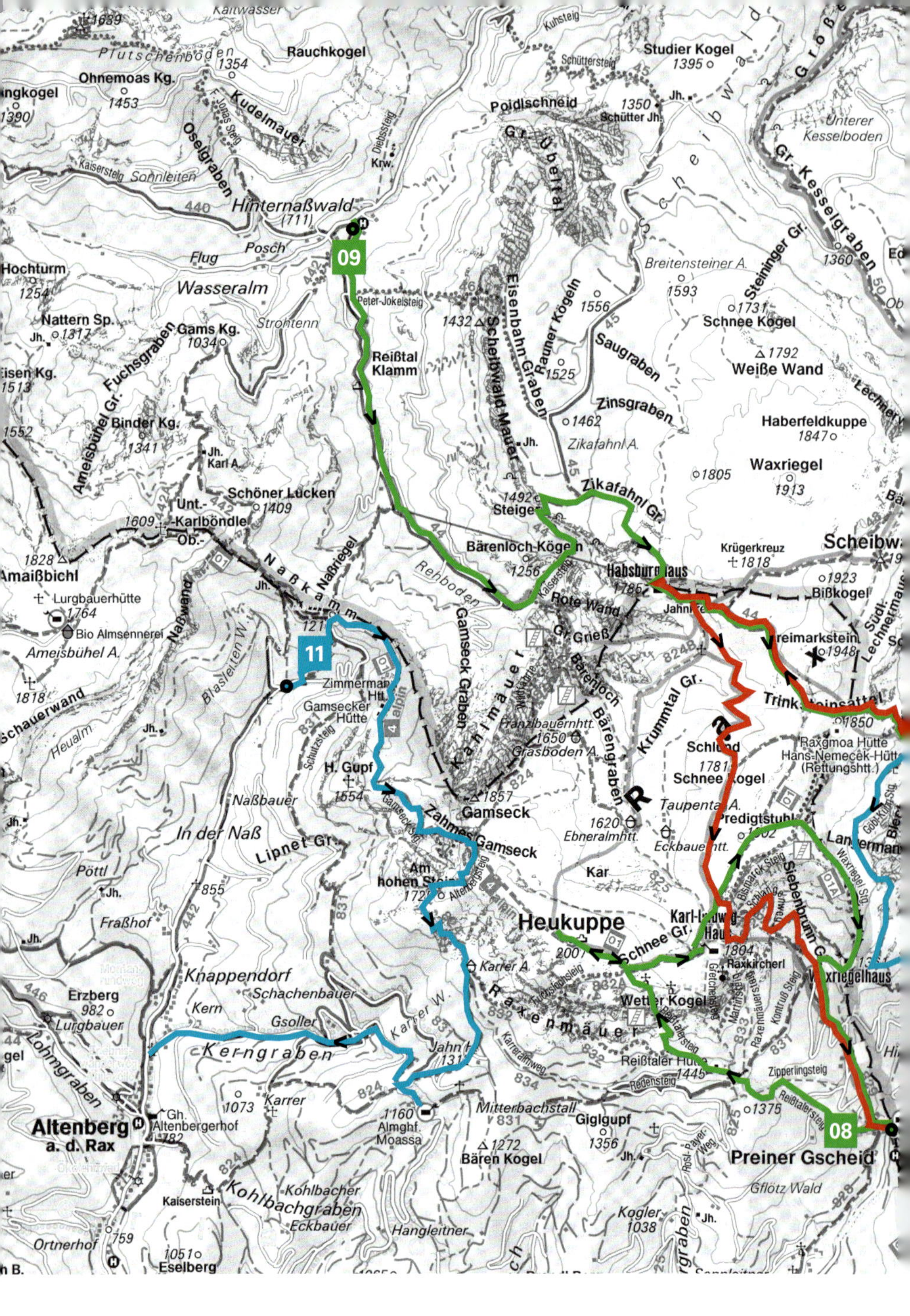

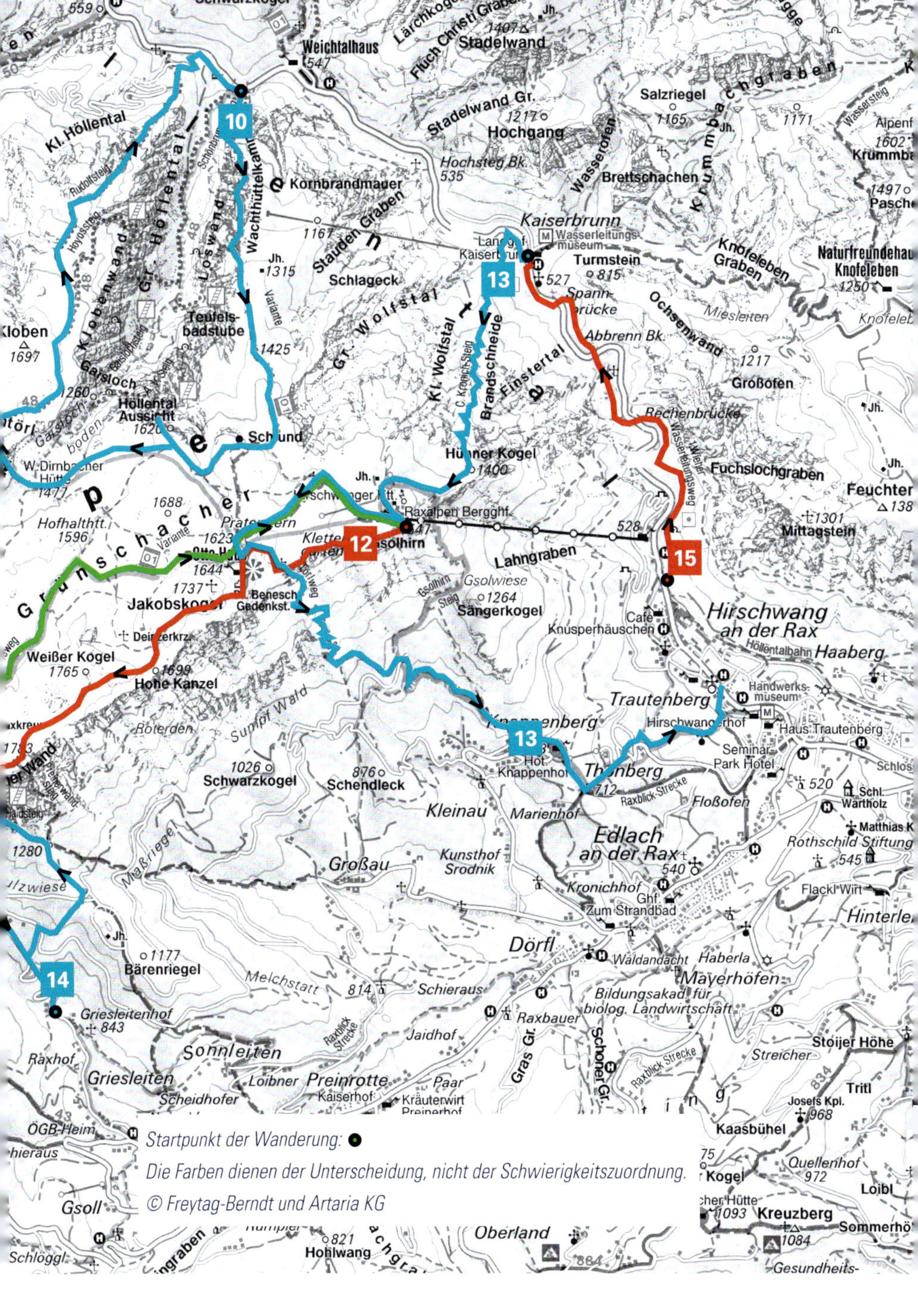
Startpunkt der Wanderung:
Die Farben dienen der Unterscheidung, nicht der Schwierigkeitszuordnung.
© Freytag-Berndt und Artaria KG
10
12
13
13
14
15
Schwarzkogel
Weichtalhaus
Stadelwand
Stadelwand Gr.
Hochgang
Salzriegel
Kl. Höllental
Kornbrandmauer
Stauden Graben
Kaiserbrunn
Turmstein
Schlageck
Gr. Wolfstal
Kl. Wolfstal
Brandschneide
Finstertal
Teufelsbadstube
Höllental Aussicht
Schund
Hühner Kogel
Raxalpen Bergghf.
Lahngraben
Gsolwiese
Sängerkogel
Jakobskogel
Weißer Kogel
Hohe Kanzel
Hirschwang an der Rax
Knusperhäuschen
Trautenberg
Hirschwangerhof
Seminar-Park Hotel
Haus Trautenberg
Schwarzkogel
Schendlleck
Kleinau
Marienhof
Edlach an der Rax
Floßofen
Großau
Kunsthof Srodnik
Dörfl
Kronichhof
Zum Strandbad
Waldandacht
Mayerhöfen
Bärenriegel
Griesleitenhof
Schieraus
Raxbauer
Sonnleiten
Griesleiten
Preinrotte
Kaiserhof
Kräuterwirt
Stoijer Höhe
Kaasbühel
Quellenhof
Kreuzberg
Oberland
Hohlwang
Gsoll
Schlöggl
Rechenbrücke
Fuchslochgraben
Großofen
Mittagstein
Feuchter
Brettschachen
Krummbachgraben
Knofeleben Graben
Naturfreundehaus Knofeleben
Rothschild Stiftung
Flackl Wirt

08 REISSTALERSTEIG | WAXRIEGELKAMM

In Kürze: 5,25 h, 1040 Hm An-/1040 Hm Abstieg, Bus, Kinder 12+

Start/Ziel: Preiner Gscheid | **Anforderung:** Alpine Steige, Aufstieg teils gesichert; Trittsicherheit (und am Reißtalersteig auch Schwindelfreiheit) erforderlich | **Wegverlauf, E, N:** Preiner Gscheid (E Edelweißhütte) – Reißtalerhütte – Reißtalersteig – Heukuppe – Karl-Ludwig-Haus (E, N) – Predigtstuhl – Waxriegelkamm – Waxriegelhaus (E, N) – Preiner Gscheid (E Edelweißhütte) | **Sicherungen:** Am Reißtalersteig Eisenleiter, Stahlseil, Tritteisen

09 KAISERSTEIG | SEEWEG

In Kürze: 6,5 h, 1140 Hm An-/400 Hm Abstieg, Bus, Kinder 10+, hundetauglich

Start: Hinternaßwald | **Ziel:** Rax-Seilbahn bzw. Hirschwang | **Anforderung:** Am Kaisersteig Trittsicherheit erforderlich | **Wegverlauf, E, N:** Hinternaßwald – Reißbachtal – Kaisersteig – Habsburghaus (E, N) – Hans-Nemecek-Hütte (Trinkstein) – Seehütte (E) – Seeweg – Otto-Haus (E, N) – Bergstation Rax-Seilbahn (E, N) – Hirschwang | **Sicherung:** Am Kaisersteig eine mit Stahlseil gesicherte Passage

10 WACHTHÜTTELKAMM | RUDOLFSTEIG

In Kürze: 7 h, 1250 Hm An-/1250 Hm Abstieg, Bus, Kinder 12+

Start/Ziel: Parkplatz Großes Höllental bzw. Bushalt Weichtalhaus (diesfalls zum Start die Höllentalbundesstraße flußauf bis zur nahen Straßengalerie, dort links Wegweiser) | **Anforderung:** Alpine, teils gesicherte Steige mit großem Höhenunterschied und einiger Steilheit; Trittsicherheit und Schwindelfreiheit unbedingt erforderlich, bei Nässe rutschig und wegen erhöhter Absturzgefahr abzuraten! | **Wegverlauf, E, N:** Höllental – Wachthüttelkammsteig (E, N durch kurzen Umweg zum Otto-Haus) – Höllentalaussicht – Wolfgang-Dirnbacher-Hütte – Aufstieg Richtung Klobentörl, Abzweig zum Rudolfsteig – Höllental | **Sicherungen:** Am Wachthüttelkammsteig Abfolge von Eisenleitern, Stahlseil, Ketten; am Rudolfsteig zwei Mal Sicherungen

11 ZAHMES GAMSECK | ALTENBERGERSTEIG

In Kürze: 6 h, 880 Hm An-/880 Hm Abstieg, Bus, Kinder 12+

Start: Parkplatz Altenbergtal nach Naßbauer | **Ziel:** Altenberg, Bushalt Kerngraben (ggf. von dort mit Rad oder Zweitauto retour zum Start) | **Anforderung:** Alpiner, teils gesicherter Anstieg; Trittsicherheit (und im Aufstieg Schwindelfreiheit) erforderlich; Abstieg nicht schwierig | **Wegverlauf, E, N:** Altenberg (E, N im Altenbergerhof) – Naßkamm – Zahmes

Gamseck – Altenbergersteig – Gh. Moassa (E, N) – Altenberg (E, N im Altenbergerhof) | **Sicherungen:** Zahmes Gamseck: Leiter, Stahlseile, Tritteisen

12 RAX-ÜBERQUERUNG

In Kürze: 5,5 h, 350 Hm An-/700 Hm Abstieg, Bus, Seilbahn, Kinder 10+, hundetauglich
Start: Rax-Seilbahn-Bergstation | **Ziel:** Preiner Gscheid | **Anforderung:** Hochalpine, leichte Wanderung, tw. auf Schotterwegen | **Wegverlauf, E, N:** Raxalpen-Berggasthof (E, N) – Otto-Haus (E, N) – via Jakobskogel und Preinerwandgipfel zur Neuen Seehütte (E) – Trinksteinsattel – Habsburghaus (E, N) – Pehoferweg Richtung Karl-Ludwig-Haus (E, N) – Schlangenweg – Siebenbrunnenkessel (E, N Waxriegelhaus) – Preiner Gscheid (E Edelweißhütte)

13 BRANDSCHNEIDE | TÖRLWEG

In Kürze: 6 h, 1120 Hm An-/1130 Hm Abstieg, Bus, Kinder 10+
Start: Kaiserbrunn | **Ziel:** Hirschwang (Bushalt an der Höllentalstraße in Hirschwang) | **Anforderung:** Besonders Brandschneide steile Passagen, daher Trittsicherheit erforderlich; beide Steige: großer Höhenunterschied | **Wegverlauf, E, N:** Kaiserbrunn – Brandschneide – Rax-Seilbahn-Bergstation (E, N) – Otto-Haus (E, N) – Törlweg – Knappenhof (E, N) – Hirschwang | **Sicherungen:** Stahlseile, Eisenleitern an mehreren Stellen

14 HOLZKNECHTSTEIG | GÖBL-KÜHN-STEIG

In Kürze: 5,25 h, 800 Hm An-/800 Hm Abstieg, Kinder 12+, hundetauglich
Start/Ziel: Autoabstellplatz Griesleiten | **Anforderung:** Holzknechtsteig alpin, steil und sonnenexponiert, dort Trittsicherheit erforderlich; Göbl-Kühn-Steig nicht schwierig | **Wegverlauf, E, N:** Griesleiten – Bachinger Bründl – Holzknechtsteig – Seehütte (E) – Göbl-Kühn-Steig (E, N möglich im nahen Waxriegelhaus) – Bachleiten – Griesleiten

15 WASSERLEITUNGSWEG IM HÖLLENTAL

In Kürze: 1,5 h, 130 Hm An-/70 Hm Abstieg, Bus, Kinder 6+, hundetauglich
Start: „Windbrücke" in Hirschwang (vom Bahnhof Payerbach-Reichenau mit Bus erreichbar) | **Ziel:** Bushalt Kaiserbrunn (Rückfahrmöglichkeit) | **Anforderung:** nicht schwierig und trotz einiger Sicherungen mit Leitern und Eisenketten relativ mühelos | **Wegverlauf, E, N:** mit Bus nach Hirschwang – bei Windbrücke einbiegen in 1. Wiener Wasserleitungsweg – Kaiserbrunn (dzt. geschlossen) – Rückfahrt mit Bus | **Sicherungen:** Stahlseil, Ketten, Leitern

08

REISSTALERSTEIG WAXRIEGELKAMM

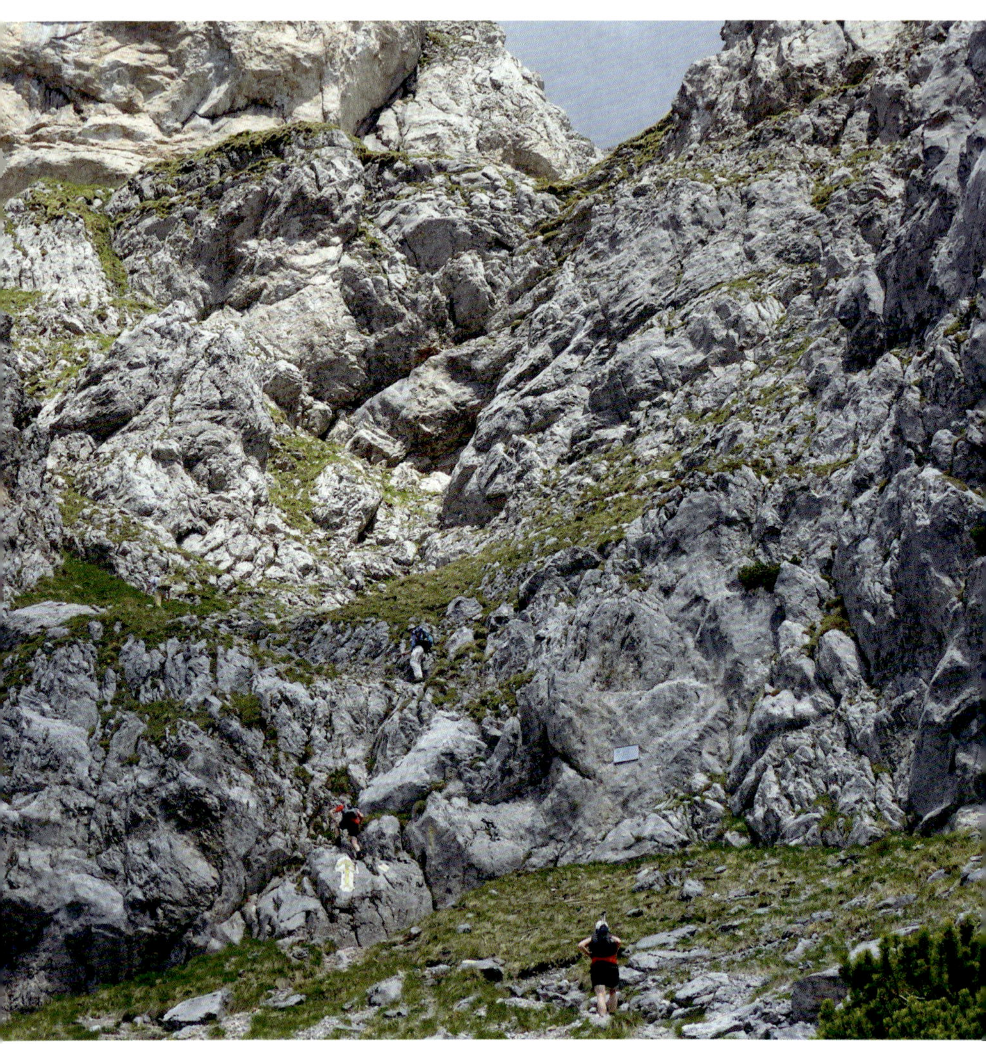

Zur Wiege des Bergrettungsdienstes und zum Gipfel der Rax mit Einkehr im Karl-Ludwig-Haus und im Waxriegelhaus

Ein großes, grünes Herz markiert die Grenze der Steiermark am Preiner Gscheid. Dort parken Josefine Dorfstätter und ich passenderweise, denn unsere heutige Wanderroute verläuft ganz im Steirischen. Fünf Gehminuten bergan gestiegen, wenden wir uns dem Schild zur Reißtalerhütte folgend in den Wald. Die sommerliche Wärme steht darin wie in einem geräumigen Saal und hat eine feuchtere Note: Ein Bächlein begleitet den Weg, Farne säumen ihn, Wurzeln überziehen ihn wie Adern, Fichtennadeln dämpfen unsere Schritte. Wir plaudern und gehen gemächlich. Nach einer Stunde passieren wir die kleine Reißtalerhütte. Ihre Geschichte beginnt 1881. Damals hatte sich in einer Wiener Bierhalle die Alpine Gesellschaft „D'Reißtaler" zusammengetan – zehn Männer und eine Frau, die sich die Erschließung, Markierung und Erhaltung von Wegen vornahmen. Sie waren fleißig: Schon fünf Jahre später betreuten sie 44 Steige auf der Rax, 33 auf dem Schneeberg, errichteten sodann den Reißtalersteig und 1888 ihre Vereinshütte.

Nach einem weiteren Waldstück lösen Latschen und einzelne Lärchen die Fichten ab und der Weg wird steiler, steinig, manchmal felsig. Über uns ragt die helle Felskrone der südlichen Rax in den Himmel. Ihr jähes, fast weißes Aufleuchten im raschen Wechsel von Wolken und Sonne unterstreicht das Pittoreske der Szenerie. Ein langer, sanfter Anstieg durch den Latschenhang bringt uns zum Fuß der Raxenmäuer.

Ein großer, gelber Pfeil bezeichnet den Einstieg zum Reißtalersteig. Er ist der berühmteste gesicherte Steig in den Raxenmäuern, weil er durch eine Wandzone mit anspruchsvollen Klettersteigpassagen verläuft und zugleich historisch wichtig ist: Denn es waren nicht Zermatt, Davos oder Chamonix, wo die erste Bergrettung eingerichtet wurde, die Geburtsstunde des organisierten Bergrettungswesens schlug vielmehr weltweit genau hier! Denn am Reißtalersteig ereignete sich am 8. März 1896, am Ende eines schneereichen Winters, einer der verheerenden Unfälle zur großen Zeit der alpinen Bergerschließung: Damals hatten drei Wiener Bergsteiger nahe des

Preiner Gscheid
1070 m. Dieser Pass wurde möglicherweise schon von den Römern bereist. Bis 1160 war er jedenfalls der wichtigste Übergang in den Süden.

Bergrettungsdienst
Nach dem Zweiten Weltkrieg mussten die Bergretter Geld für ihre Tätigkeit mittels Spenden etc. selbst auftreiben. Zudem errichteten die Reichenauer Bergretter ein Funknetz im 400 km^2-Einsatzgebiet, bauten fast sechs Jahre lang in ihrer Freizeit ihre Zentrale und sind u. a. in der landesweiten Ausbildung tätig. Meilenstein war die Stationierung des Notarzthubschraubers Christophorus 3 in Wr. Neustadt. Man kann der Ortsstelle Reichenau als „unterstützendes Mitglied" beistehen. Aktuell hat sie 113 Mitglieder. 2019 haben sie von Jänner bis Oktober 83 Einsätze durchgeführt. Die Bergrettung ist österreichweit unter der Notrufnummer 140 erreichbar.

<

Raxenmäuer mit Einstieg zum Reißtalersteig

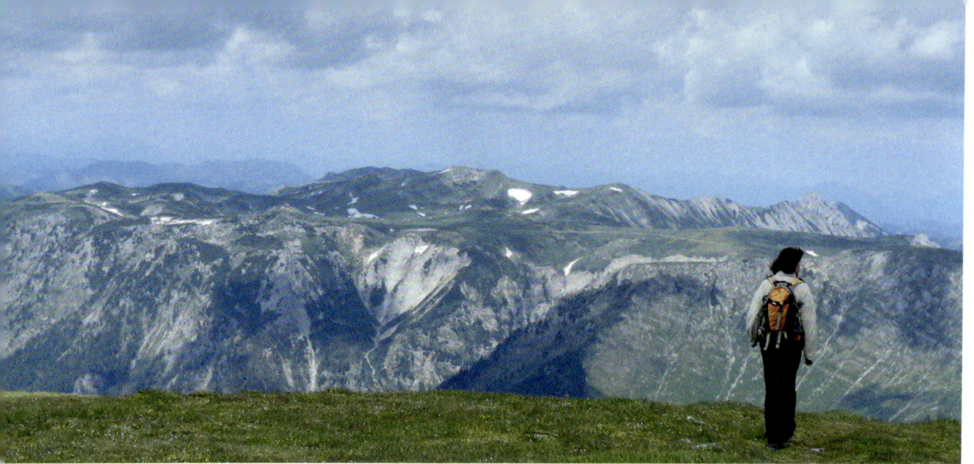

Enzian

Gentiana Clusii oder *Clusius-Enzian*, bis zehn cm hoch, meist ohne Stängel, Blüte Mai bis August. Vorkommen im Kalkgebirge von Niederösterreich bis Hochsavoyen bis auf 2900 m. Benannt ist er nach Charles de l'Ecluse (1526–1609), dem Hofbotaniker Maximilians II., einem der großen Gelehrten der Epoche. Der Holländer war der erste namentliche Besteiger von Rax, Schneeberg, Ötscher, Hochschwab – eine große alpinistische Leistung, die er trotz Hüftgelenkschadens vollbrachte. Er reiste in rumpelnden Kutschen, auf elenden Straßen, schlief in windigen Almhütten, lebte von kaltem Fleisch und hartem Brot und erforschte, sammelte und katalogisierte die alpine Flora. 1583 publizierte er darüber sein botanisches Meisterwerk in Antwerpen.

Ausstieges eine Wechte losgetreten und waren im Schnee begraben worden. Um künftige Rettungsaktionen zu beschleunigen, bestellte der Alpen-Club Österreich darauf prominente Bergsteiger, die alle alpinen Vereine Wiens zur Bildung einer freiwilligen Rettungsmannschaft heranzogen. Schon nach zwei Monaten wurden Lokalstellen eingerichtet – die ersten weltweit waren Reichenau, Schneebergdörfl und Semmering. Am 11. Mai 1896 wurde der ARAW (Alpine Rettungsausschuss Wien) gegründet. Eine Tafel erinnert hier daran.

Am Einstieg sind Metalltritte bei der Überwindung des glatten Felsens behilflich, große Schritte sind dennoch erforderlich. Ein Stahlseil erleichtert die Begehung der Felspassagen zudem durchgehend. Sofern einem absolute Trittsicherheit und Schwindelfreiheit eigen sind, ist der Weg kaum gefährlich oder schwierig. Dem Stahlseil entlang durch das von Gras und Fels durchwirkte Gelände im Zickzack ansteigend, gelangen wir zu einem Kessel und queren hinaus bis zu einer hohen, fast senkrechten Leiter. Eine zweite folgt um die Ecke. Dann führt ein Pfad in wenigen Kurven aus den Felsen hinaus. Hier schaue ich auf das vom Hellgrau der Felsen flankierte Grün der steirischen Wälder – der Slogan „Das grüne Herz Österreichs" passt gut für dieses reiche Land. In weiten Kehren steigen wir nun die steile Lehne mit Gras, Latschen und wenigen, bodennahen Felspartien hinan. Auf dem Grün des Almbodens prangen viele blaue Sterne: Enzian! Ihr Blau entzückt mich jedes Mal – so tief ist es und zugleich so leuchtend!

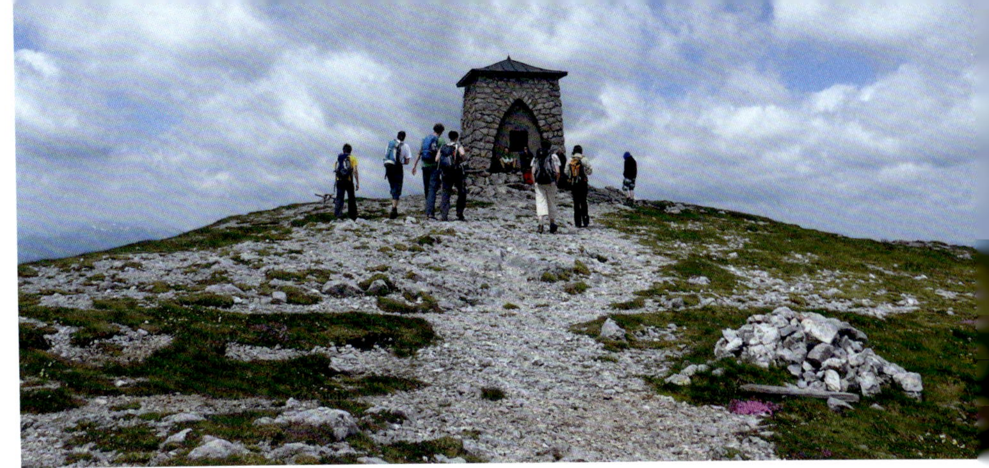

Der Reißtalersteig führt fast zum Gipfel der Rax. Wo der Weg in den vom Karl-Ludwig-Haus herauf einmündet, fühlt man sich in den Karst versetzt: Hier gibt es Dolinen, durchlöcherte Steine und solche, die an versteinerte Flammen erinnern.

Dann erreichen wir ihn, den höchsten Punkt der Rax, die Heukuppe auf 2007 Metern Seehöhe. Wer sich einen spektakulären Gipfel erhofft, wird von diesem enttäuscht sein. Die früher Brachkogel genannte Heukuppe trägt ihren verharmlosenden Namen zu Recht. Trotzdem ist sie der vielleicht meistbesuchte 2000er des Alpengebietes und ein „Aussichtsriese" (Szépfalusi 177). Am Gipfel steht ein hoher Steinsockel mit einer Marmortafel zum Gedenken an die in den Kriegen gefallenen und in den Bergen verunglückten ÖTK-Mitglieder. Optisch erinnert mich das Denkmal an ein fernöstliches Tempelchen. Begeistert von den Berg-Blicken auf Schneealpe, Göller, Ötscher, auf Grasbodenalm und Scheibwaldmauern, auf Preinerwand und Karl-Ludwig-Haus spazieren wir noch ein wenig weiter und es ist, als gingen wir „ein Stück in das Bild hinein"!

Schließlich kehren wir um und steigen ab zum Karl-Ludwig-Haus. Sein Anblick von hier erinnert mich stets an eines der Rax-Gemälde Gustav Jahns. Für den berühmten, 1919 mit nur 40 Jahren beim Klettern zu Tode gekommenen Erstbegeher, Skifahrer und Skispringer war die Hochgebirgslandschaft zugleich Thema seiner avantgardistischen Gebrauchsgrafik und seiner Malerei – wobei die Lyrik seiner Berggemälde seine Liebe zu den Bergen sichtbar bezeugt. Jetzt ist der grüne

^
Höchster Punkt der Rax: die Heukuppe (2007 m)

^ ^
Schneealpen-Blick von der Heukuppe, Josefine Dorfstätter

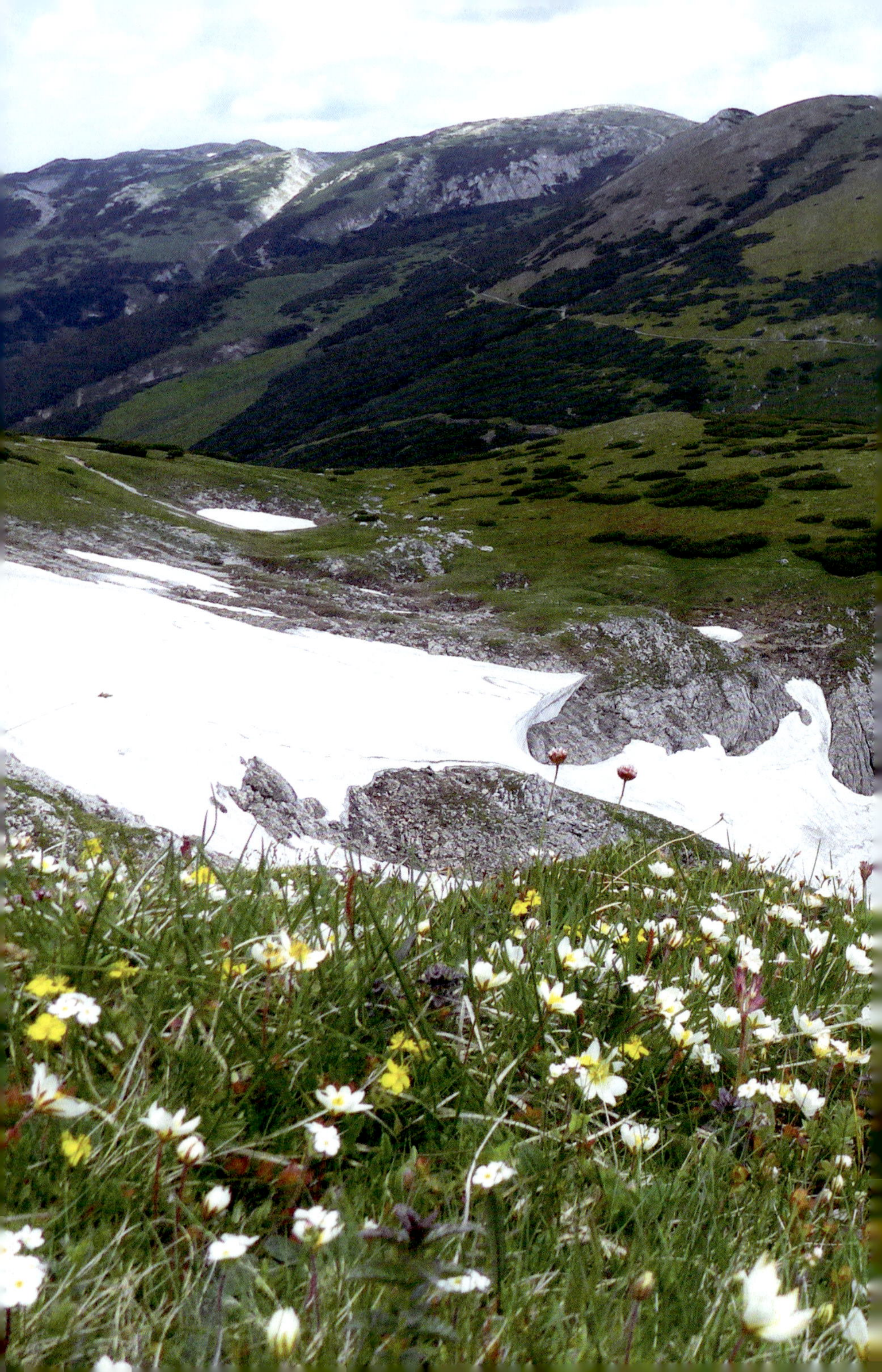

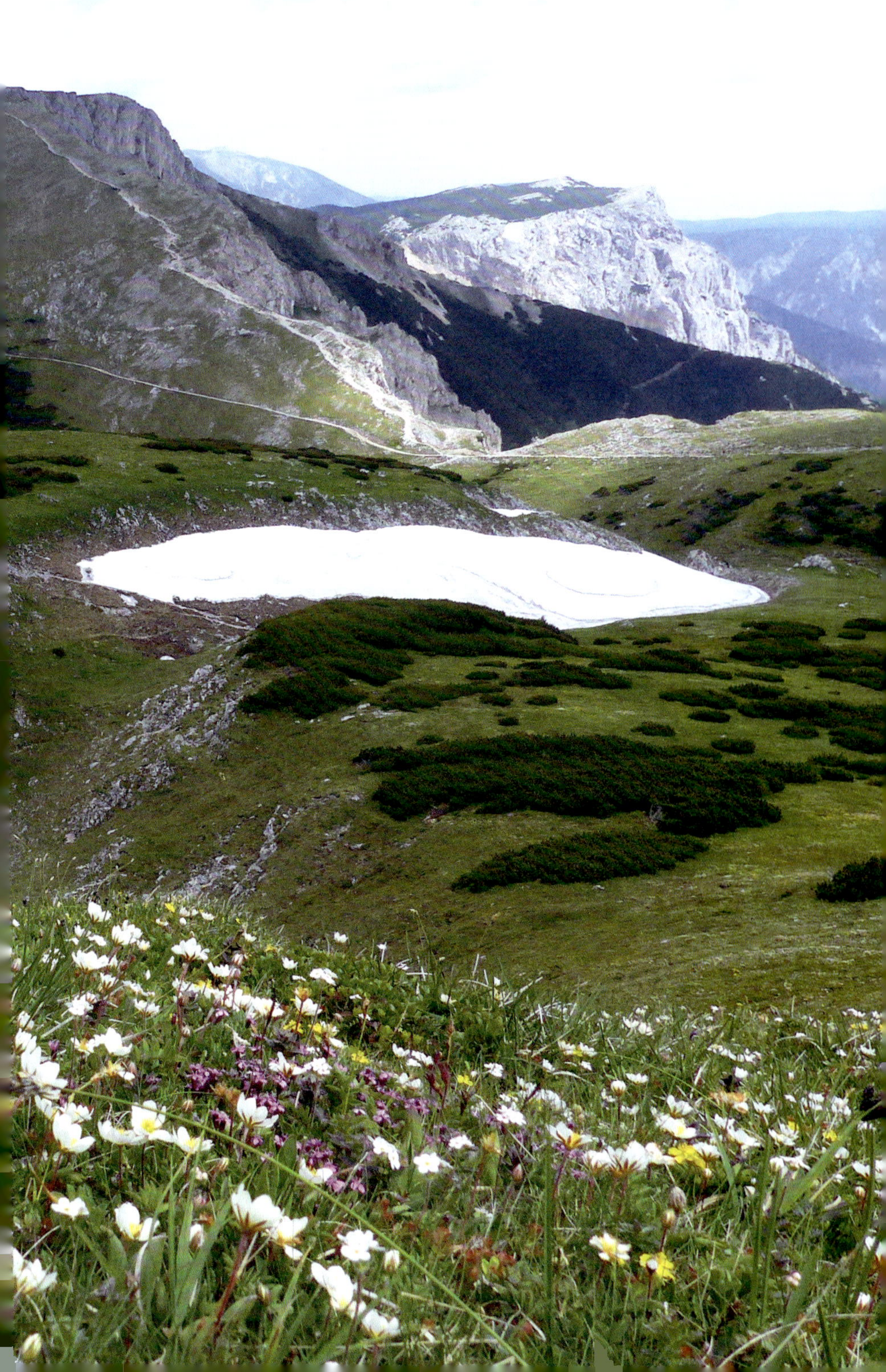

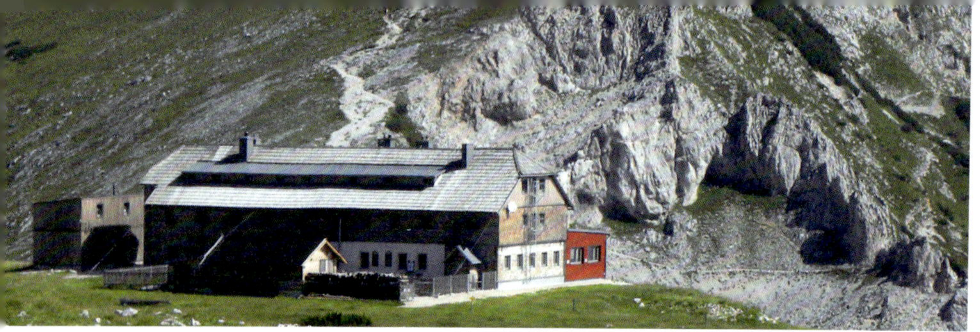

Raxkircherl
Alois Wildenauer (1877–1967) erschloss auf der Hohen Wand über 30 Kletterrouten, war Höhlenforscher und ÖTK-Präsident. 1936 weihte Erzbischof Dr. Theodor Innitzer das Kircherl dem hl. Bernhard von Menthon, dem Patron der Bergsteiger. Zu Erntedank wird hier die Oswaldimesse gelesen.

Karl-Ludwig-Haus
1804 m, aussichtsreich an der SO-Kante der Rax, erbaut 1877, komplett saniert 2011.

Almgrasteppich hier rosa, weiß und gelb durchwirkt von unzähligen Blumen. Besonders berührend ist ihr Anblick nahe einem Schneefeld (S. 74). Am gegenüberliegenden Ende des Blütenteppichs steht das Raxkircherl. Für seinen Bau war ein anderer leidenschaftlicher Bergsteiger mitverantwortlich: der ehemalige Pfarrer von Grünbach am Schneeberg und spätere Domherr von St. Stephan, Dr. Alois Wildenauer. Er protegierte dessen Bau und wurde vom ÖTK und ÖGV unterstützt. Später gaben sich hier bergverbundene Paare ihr Jawort ...

Beim Karl-Ludwig-Haus, von Einheimischen liebevoll-salopp „Lu-Haus" genannt, setzen wir uns in die holzgetäfelte Stube. Eine junge Frau im weiten Rock mit buntem Tuch im Haar bringt die Speisekarte: Die Pächter setzen auf Bio. Das kostet mehr, aber es schmeckt! Diesmal gibt es u. a. Karotten-Ingwer-Suppe, Gams-Curry mit Basmatireis, aber auch traditionellen Kaiserschmarrn. Wir nehmen Schafkäse, Bärlauchpasta und Latschen-Kracherl. Dieses Haus mit imperialem Namen war das erste Schutzhaus auf der Rax. Anlass dazu hatte ein Wettersturz gegeben – der hatte des Kaisers Bruder, den durchlauchtigsten Herrn Erzherzog Karl Ludwig in den 1870er-Jahren auf der Rax zur Nächtigung in einer unwirtlichen Almhütte gezwungen. Das veranlasste Hochdenselben, den ÖTC beim Bau des ersten Schutzhauses auf der Rax mit großzügiger Geldspende und persönlicher Patenschaft zu unterstützen. Das Haus bot in sieben Zimmern 22 Betten – mit Drahtfedereinsätzen und Rosshaarmatratzen, die man stolz bewarb. Damit begann eine neue Ära: Rasch wurden schwierige Steige erschlossen und schon in den 1880er-Jahren hatte das Haus sonntags bis zu 400 Gäste. Seine Erreichbarkeit wurde durch den Postkutschenverkehr zum Preiner Gscheid 1886

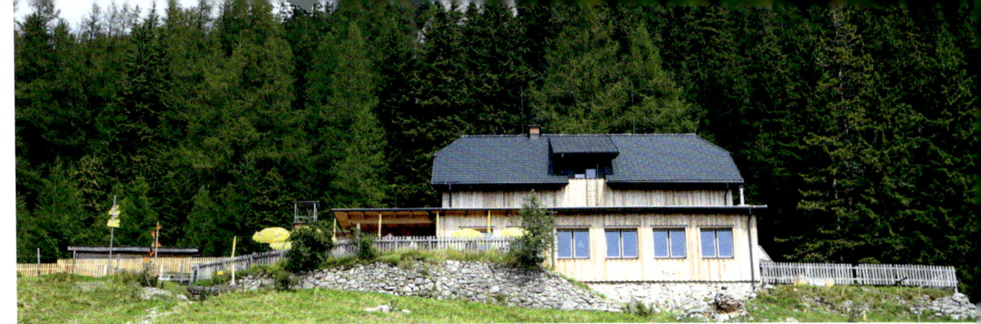

und die Befahrbarkeit des Schlangenweges mit Pferdewägelchen ab 1906 zudem erhöht. Damals schien das Schutzhaus in den täglichen internationalen Wetterberichten auf! (vgl. Braun 68) Während unseres Mahls hat die Sonne Terrain gewonnen. Josi und ich steigen nun den Predigtstuhl hinan, über gemeinsame Kindheits- und Jugendtage plaudernd. Seit damals währt unsere Freundschaft. Sie gehört zu meinen größten Schätzen.

Auf der anderen Seite des Predigtstuhls absteigend, genießen wir die Ausblicke auf den Schlangenweg und die Prein, das „Heiligenblut von Niederösterreich", die Preinerwand und unsere Abstiegsroute über den Waxriegel. Einen solchen gibt es auch auf dem Schneeberg. Wax bzw. „wachs" heißt „rau" – er ist demnach der „Raue Riegel". Tatsächlich ist dieser über mehrere Geländestufen führende Grat wetterexponiert und der aussichtsreiche Weg auf ihm wahrhaft „erhaben"! Der markanteste Buckel des Kamms ist die „Märchenwiese". Auf ihr liegt gerade ein weiser Wanderer und lässt sich Zeit – mit den Wäldern unter und dem Himmel über sich. Ab hier führt der Pfad durch eine Latschengasse mit einigen felsigen Stellen und Schotter darauf. Sie können rutschig sein und händisches Abstützen erfordern. Nach einem kleinen Aussichtsfelsen und kurzem Waldstück ist das Waxriegelhaus erreicht.

Dieses einzige ganzjährig geöffnete Schutzhaus auf der Rax ist ein höchst beliebtes Ausflugsziel. Der Weg vom Preiner Gscheid ist einfach und kurz, und nicht nur Kaffee und Mehlspeisen sind hier 1A! Auf seiner Sonnenterrasse teile ich einen flaumigen Topfenstrudel in zwei Teile. Ganz so ist es nicht, dass Josis Strudelhälfte in der Steiermark liegt und die meine in Niederösterreich – aber die Grenze ist hautnah. Danach ist der halbstündige Abstieg zum Preiner Gscheid ein Kinderspiel.

Prein an der Rax

Vom 13.–16 Jh. wurde die Region von Gloggnitz bis zum Preiner Gscheid „in der Prein" genannt. Noch heute verwenden Einheimische den weiblichen Artikel, wenn sie vom Ort Prein sprechen: „Ich komme aus der Prein. Ich fahre in die Prein."

Waxriegelhaus

1361 m, am Fuß des Waxriegels. Errichtet 1924 von den Naturfreunden, nach völliger Plünderung 1945 von ihren Mitgliedern erneut ausgestattet.

^

Ganzjahresziel: Waxriegelhaus

<

Karl-Ludwig-Haus mit Predigtstuhl-Aufstieg dahinter

09

KAISERSTEIG | SEEWEG

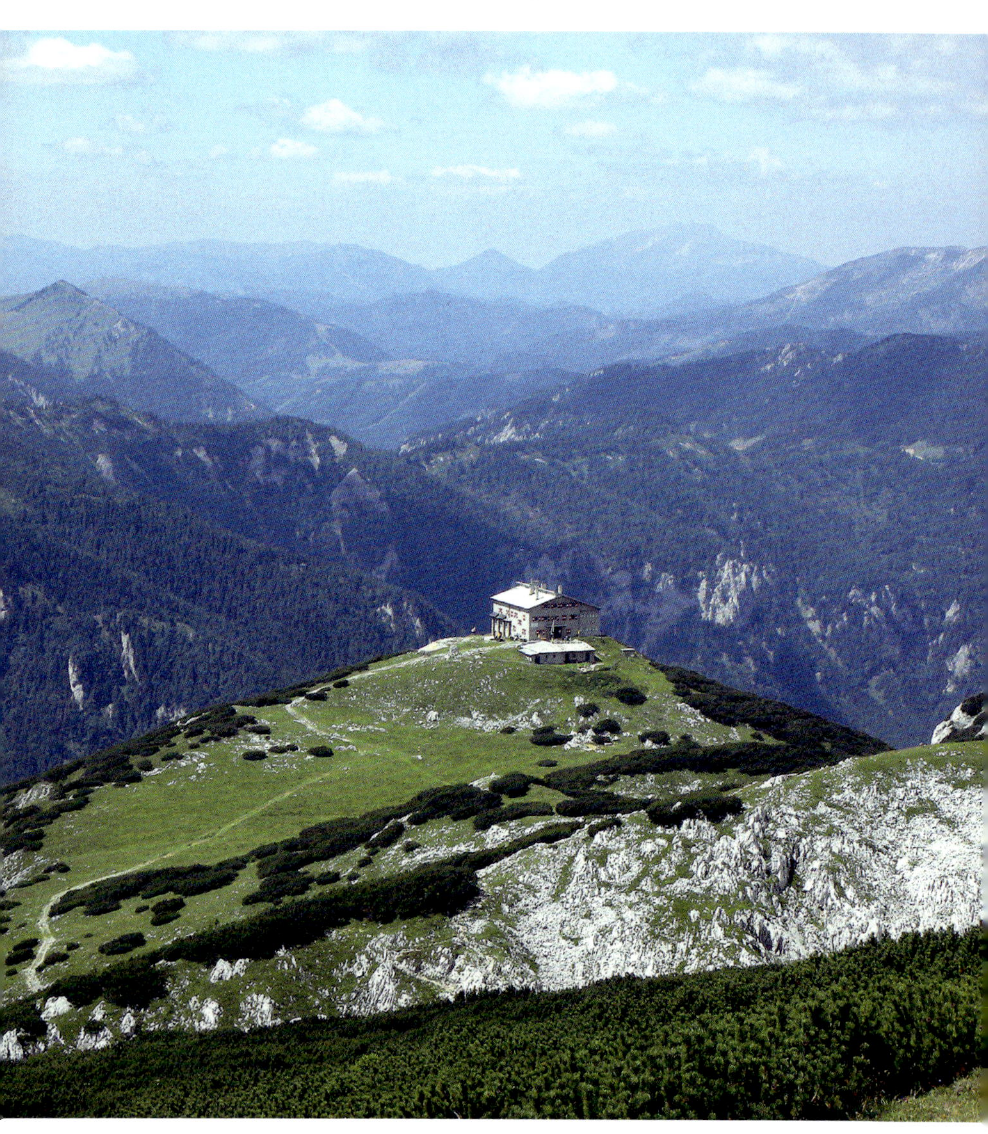

Von Hinternaßwald zum Habsburghaus und
über Trinkstein und Seeweg zur Bergstation der Rax-Seilbahn

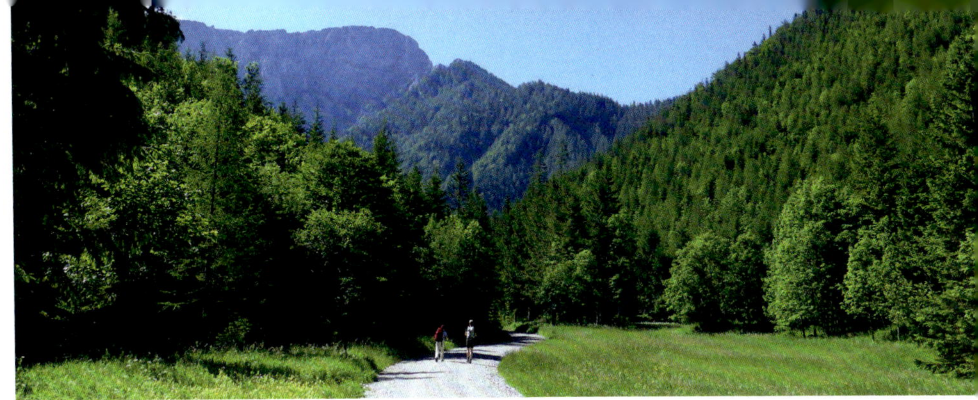

Das paradiesische Hinternaßwald ist entlegen und der Zugang zu ihm schmal: Die Felsen an der Straße verengen sich auf Handbreite beidseits der Autobusfenster. Um hier durchzukommen, brauchen Chauffeure Können und Erfahrung.

In Hinternaßwald betrete ich eine Idylle mit Holzhäuschen, bewaldeten Hügeln, murmelnden Bächlein, wogenden Wiesen und grasenden Pferden ... Der wolkenlose Sonnentag setzt überdies allem Glanzlichter auf. Mein Entzücken teilt sich dem entgegenkommenden Förster im simplen Ausruf „So a Tog!" mit – worauf er lächelnd wiederholt: „Jo, so a Tog!"

Diese Idylle wird gepflegt und genutzt. Enorme Stapel von Holz hatten auf der Herfahrt entlang der Höllentalbundesstraße Werbung gemacht für die hiesige Forstwirtschaft. Außerdem ist dies eine der Gegenden, aus der das Trinkwasser für Wien kommt – eines der von strengen Jagd-, Forst- und Wasserschutzbestimmungen geregelten Quellschutzgebiete der I. Wiener Hochquellenleitung, die sich über Rax, Schneeberg und Schneealpe erstrecken. Als ich die Blumenwiese nahe der Reißtalquelle fotografiere, komme ich mit einem „Wasserer", einem Angestellten der MA 31, der Magistratsabteilung Wiener Wasser, ins Plaudern. Er erzählt über Stollen, Fördermengen, Zuflüsse, Hochwässer, das kleine Kraftwerk am Naßbach, über Messanlagen und die Computerüberwachung der Wasserqualität und dass die Quellen zusätzlich von Menschen bewacht werden: In Hirschwang registrieren seine Kollegen jede Veränderung, ganzjährig, rund um die Uhr. An der Reißtalquelle treten 120 Liter glasklaren Trinkwassers aus dem Berg – in der Sekunde! Dabei ist das eine der ganz kleinen Quellen!

Naßwald

615 m, 1784 besiedelt, 670 Einwohner, etwa zwölf Prozent protestantisch. Sehenswert u. a. die evangelische Pfarrkirche und die Hubmer-Gedächtnisstätte, die ca. 300 Holzfäller-Geräte und -Werkzeuge sowie Historisches zu Naßwald präsentiert.

^
Friedliches Reißbachtal

v
Das „Wasserschloss" der „Reissthal-Quelle" – einer der denkmalgeschützten Bauten der I. Wiener Hochquellenleitung

<
Erhaben: das Habsburghaus

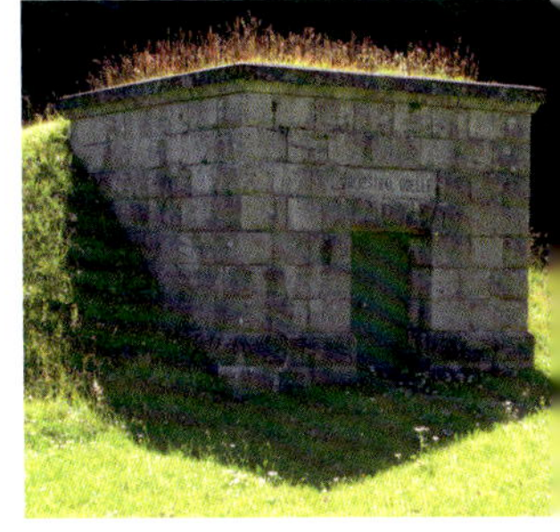

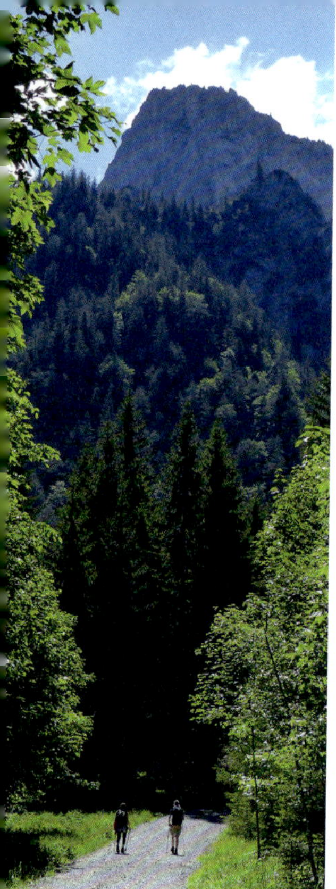

Die Ausführungen zum Themenbereich Wasser sind sehr facettenreich und höchst interessant. Besonders freut mich, dass dieser Mann seine Arbeit offensichtlich als Auftrag und Verantwortung versteht und dass er für das Wasser höchsten Respekt hat – etwas, das jedem einzelnen der mir bekannten im Einzugsgebiet der Schwarza arbeitenden „Wasserer" eignet.

In der Reißtalklamm erinnern Tafeln der Alpenklubs von Amerika, Kanada und Neuseeland an einen Naßwalder, nach dem in Kanada Gipfel, Hütten und sogar ein Gletscher benannt wurden: Konrad Kain. In seiner Autobiografie *Where the clouds can go* erzählt er, was grundlegend war für sein bergsteigerisches Können: die Bergerfahrungen in der Loswand und in den Kahlmäuern. 1909 nach Kanada ausgewandert, wurde er der erste Profi-Bergführer des *Alpine Club of Canada*. 1912 durchquerte er die russischen Steppen bis zum mongolischen Altai-Gebirge, 1913 gelang ihm die Erstbesteigung des höchsten Berges der Rocky Mountains, des Mount Robson. 60 Erstbesteigungen in den Bergen Kanadas und British Columbias sowie etwa 30 in Neuseeland folgten, ehe er nur 51-jährig an Meningitis verstarb (vgl. Brandstätter R 37).

Konrad Kain
(1883–1934) Erstieg in Amerika ca. 600 Berge, davon 60 3000er als Erster. 1914 in Neuseeland mit Otto Frind 29 Erstbesteigungen.

Daniel Innthaler
(1847–1923) Erst Knappe im Altenberger Eisensteinbergwerk, dann einer der berühmten Bergführer des Ostalpengebiets.

Kipferln allein werden es kaum sein, was eben bergwärts schwebt: Ein Lieferwagen mit aufgedrucktem Riesen-Croissant hatte mich überholt und sein Chauffeur die Materialseilbahn beladen. Nun befördert diese – wie mir der Wirt später erzählt – höchste frei hängende Materialseilbahn Europas alles Nötige hinauf zum Habsburghaus. Dass er und seine Crew lieber hinauf wandern, ist aber kein Wunder. Bei der Talstation der Materialseilbahn hatte früher das Gasthaus Binder gestanden, zugleich das Zuhause des berühmten Naßwalder Bergführers Daniel Innthaler. Am Talschluss ragen „seine" Felsen auf, die Kahlmäuer mit bis 400 Metern Wandhöhe. Sie waren um circa 1875, zu Beginn der alpinen Erschließung der Rax, das Top-Klettergebiet (vgl. Szépfalusi 235), und Innthaler wurde zu einem der wichtigsten Rax-Erstbegeher.

Hier informiert eine Tafel, dass es drei Stunden Gehzeit sind

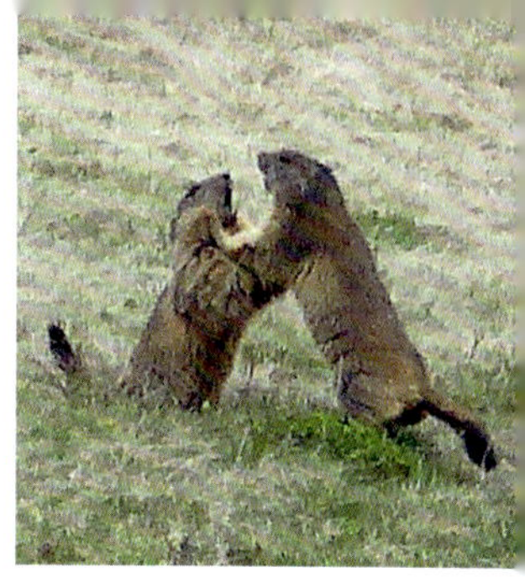

hinauf zum Habsburghaus. Erst durchquere ich ein Waldstück und folge dann der sanft ansteigenden Forststraße über den Rehboden. Nach etwa einem Kilometer zweigen rechter Hand die Zubringer zu Bärenlochsteig und Wildfährte ab. Ich wende mich dem Kaisersteig, früher Zikafahnlweg genannt, zu. Nun führen Serpentinen die steile Waldlehne hinan. Entwurzelte Bäume erzählen von Stürmen, bemooste Felsen von Feuchtigkeit. Bei der Hitze ist mir der meist schattige Weg sehr recht.

Etwas verblüffend Vergissmeinnichtblaues schimmert zwischen den Buchen – die Felsen der Scheibwaldmauer und der Kahlmäuer: Das Hellgrau ihrer Felsen spiegelt das Blau des Himmels. Den Weg zieren mitunter lila Akeleien. Pfauenaugen gaukeln über sie hinweg. Der Wind säuselt in den Blättern.

Der Weg lässt mir Raum für meine Gedanken an Naßwald und seine Bewohner, die auch heute noch bekannt sind für ihren Zusammenhalt, ihren Glauben, ihre Eigen-Art. Naßwald ist eine protestantische Gemeinde – die zweitälteste Niederösterreichs. Ihre Wurzeln gehen auf zweierlei zurück: den ungeheuren Holzkohlebedarf zur Zeit der industriellen Revolution, der Holzbeschaffung aus immer entlegeneren Berggebieten erforderte, und den Glauben. Seinetwegen verließen die Brüder Georg und Johann Hubmer mit einer Schar protestantischer Holzknechte ihre oberösterreichische Heimat Gosau, wo sie ihrer Religion wegen verfolgt worden waren, um sich hier anzusiedeln und auftragsgemäß gigantische Holzmengen aus den Urwäldern an den Abhängen von Rax, Schneeberg, Schneealpe und Sonnleitstein zu liefern. Ihre Lösung war, das Holz aus dem Tal zu schwemmen. Dazu mußten erst die nötigen Vorarbeiten geleistet werden: Georg Hubmer ließ Rechen, Riesen, Rutschen, Klausen, eine Eisenbahn, einen neun Kilometer langen Kanal, einen 2,2 Kilometer langen Holzaufzug und einen 450 Meter langen Tunnel durch das Gscheidl errichten und die Schwarza schwemmbar machen. All dies machte Georg Hubmer zu einer „Paradefigur an der Front gegen die Urkräfte“ (Kos E 182). Die Naßwalder schwemmten

Wirtshaus zum Raxkönig
Als „Oberhof“ 1569 genannt. Das heutige Gebäude (19. Jh.) war schon vor 1835 Gaststätte. Seit 2003 von Pächterfamilie Hajszan charmant renoviert. Regionale (Wild-)Gerichte.

Alpenmurmeltiere
Marmota marmota von latein. *mus montanus* = Bergmaus: Leben in Familien von bis zu 20 Tieren auf 1400 bis 2700 m Höhe, in den Alpen, Karpaten und Hohen Tatra. Sind tagaktiv, halten Winterschlaf, wärmen sich währenddessen im Bau durch enges Beisammenliegen. Warnen Artgenossen durch schrille Pfiffe. Ihr Fett gilt in der Volksmedizin als Heilmittel.

^
Alpenmurmeltiere im Clinch

^ ^
Reißbachtal mit den Kahlmäuern am Talschluss

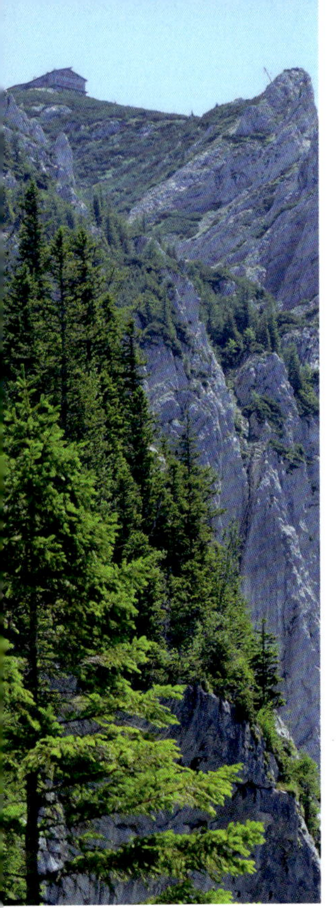

Habsburghaus
1785 m, von der Sektion Österreichischer Gebirgsverein des ÖAV betrieben, zum 50. Regierungsjubiläum Kaiser Franz Josephs I. „Habsburghaus" genannt.

Lechnermauer
Das zentrale Kar ist eine bei Tourenskifahrern beliebte Frühjahrs-Abfahrt. Zudem etliche hervorragende Kletterrouten.

Millionen Klafter Holz durch das Höllental bis zum Wiener Neustädter Kanal, von wo sie bis Wien-Brigittenau geschifft wurden. In Naßwald informiert die Hubmer-Gedächtnisstätte über dessen Errungenschaften, und die Ortsbewohner spielen Lebensstationen ihres Gemeindegründers allsommerlich im Laientheater vor. Dazu servieren Naßwalderinnen ihre Mehlspeisen, Sterz und Raxbier … Derart sympathisch gedenkt man hier des Pioniers, und im örtlichen „Wirtshaus zum Raxkönig" heißen die Gaststuben nach den *local heroes*, nach Georg Hubmer, Konrad Kain und Daniel Innthaler.

Eine lange Querung nach links führt nun an die Felsen heran. Hier überrascht der Anblick des majestätisch über den Felsen thronenden Habsburghauses und einer kühn positionierten Stütze der Materialseilbahn. Nun folgt der Höhepunkt des Kaisersteiges: die Durchquerung einer schönen, aussichtsreichen Felspassage unter einem Überhang. Ihre Begehung ist einfach und streckenweise mit Stahlseilen gesichert. Von ihr öffnet sich die Aussicht auf den Rücken der Schneealpe, zu den Kahlmäuern und über das Große Gries hinweg zur Heukuppe.

Bald habe ich den „Steiger", eine prächtige Aussichtskanzel auf 1492 Metern, erreicht. Das folgende flache Waldstück mit seinem von Pestwurz bewachsenen Grund finde ich jedes Mal neu „märchenhaft".

Bei der Hitze werden der sanfte Anstieg durch den Zikafahnlgraben mit den ihn begrenzenden Geierwänden und die Zickzackkurven über eine steile Lehne aus ihm herauf zu einem Latschensattel etwas lang. Dafür freue ich mich, dass das letzte Wegstück mühelos ist und der Almrasen übersät von leuchtendgelbem Zollitsch und dunkelblauem Enzian.

Wenig später stellt der Wirt des Habsburghauses einen Teller vor mich – mit den Worten „Einmal Grammelknödel und Sauerkraut". Ich füge im Stillen hinzu, „mit Blick", denn der geht hier berückend weit hin über die blauen Zacken der steirischen Kalkalpen. Am Nachbartisch vergleichen Wanderer, die über die Wildfährte heraufstiegen sind, mit den vom Kaiser-

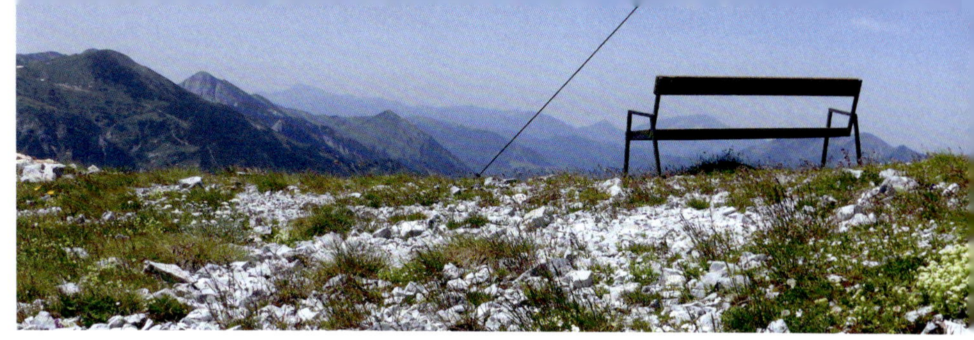

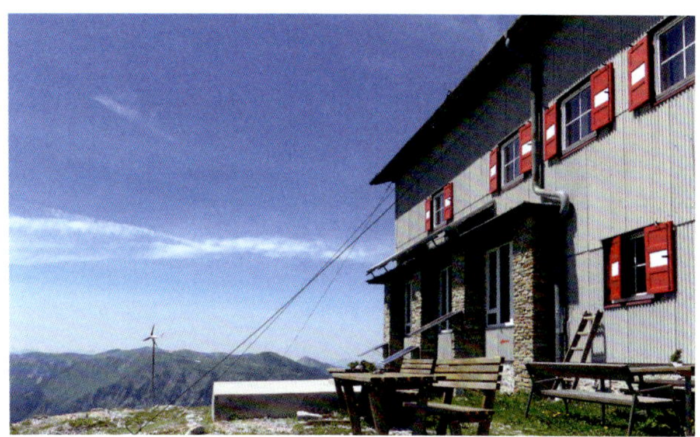

∧
Weitblick vom Habsburghaus

<
Habsburghaus: oft „Akropolis der Rax" genannt!

∨
Reizender Almbewuchs: Alpen-Grasnelke, Alpen-Wundklee

<<
Majestätisch: Habsburghaus auf dem Grieskogel

steig kommenden Bergfreunden Höhenmeter und Gehzeiten – kurz ist kein Anstieg hier herauf: Von Hinternaßwald bis zum Habsburghaus waren 1075 Höhenmeter zu überwinden. Dafür ist die Rast an diesem Ort wahrhaft kaiserlich!

Nun wandere ich zum Trinksteinsattel und von dort hinunter zur Seehütte, vor der ich in den berühmten Seeweg einschwenke. Mit der imposanten Lechnermauer links und dem Schneeberg vor mir geht es nun entlang der Latschenfelder des Grünschachers mühelos Richtung „Praterstern". Der beim Otto-Haus (besonders im Mai) üppige Pflanzenreichtum freut mich – und dass trotz der gerade hier hohen Besucherfrequenz die Blumen stehen gelassen und kein Müll hinterlassen wird.

Nach einer halben Stunde bin ich auf der Bergstation der Rax-Seilbahn und habe Zeit, die historischen Fotografien aus der Zeit ihrer Erbauung zu betrachten. Und dann beschert mir die Seilbahn den Luxus der Talfahrt: In acht Minuten bin ich 1000 Höhenmeter weiter unten und genieße ein erfrischendes Bad in der Schwarza.

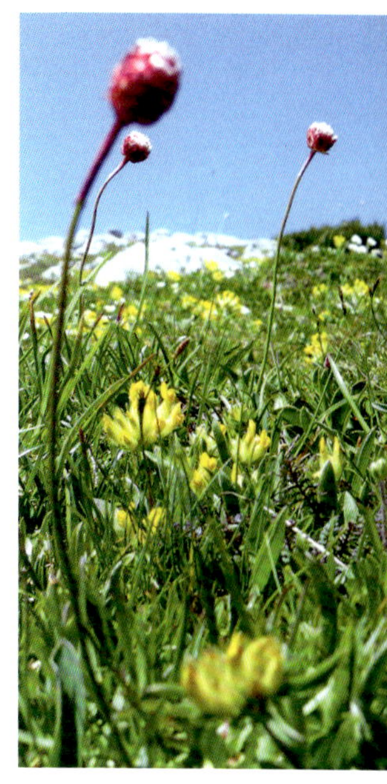

10

WACHTHÜTTELKAMM RUDOLFSTEIG

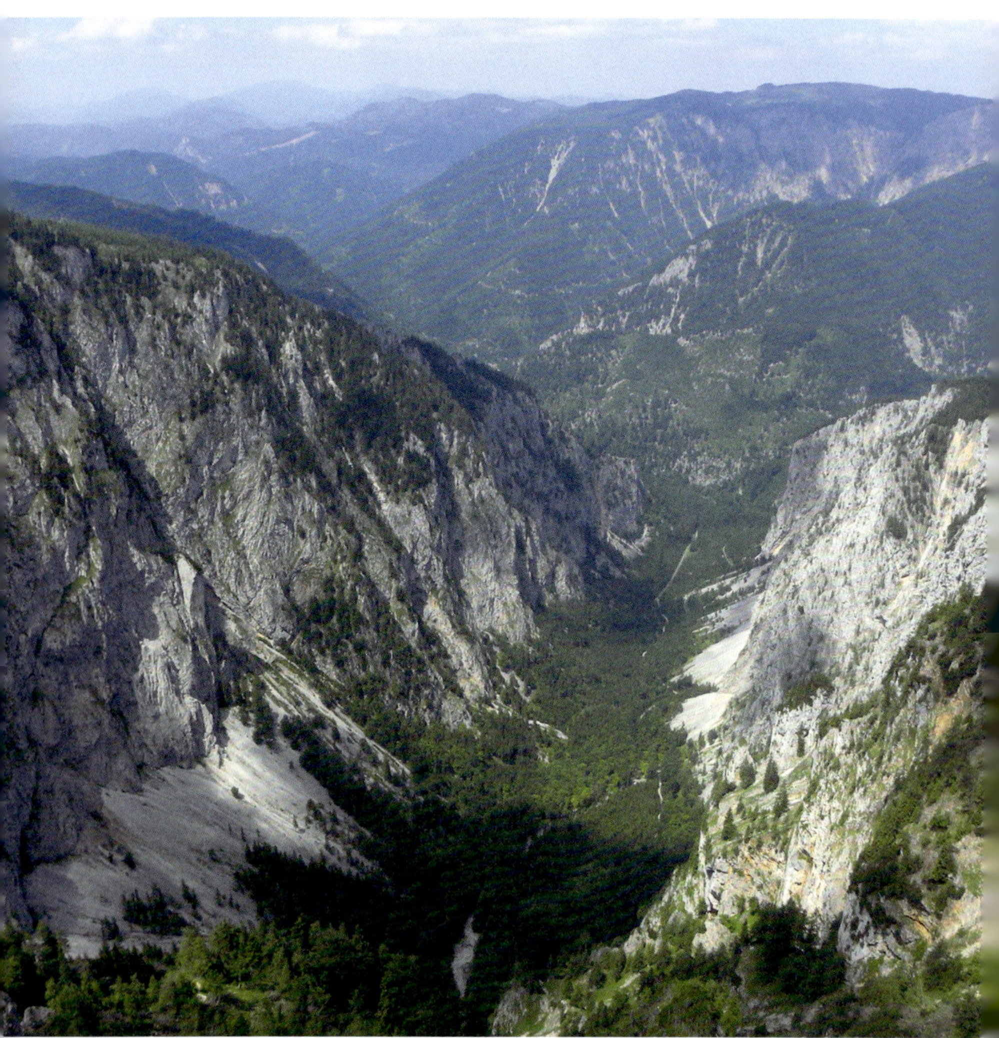

Rundtour um das Große Höllental –
auf alpinen Steigen durch wildromantisches Gelände

Ein heißer Julitag kündigt sich an. Im Höllental aber ist es morgens schattig und sein kalter, flaschengrüner Fluss verbreitet angenehme Frische. Das Tal ist eng, mein Herz macht es weit. „Das kann ja heiter werden", denke ich beim Start der Wanderung, denn ich habe eine siebenstündige Tour mit über 1000 Höhenmetern vor mir: den Wachthüttelkamm im Auf- und den Rudolfsteig im Abstieg. So möchte ich das Große Höllental feiern, das von bis 500 Meter hohen Felsen der Loswand im Osten und der Klobenwand im Westen flankierte, fast fünf Kilometer lange Tal, das in das Raxmassiv einschneidet. Diese Gegend, die ein Dorado für in- und ausländische Kletterer ist und zugleich Quellschutz- sowie Wassersammelgebiet der I. Wiener Hochquellenleitung, ist das Herz des Höllentals.

Links der Lawinenverbauung weist an der Straße eine Tafel zum Wachthüttelkammsteig auf der Loswand. Von hier gesehen scheint es undenkbar, deren steile, direkt von der Bundesstraße aufragende Felsen auf einem Gehweg hinanzusteigen ... Ermöglicht wird dies durch Ketten, Stahlseile und rund zwei Dutzend Leitern. Mitunter scheinen sie direkt in den Himmel zu führen, so „luftig" ist das Gelände! Dank ihnen komme ich rasch höher und fühle mich wie beflügelt. Schon Fritz Benesch hatte von diesem 1906 angelegten, „aussichtsreichen Steig mit großartigen Tiefblicken und fesselnden Szenerien" (Benesch 67) geschwärmt. Ich genieße den Blick auf Berg und Tal, Felsen, Föhren und Lärchen. Wie auf alten Ansichtskarten garniert manche Aussicht zudem pinkfarbener Almrausch.

Zu den Kanten halte ich aber Abstand, denn von dort fallen die Felsen senkrecht und tief hinunter. Vorsicht, Schwindelfreiheit und Trittsicherheit sind auf diesem Weg Voraussetzung, bei Nässe ist er rutschig und von einer Begehung definitiv abzusehen!

Die Nähe zu den Felsen erlaubt wiederholt, sich mit Kletterern auf Du und Du zu fühlen. Scherenschnitten ähnlich zeichnen sie sich an der Kante der Vorderen Blechmauer vor dem Himmelsblau ab. Ich höre das vertraute Klimpern der

Wachthüttelkammsteig
1906 angelegt und betreut von der ÖTK-Sektion Raxgmoa, Wien.

Fritz Benesch
(1868–1949), Dr., Hofrat, Beamter der k. u. k. Staatsbahn, Bergsteiger, Autor und Bergfotograf. Publizierte die erste alpine Schwierigkeitsbewertungsskala. 1931 wurde ihm zu Ehren neben dem Otto-Haus ein Denkmal errichtet.

v

Bewimperte Alpenrose, *Rhododendron hirsutum*, „Almrausch" genannt

<

Blick von der Höllentalwarte ins Große Höllental, rechts die Loswand, links die Klobenwand

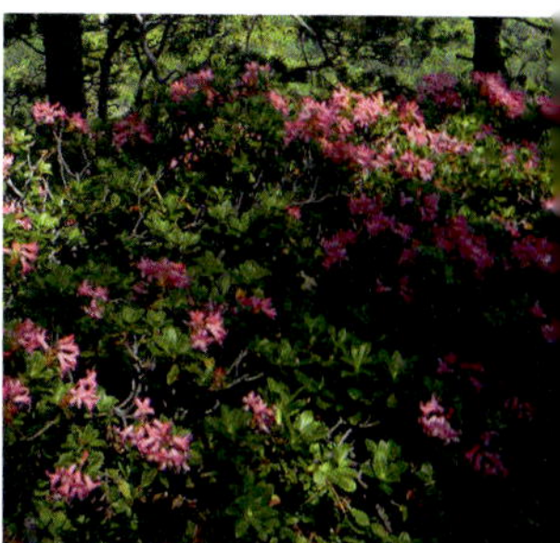

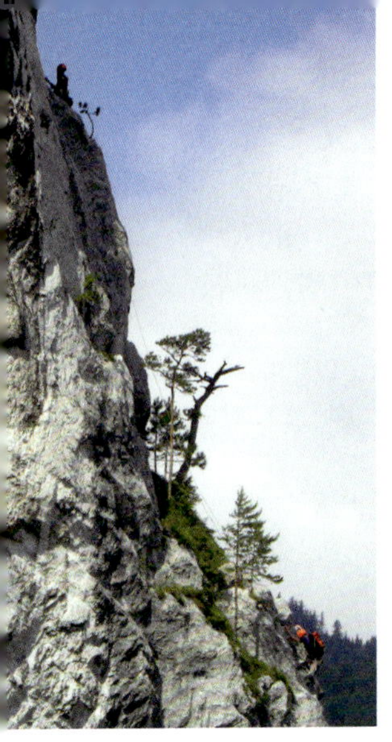

Karabiner auf dem Fels und ihre Seilkommandos, „Seil aus", „Nachkommen", „Stand". Der Kletterführer von Thomas Behm listet um tausend Touren, zwischen dem 2. und 11. Grad – allein im Höllental! Sie haben Namen wie Tagtraum, Schattenreich, Seelenfrieden, Acapulco Light, Absurdistan, Duft der Berge, White Indians, Sisyphus ... Klettern hat hier Geschichte, denn das Höllental ist „eine der Wiegen des Wiener Bergsteigertums" (Hauleitner 88). Ich passiere einige Ausstiege der in der Frühzeit des Alpinismus eingerichteten Steige, zuerst den des 1900 angelegten Akademikersteiges. Dann wird es flacher. Durch schöne Lärchen- und Föhrenbestände wandere ich weiter – wiederholt entlang der Geländekante, mit Blicken in die

∧
Kletterer in der Vorderen Blechmauer

>
Blick vom Wachthüttelkamm ins Große Höllental: links die Loswand, rechts die Klobenwand

∧ ∧
Ein Steinadler gleitet über das Große Höllental

Tiefe des Großen Höllentals, über das zu meiner Freude ein Adler gleitet!

Nun passiere ich weitere Ausstiege sämtlich in den 1890er-Jahren erstbegangener Klettersteige: der Loswandkamine, des Zimmer-, des Preintalersteiges und des legendären Teufelsbadstubensteiges, der folgende Geschichte hat: Um 1800 brauchten die damaligen Eisenwerke in Hirschwang Unmengen Holzkohle. Da sonst alles kahlgeschlagen war, holzte man nun sogar den Wachthüttelkamm ab. Von ihm wurde das Holz in drei Würfen über die Loswand befördert. Das Wild floh natürlich vor dem Radau. Um den Tieren folgen zu können, ließ Erzherzog Johann um 1804 hier den Steig durch die Wand anlegen – seiner wasserüberronnenen, farbigen Felsen wegen „Teufelsbadstube" genannt. Später geriet der Steig in Vergessenheit und so war es eine Sensation in der Wiener Bergsteigerszene, als Dr. Wratislaw Fikeis und Dr. Franz Krischker ihn 1877 wiederfanden (vgl. Lukan W 194).

Auf dem folgenden Waldrücken hatte einst die Speckbacherhütte gestanden. Weiter geht es über blumenreiche Lichtungen mit Schneebergblick zu einem Latschenfeld und durch dieses fast eben Richtung „Praterstern" und Otto-Haus.

Viel schöner noch als tausend Blumen auf kostbaren Gobelins schmücken jetzt *mille fiori* den grünen Almteppich: Teufelskrallen, Rotklee, Frauenmantel, Berghahnenfuß, Löwenzahn und zur Krönung das purpurne Kohlröslein ... Nahe der Höllentalaussicht finde ich mir ein Jausenplätzchen mit Blumen und Bienensummen. Der Blick von hier auf das Große Höllental (S. 84) freut mich zutiefst. Wenn ich es nur könnte – nichts schiene mir passender, das auszudrücken, als auf die althergebrachte Weise – mit einem Jodler ...

Der sich hier darbietende Anblick beruht auf einer hochkomplexen Geschichte, angefangen beim urzeitlichen, tropisch warmen Tethysmeer, das über Jahrmillionen den mitteleuropäischen Raum bedeckt hatte, bis zur letzten Eiszeit vor ungefähr 100.000 bis 10.000 v. Chr., als auch Rax und Schneeberg

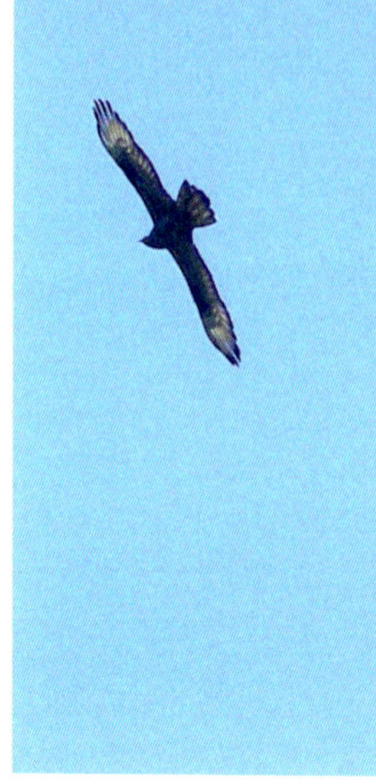

Steinadler
Aquila chrysaetos, haben eine Flügenspannweite von bis zu 230 cm. Trotz ihrer Größe wirken sie im Flug leicht und elegant. Sind in Europa vor allem in den Alpen und Karpaten anzutreffen. Sehr kräftige, geschickte Jäger, meist bodennah in offenen Landschaften unter optimaler Ausnutzung jeglicher Deckung fliegend, ihre Beute auf kurze Distanz überraschend und sie mit den außerordentlich kräftigen Zehen und Krallen erlegend. Sie erbeuten auch Tiere, die mit bis 15 kg viel schwerer sind als sie selbst. Angriffe auf fast ausgewachsene Gämsen sind belegt. Gämsen rollen sich bei Angriffen überschlagend talwärts, was sehr verletzungsgefährdend ist.

Rudolfsteig
Errichtet 1920, betreut von der OeAV-Sektion Österreichischer Gebirgsverein, Wien. Kronprinz Rudolf verbrachte ab 1859 öfter die Sommer seiner frühen Kindheit in der von den Brüdern Waissnix erbauten und an Kaiser Franz Joseph I. vermieteten „Rudolfsvilla" in Reichenau.

Gloggnitzerhütte
1548 m. 20 Minuten vom Klobentörl, ÖGV-Hütte, an Wochenenden Einkehrmöglichkeit. Jährliches Hütten-Skirennen.

Wolfgang-Dirnbacher-Hütte
1477 m. 1914 vom ÖTK errichtete Notunterkunft. 2018 ersetzt durch einen Neubau, entworfen von der (Holzbau-)Architektin Elisabeth Dirnbacher.

v
Moderner Bau: Dirnbacherhütte

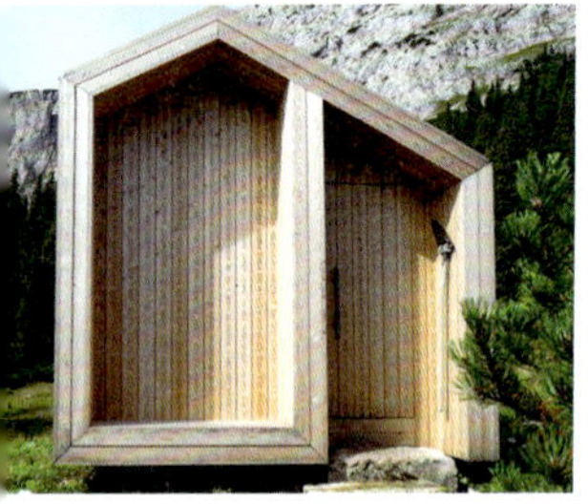

vergletschert waren und der Höllentalgletscher fast bis hinunter zur Schwarza reichte (vgl. Lukan S 99). Links der Plattform ist der Ausstieg eines jener Steige zu sehen, mit denen sich der legendäre Camillo Kronich ein Denkmal gesetzt hat – des Alpenvereinssteigs, den der vife Gastronom aus eigenen Mitteln, in umsatzsteigernder Absicht, um 1910 errichten ließ: Versichert hatte diesen ein Wiener Kunstschlossermeister, August Čepl – ein Original, Abenteurer und Liebhaber der Rax. Čepl bohrte Hakenlöcher, spannte Drahtseile, seilte sich mit seinem „Kletterapparat" über Steilwände ab und schuftete Jahr um Jahr wie ein Besessener in den Felsen der Rax. Heute gibt es Eisenwege überall in den Alpen, aber die ersten Eisenwege baute einst der Čepl auf der Rax (vgl. Lukan S 108).

Ich wende mich den weiten, abgeschiedenen Wiesen der „Hofhalt" zu. Sie haben eine sehr ruhige Ausstrahlung und ihr Anblick mit der Lechnermauer im Hintergrund gehört zu den mir liebsten. Gustav Jahn hat sie mit seinem Gemälde *Frühling auf der Rax* gewürdigt. Am Abzweig zum berühmten Gaislochsteig vorbei gelangt man am Fuß der Lechnermauer zum neuen, mit seiner modernen Architektur hierorts überraschenden Dirnbacher-Hüttlein. Von ihm geht es durch die Nördliche Lechnermauer auf einem Felsband mit Drahtseil-Geländer hinauf Richtung Klobentörl.

Zehn Gehminuten vor diesem zweigt rechts der Weg ab zum Rudolfsteig, der nach Kronprinz Rudolf benannt ist. Dieser, dem Wachthüttelkammsteig an landschaftlicher Attraktivität und wilder Bergatmosphäre ebenbürtige, auf dem Kamm der Klobenwand verlaufende Weg wurde erst 14 Jahre nach seinem Pendant auf der Loswand angelegt und wird auch heute weitaus seltener begangen – Ruheliebende sind hier richtig.

Zunächst durchwandere ich hohe Latschenfelder und dann einen Wald. Von einer schönen Lichtung zeigt sich mehrmals einer der großen Vorzüge dieses Steiges – der berückende Schneebergblick. Danach sind wiederholt vom Sturm gefällte Bäume zu umgehen. Nun folgt ein steiles Waldgelände mit

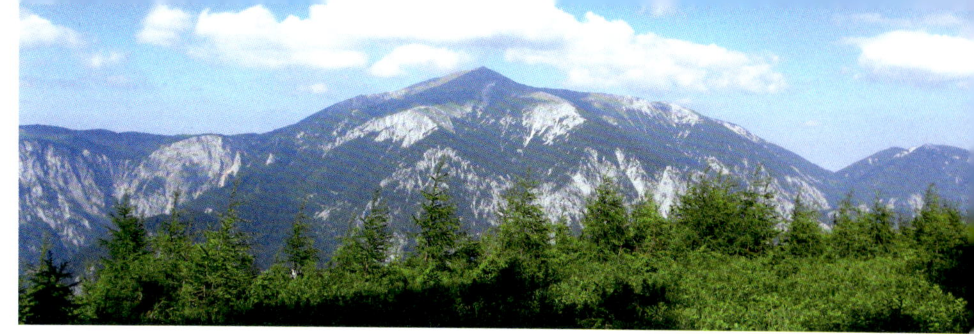

Erde und Nadeln, das auf kleinen Serpentinen abzusteigen ist. Eine halbe Stunde später wird der Weg schottriger, griffiger und schöner: Nun wandere ich entlang herrlicher, heller Felsen. Zwischen Lärchen und Föhren schaut man auf den dunklen Grund des Höllentals mit den lichten Kalkwänden darüber und durch ein Felsloch fällt der Blick ins scheinbar Bodenlose, bis zum Wandfuß der Loswand gegenüber.

In Serpentinen geht es weiter hinunter, mit wiederholten Tiefblicken ins Höllental. Ich überhole zwei Ungarn. Sie sind geschickt, aber unerfahren in derartigem Gelände. Einer von ihnen rutscht aus, aber der Fehltritt bleibt gottlob ohne Folgen. Auch dieser Steig erfordert unbedingt Erfahrung, Trittsicherheit, Schwindelfreiheit und trockene Verhältnisse. Bis zur schließlich erreichten Forststraße brauche ich für den Abstieg über den Rudolfsteig zweieinhalb Stunden, aber für den Aufstieg zum Klobentörl sind es, laut Tafel, vier Stunden Gehzeit!

Wenig später bin ich am Ausgangspunkt an der Höllentalstraße angelangt. Dort werde ich freundlich gegrüßt – von zwei jungen, athletischen Sportkletterern, Thomas Stickler und Stefan Böck, die, dicht behängt mit Friends, Camalots und Klemmkeilen, nach anstrengender Tour im überhängenden Fels zum Auto gehend, einander scherzend schildern, was alles schmerzt in Armen und Beinen ...

Vor hier schaue ich hinunter zur „Freiheit" – eine Paddlern durchaus Respekt einflößende, enge, gischtende Flusspassage – und hinauf zu den hohen, hellen Steilwänden und ich bin voll staunender Bewunderung für den herrlichen, klaren Fluss und die sonnenbeschienenen, kalkweißen Felsen. „Droben auf sonnigen Graten singt uns der Bergwind sein Lied ...", höre ich bei ihrem Anblick in mir und bin eines ganz: froh.

Höllentalstraße

Bis 1732 führte durch den Urwald des Höllentals nur ein Pfad bis Kaiserbrunn. 1829 wurde der Bau der Höllentalstraße beauftragt. Der Bauleiter hatte zuvor alle Alpenstraßen Europas besucht. Felsen wurden gesprengt und Brücken gebaut. 1832 wurde diese landschaftlich schönste Straße von NÖ eröffnet. In Hirschwang und in der Vois wurde Maut kassiert.

Die „Freiheit"

Wie die Habsburger waren die Grafen Hoyos Jäger. Das Jagdrevier des Kaisers, das im Höllental von der Schwarza begrenzt wurde, berührte hier den Besitz des Grafen Hoyos. Die „Freiheit" lag dazwischen.

^

Schneeberg mit Stadelwand, Klosterwappen und Fronbach-Wänden

11

ZAHMES GAMSECK ALTENBERGERSTEIG

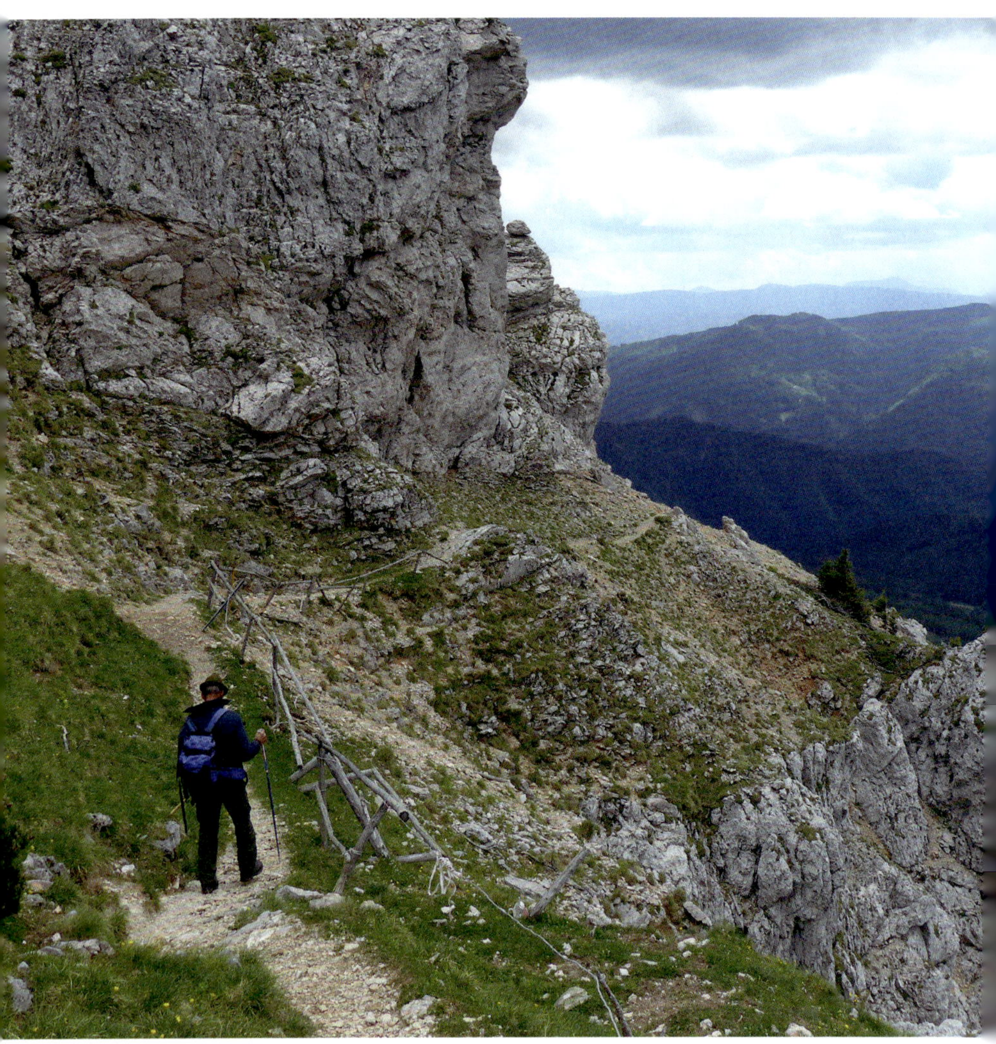

Die steirische Seite der Rax – Felsen, Aussicht, Einsamkeit und Einkehr im Almgasthof Moassa inklusive

Morgens um acht am Parkplatz „In der Naß“ aus dem Auto steigend sage ich zu meinem Vater Naz Gruber: „Hier hat die Luft Schultern.“ Sie ist frisch und irgendwie kantig, selbst an diesem Hochsommertag. Es ist, als könne man Gesundheit hier atmen und trinken: Das Altenberger Tal ist auf 800 Höhenmetern reizvoll zwischen Rax und Schneealpe gebettet – eine vor allem landwirtschaftlich geprägte Region ohne Durchzugsverkehr, die großteils unter Landschaftsschutz steht und zudem Quellschutzgebiet der Stadt Wien ist. „Kein Wunder, dass die Naßbäuerin 102 wurde und mit 98 noch in den Stall melken ging“, schlussfolgert Papa scherzend.

Unsere Tour, der Gamsecksteig, auch „Zahmes Gamseck“ genannt, war der erste Felsensteig auf der Rax. Als ihn der ÖTK (damals ÖTC) 1875 einrichtete, galt dies als Sensation. Sein Erstbegeher Moritz von Statzer hatte damit die Verbindung zur Schneealpe erleichtert. Heute ist dies eine überaus attraktive und zugleich wenig frequentierte Durchstiegsmöglichkeit von Hinternaßwald oder Altenberg durch eine wilde Felsszenerie hinauf zum Raxplateau und Teil des Nordalpenweges 01 vom Neusiedler- zum Bodensee. Der schwarze Punkt auf der Tafel weist sie als eine schwierige Route aus – Trittsicherheit und Schwindelfreiheit sind jedenfalls Voraussetzung und Kinder wird man zusätzlich sichern wollen. Für Geübte aber ist die Route einfach.

Erst folgen wir einer Forststraße. Vögel zwitschern, der Bach rauscht, Schatten zeichnen bewegte, florale Muster auf das helle Schotterband. Die auftrocknende nächtliche Feuchtigkeit legt einen feinen, fast bläulichen Schleier über den Waldrand weiter vorne. Ich freue mich, diese Tour mit meinem Vater zu machen. Das Altenberger Tal ist für ihn ein Stück Heimat, weil er auf dem hiesigen Bergbauernhof seines Onkels – mit dem Hofnamen „Karrer“ genannt – die Sommer seiner Kindheit verbracht hat. Er erzählt mir von sonntäglichen Kirchgängen, vom Frühschoppen mit Opa, der ihm beim Wirt Würstl und Kracherl kaufte, vom Pflügen mit Ochsen und dem Aufstehen

Altenberg an der Rax

Der Fund einer Speerspitze in der Bleiweißgrube bei Kapellen beweist, dass schon steinzeitliche Jäger hier verkehrten. Ständig besiedelt wurde das Gebiet wohl um 1100, als es großteils zur Herrschaft Formbach-Pitten gehörte. 1327 gründete Herzog Otto der Fröhliche das Zisterzienserstift Neuberg, zu dem auch Altenberg (erstmals schriftlich als *antiquus mons* erwähnt) kam.

Hofname

Weil der Name eines Bauernhofes bestehen bleibt, auch wenn dessen Bewohner wechseln, ist es auch heute noch der Hofname, den Einheimische statt der Familiennamen verwenden.

<

Josef Scheifinger vulgo Karrer am Altenbergersteig beim Hohen Stein (nach einem Almauftrieb fotografiert)

Gamsecker Hütte
1895 eröffnet. Da zum k. k. Hofjagdgebiet gehörig, wurde sie 1917 auch von Kaiser Karl I. und Kaiserin Zita besucht.

Gämsen
Rupicapra rupicapra rupicapra, Alpengams, vom Rax-Schneeberg-Gebiet bis in die Seealpen bei Nizza sowie am Balkan vorkommend. Größtes Revier am steirischen Hochschwab. Warnen durch Pfiff, leben in Herden, Böcke meist einzeln, werfen nach sechs Monaten Tragezeit ein Kitz, nach drei Jahren ausgewachsen. Böcke werden bis 15, Geißen bis 20 Jahre alt. Äußerst geschickte Kletterer.

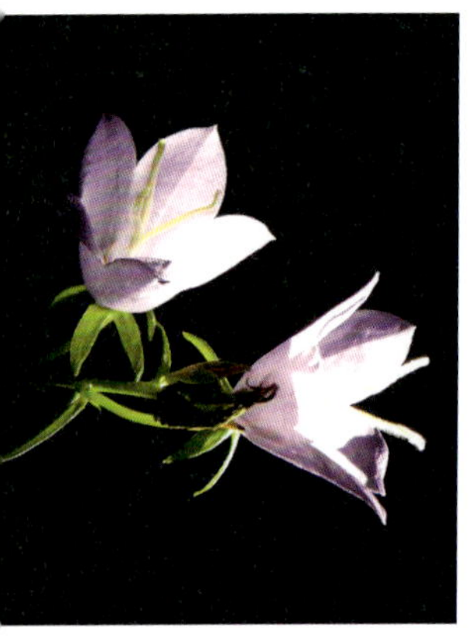

in der Morgendämmerung, vom Frühstück mit Milchkaffee und Sterz, den alle aus der großen, gußeisernen Pfanne löffelten, vom Melken, Heuen und Schobertreten, den Spielen auf dem Heuboden und dass er und sein Bruder Hias, wie immer im Sommer barfuß, öfters heimlich ins Dorf eilten, um im dortigen Laden ihr Taschengeld in Zuckerl zu investieren.

Nun führt uns der Steig erst durch helle Fichten, sodann durch dunklen Wald bergan. Darin dämpft ein dichter Nadelteppich unsere Schritte bis zur Lautlosigkeit. Nachdem wir die Höfler-Quelle passiert und eine Forststraße überquert haben, langen wir nach etwa 40 Minuten am Naßkamm auf 1210 Meter an. Auf schmalem Pfad über den dicht mit Farnen, Eisenkraut, Pestwurz und Brennnesseln bewachsenen Hang geht es weiter bergwärts. Aus diesem uns bis an die Hüften reichenden grünen Gewoge ragen die Baumstämme hoch und gerade empor. In dieser üppigen Szenerie wirken wir wie kleinwüchsige Dschungel-Bewohner.

Wir gehen an der (wegen Einsturzgefahr geschlossenen) Zimmermannhütte vorbei und erreichen wenig später den schönen Flecken, den sich die Mitglieder der Alpinen Gesellschaft „D'Gamsecker" 1895 für den Bau ihrer Vereinshütte ausgesucht haben: eine von Fichten und Lärchen umstandene, von einem hellen Felsen flankierte Lichtung auf dem Gruberalmboden. Ihre schmucke Hütte ist nur Vereinsmitgliedern zugänglich. Ein paar von ihnen frühstücken gerade auf der Terrasse. Nahebei stürzt sich der hier noch schmale Altenbergerbach über einen Felsen in die Tiefe. Im Winter ist er bei ausreichender Vereisung mit Steigeisen und Pickel begehbar. Dem dicht bewachsenen Bachlauf bergan folgend, begleitet uns das Murmeln seines Wassers. Die Morgensonne fällt schräg durch den Wald. In ihrem Licht leuchtet da und dort ein Blatt oder der Zweig einer Fichte neongrün auf... Schließlich verlassen wir dieses romantische Waldstück und queren über eine Schotterpassage rechts hinauf zum Gupf-Sattel auf 1477 Metern Seehöhe. Jetzt bedeckt ihn ein grüner Teppich mit lila Alpenglockenblumen, gelbem Löwenzahn und rosa Ostalpen-Nelken. Und die Aussicht von hier auf das alpine Felsszenario der Raxenmäuer ist eine der schönsten in unseren Bergen.

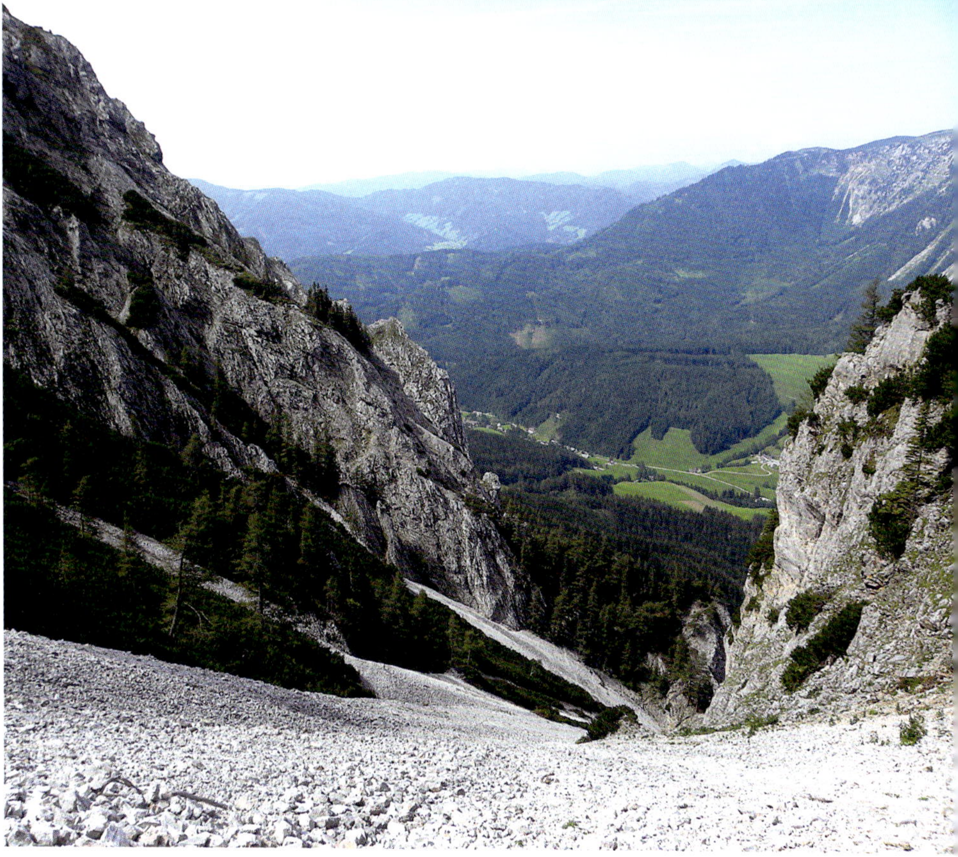

Am Gupf-Sattel scheiden sich die Wilden und die Zahmen, zumindest in ihrer Entscheidung für das „Wilde" oder das „Zahme Gamseck" – wir wenden uns Letzerem zu. Wenig später hat man auf schmalem Pfad einen Schotterhang zu queren und einen zweiten hinaufzusteigen. Weiter unten poltern Steine – die Namensgeber des Steiges, Gämsen, queren die Halde mit verblüffender Grazie. Es ist schön, die Tiere so ungestört in ihrem Element und Ambiente zu erleben. Ich genieße den felsflankierten Blick ins Steirische und die große Tiefenwirkung des kulissenartigen Bildes.

^
3-D-Tiefblick ins Altenberger Tal
v
Verblüffend graziöse Gämsen
<
Lila Glockenblumen

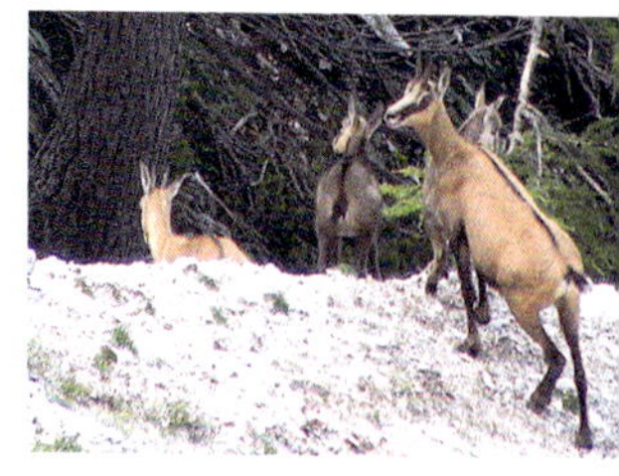

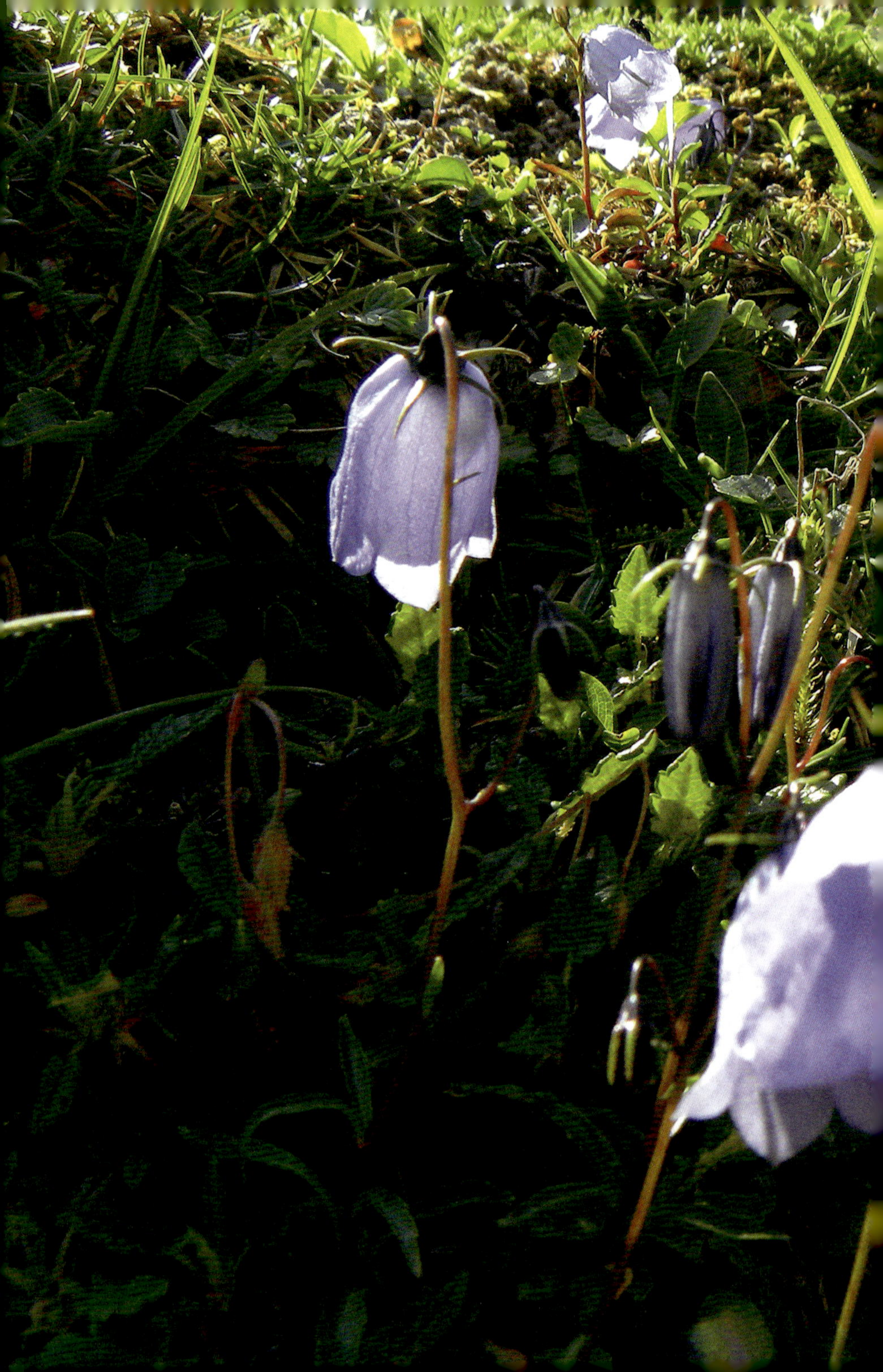

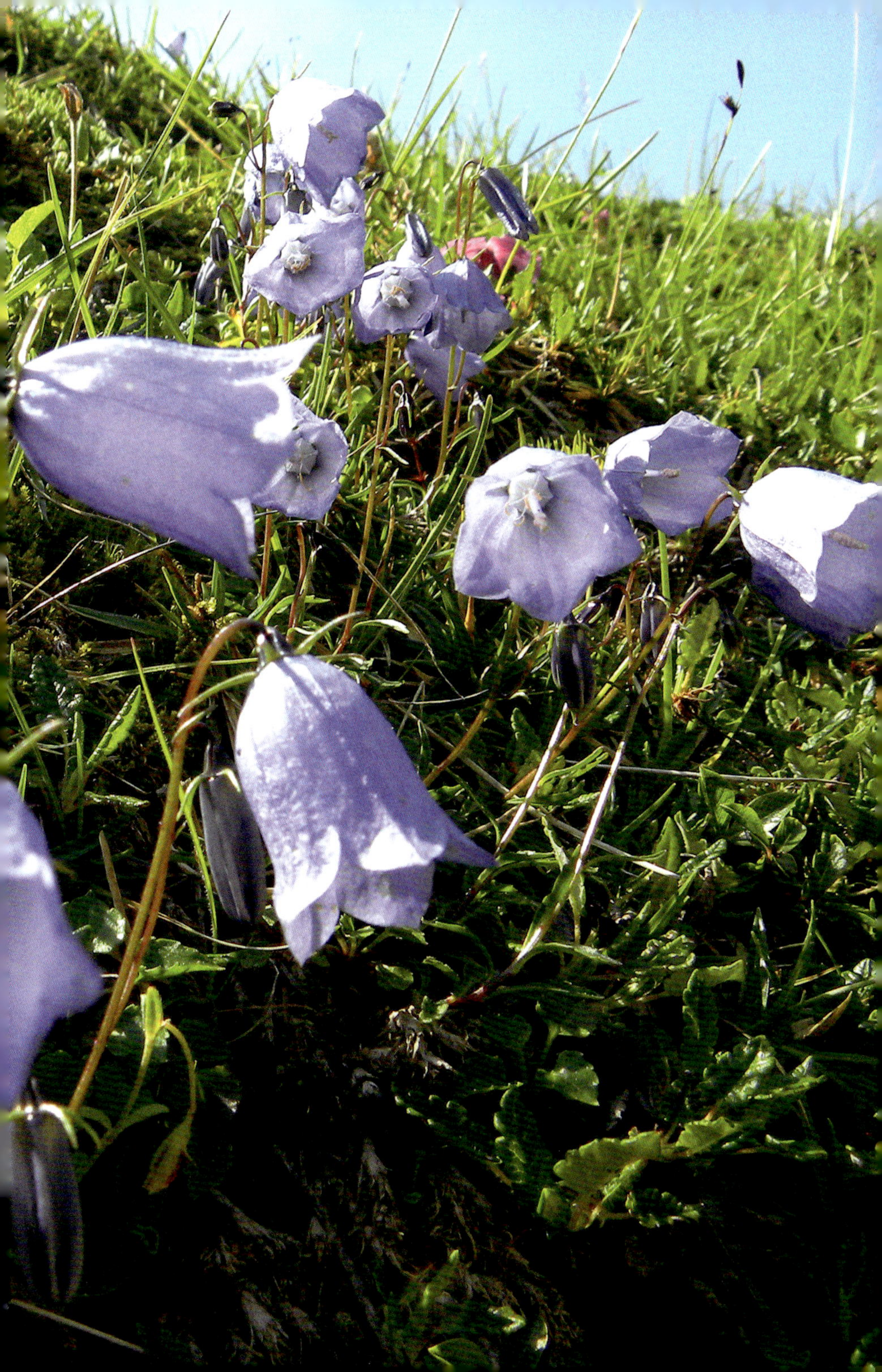

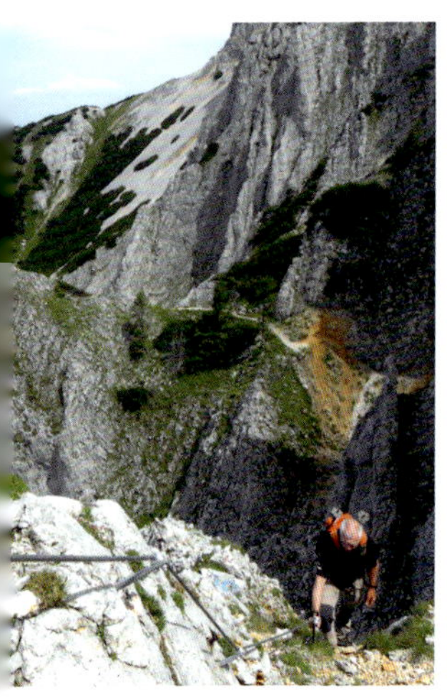

Zahmes Gamseck
1875 errichtet, betreut von der ÖTK-Sektion Raxgmoa.

Altenbergersteig
Betreut von der Alpinen Gesellschaft Reißtaler. Wird heute noch von Sepp Scheifinger für den Auftrieb des Viehs zu den Almen auf der Rax genutzt.

Viehtrieb
Wird auch im 3. Jahrtausend gepflogen – die subalpinen Milchkrautweiden bieten den Tieren ein unvergleichlich hochwertiges Futter.

Dann sind wir bei den Schrofen, über die der Gamsecksteig führt, angelangt. Gleich mit den ersten Schritten im Felsgelände erleichtert ein Stahlseil den Anstieg und begleitet den Wanderer fast ständig. Schließlich ist eine Leiter zu überwinden, das Gelände wird insgesamt steiler, mehrere Schotterrinnen sind zu queren. Versicherungen, Stahlseil und Markierungen sind vom ÖTK gut gewartet und wir kommen stetig voran. Unsere Achtsamkeit muss sich aber doch mehr dem Weg als dem beständig schönen Blick zuwenden, daher halten wir, nachdem wir etwa eine Stunde später Felsen und Versicherungen hinter uns haben, Jausenpause und können nun die wundervolle Aussicht auf Schneealpe und Ameisbühel so richtig genießen. An ganz klaren Tagen ist auch der Hochschwab zu sehen. Zuletzt queren wir auf einem Schotterpfad hinaus auf das Raxplateau und sind von einem Schritt auf den nächsten in einer gänzlich ruhigen Szenerie, geprägt von hellgrünen Matten und dunkelgrünen Latschen. Von hier zweigt der Altenbergersteig ab.

Dieser Weg eint mehrere Vorteile: Er ist landschaftlich höchst attraktiv, reich an Aussichten ins Altenbergtal, wenig frequentiert und ein leicht zu begehender, meist schotteriger Pfad, der in weiten Kehren talwärts führt. Einige Wegstellen sind mit einem Holzgeländer versehen, aber Stahlseile oder gar Leitern als Hilfe sind hier nicht nötig. Eine markante Stelle ist die, wo der Pfad am Fuß einiger Felsen entlangführt. Einheimische nennen sie das „Umischupfwandl“, weil dieser Weg eine der Viehtriebrouten auf die Raxalmen ist und die Kühe an dieser relativ exponierten Stelle mitunter scheuen, sodass die Halter sie mit Schubsen oder Ziehen um den Fels „herumschupfen“. Einmal nahm mich Sepp „Karrer“ mit zum Almauftrieb – es war ein besonderes Erlebnis und beeindruckend, wie geschickt die massigen Tiere diese herausfordernde Strecke bewältigten. Diesen Weg war schon Sepps Vater mit seinem Pferd hinaufgeritten zur Sennerin und hatte sie mit Salz, Mehl und Kaffee versorgt und Käse, Topfen und Butter von der

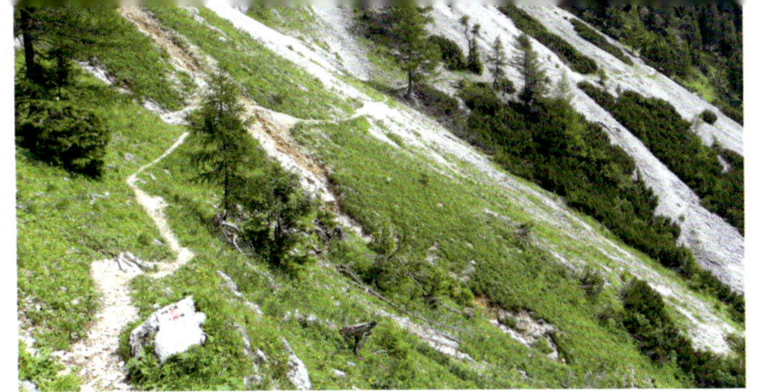

Alm herunter gebracht. Sacht fallend quert nun der Pfad den Hang. Solch mühelose Passagen mag ich sehr, weil sie einladen, die Aussicht genießend auszuschreiten ... Nach Erreichen des idyllischen Hüttleins auf der Karrer-Alm folgen zwei Kehren auf der Forststraße. Sodann über das grüne Wiesenband der einstigen Skipiste hinunterwandernd, gelangen wir zum sympathischen, auf 1160 Metern Höhe gelegenen Almgasthof Moassa.

Passend zu unserem Ausflug in die Steiermark teilen wir uns auf seiner Sonnenterrasse ein Gericht aus der Region – Surstelze mit Krautsalat und Kartoffeln. Gestärkt wandern wir weiter Richtung Altenberg, zuletzt auf einem Sträßlein durch den Kerngraben. Wo es sich mit der Hauptstraße eint, ist der nordöstliche Teil Altenbergs: das Knappendorf. Der Name erinnert an den einstigen Bergbau in Altenberg, wo man Spateisenstein für das Eisenwerk in Neuberg abbaute. Hier sind eine Kapelle und die Bushaltestelle. Mit dem morgens hier deponierten Rad gelangt Papa zum Auto „In der Naß" zurück.

Auf der Heimfahrt plaudern wir über das Ortsbild Altenbergs. Diese Häuser bieten strengeren Wintern die Stirn: Sie haben kleinere Fenster, steilere Dächer und dunkelbraune, honiggelbe, kirsch- oder rostrote Holzfassaden. Manche Dächer sind mit Holzschindeln gedeckt. Alle Häuser, Gärten und ihr Blumenschmuck fallen durch äußerste Gepflegtheit auf.

Schließlich überqueren wir das Preiner Gscheid. 1192 wurde das Herzogtum Steiermark Teil Österreichs. Das Preiner Gscheid ist die Grenze zu Niederösterreich. Am Hof unserer steirischen Verwandten, der „Karrer", spricht man scherzhaft aber noch heute davon, nach „Esterreich" zu fahren, wenn sie uns besuchen ...

Bergbau Altenberg
von 1789–1893. Der Wirtschaftsaufschwung im 19. Jh. brachte einen Bevölkerungsanstieg Altenbergs von 300 auf über 800 Bewohner. Zeugen des Bergbaus sind heute das Grubenhaus und bewaldete Schutthalden.

Bushaltestelle Altenberg-Kapelle
Die Busse von hier verkehren nur nach Mürzzuschlag, Neuberg, Frein und Mariazell.

^
Querung am Altenbergersteig
<
Zahmes Gamseck (dahinter der Naßkamm), Naz Gruber
v
Bunte Holzfassaden in Altenberg und Umgebung

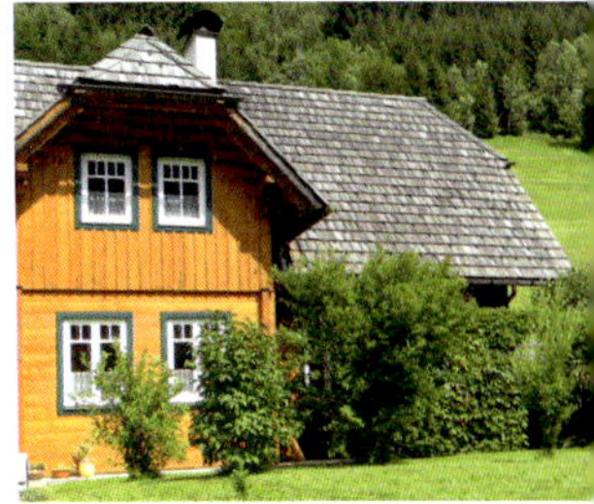

12

RAX-ÜBERQUERUNG

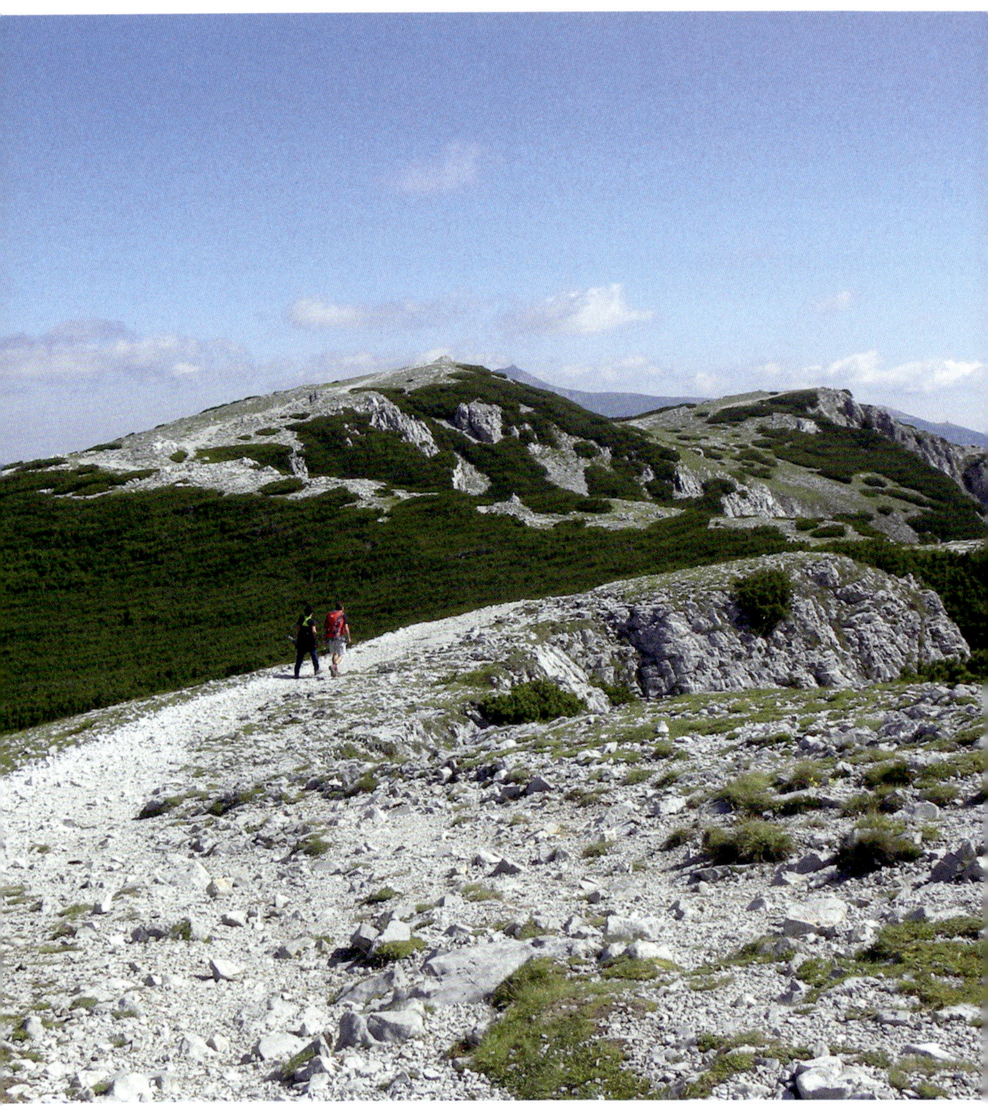

Von der Bergstation der Rax-Seilbahn über die Preiner Wand, den Trinkstein und das Habsburghaus zum Preiner Gscheid

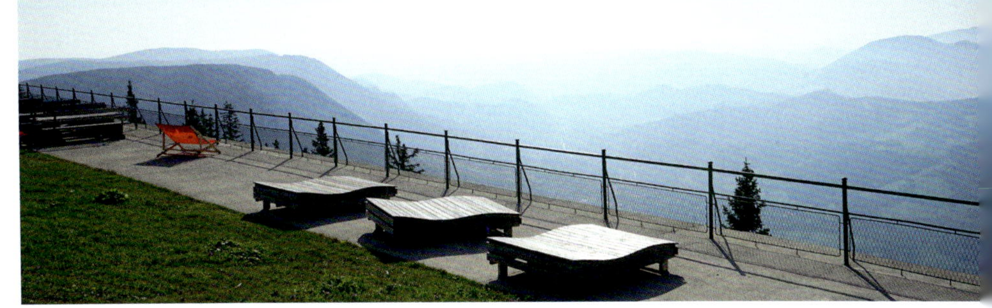

Morgens um acht Uhr besteige ich mit Angestellten der Gastronomiedynastie Scharfegger die schnittige Kabine der Rax-Seilbahn in Hirschwang. „Sieben, Berg!“ sagt der Wagenbegleiter am Telefon zu seinem Kollegen auf der Bergstation. Dann gleitet die Kabine oberhalb der Bäume über den Seilbahngraben, einer winterlichen Skiabfahrt, und bringt uns tausend Meter höher hinauf zum Raxplateau. Früher wurde man immer wieder aus dem Gefühl des Hinauf-Schwebens gerissen, weil die Gondel bei jeder Stütze schaukelte und Einheimischen über das dabei von unerfahrenen Passagieren unfehlbar geäußerte „Uuuuuh!“ genauso unfehlbar ein Lächeln entlockte.

In der Bergstation der Seilbahn besuche ich ein Gemälde von Otto Barth. Es hängt im großen Speisesaal. Der für seine Bergmotive bekannte Maler hat darauf drei Männer, die eine steile, in mauvefarbene Schatten getauchte Eisflanke mit Pickeln bezwingen, mit der Prägnanz eines Holzschnittes dargestellt. In diesem stattlichen Gebäude hatten einst Viktor Emil

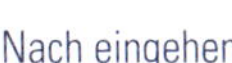

Rax-Seilbahn

Nach eingehenden Erwägungen entschied man sich vor Baubeginn für ein straff gespanntes Tragseil nach dem System Bleichert-Zuegg und konnte die Seilbahn nach nur neunmonatiger Bauzeit 1926 eröffnen. Sie war die erste Seilbahn Österreichs und eine Sensation: Im ersten Betriebsjahr beförderte sie fast 180.000 Fahrgäste! Bislang sind es etwa zehn Millionen Fahrgäste, die sie heutzutage in nur acht Minuten 1017 Meter höher gebracht hat.

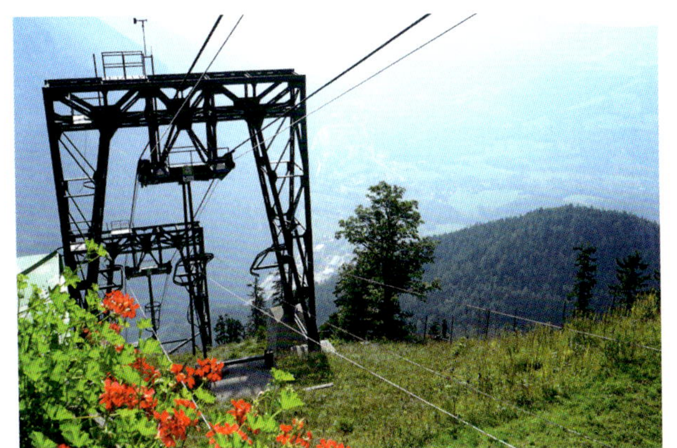

<

Stützen der Rax-Seilbahn

^

Aussichtsreiche Bergstation der Rax-Seilbahn auf 1545 m

<<

Panoramaweg zwischen Jakobskogel und Preinerwand-Gipfel mit Blick Richtung Grünschacher, Jakobskogel und Schneeberg

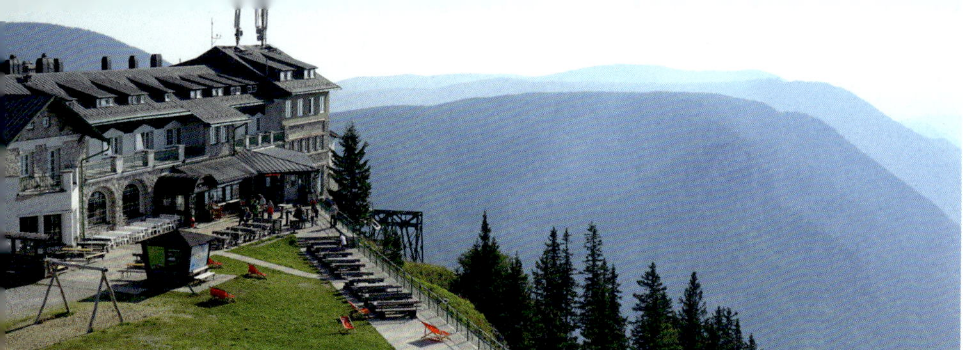

Frankl und seine Frau Eleonore ständig ein Zimmer angemietet. Prof. Frankl hatte sein Leben der Frage nach dem Sinn der menschlichen Existenz gewidmet und die Dritte Wiener Psychotherapeutische Schule begründet, die „Logotherapie". Sie fand weltweite Anerkennung. Die Rax nannte der berühmte Psychiater und Neurologe seinen „Lebensberg" – sie sei der Ort, wo er fast alle wichtigen Entscheidungen getroffen habe. Mit meinem Vater als Bergführer ging er auch klettern – obwohl er nicht schwindelfrei war. Aber, so sagte er, „man braucht sich von sich ja nicht alles gefallen lassen".

Gleich bei der Bergstation wähle ich eine höchst lohnende Alternative zum Hauptweg Richtung Otto-Haus – den von der Terrasse der Bergstation linker Hand hochführenden Pfad entlang der Felsabbrüche der Vormäuer. Der Blick von diesem (unmarkierten) Weg ins weite Land ist atemberaubend, ein Sturz allerdings könnte an manchen Stellen böse enden.

Bald ist das Otto-Haus am Fuß des Jakobskogels zu sehen. Imposant thront das stattliche Gebäude mit seiner graublauen Fassade inmitten aller zu ihm führenden Wege über dem von Einheimischen „Lavoir" genannten Wiesen-Kessel. Seinen Grund bedeckt im Sommer ein üppiger, bunter Blütenteppich. Heute ist er dunkellila – hier wachsen jetzt Eisenhüte sonder Zahl.

Nach einem Blick von der Aussichtsplattform nahe des Otto-Hauses steige ich den Jakobskogel hinauf und halte kurz darauf die Luft an: Zwei Adler gleiten mit weiten Schwingen über den Felsen der Vormäuern. Die Adlerpopulation in der Region hat zugenommen – für Jäger mag dies ein alltäglicher Anblick sein, aber ich bin so aufgeregt darüber, dass mein Foto verwa-

∧
Bergstation der Rax-Seilbahn: Weitblick inklusive

∧∧
Blick von den Felskanten der Vormäuer zu Otto-Haus und Jakobskogel

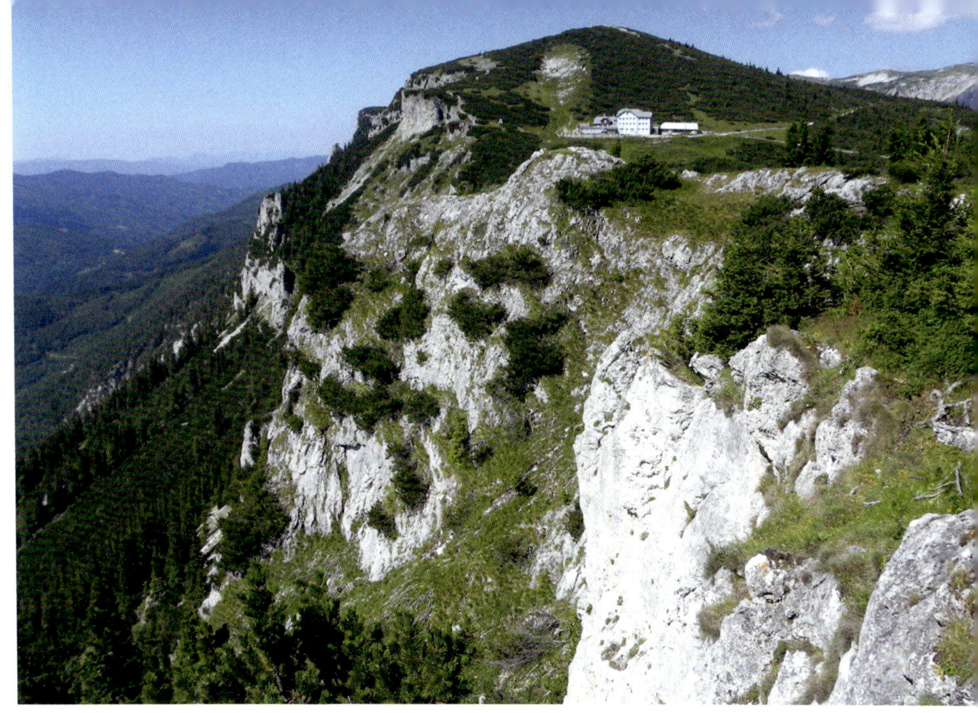

ckelt wird. Ab dem Jakobskogel führt der Weg über sanftwelliges Gelände zwischen Latschenfeldern hindurch. Mehrfach öffnen sich Zugänge zur Felskante hin, wo man von kleinen Wiesen nichts vor sich hat als Luft und Aussicht.

Es ist weniger eine prägnante Silhouette, die die Rax auszeichnet, als ihr weites Plateau. Der folgende Abschnitt lässt dies exemplarisch genießen: Mit gänzlich freiem Blick schreitet man auf Schotterwegen mühelos über die sanften Wölbungen ihres breiten Rückens zur Preinerwand (S. 98).

Auf ihrem Gipfel steht ein Eisenkreuz. Seine Rahmenkonstruktion gibt den Blick auf die Landschaft und den Himmel frei. Manchmal flattern buddhistische Gebetsfahnen darauf.

Zur Seehütte absteigend sehe ich Hinreißendes: Ein Rudel Gämse steht vor den Schründen nahe der Königschusswand. Sie haben ein besseres Riech- als Sehvermögen. Kein Lufthauch dürfte meine Nähe verraten, denn sie zeigen sich davon ganz ungestört. Darüber bin ich froh, umso mehr, als Jungtiere dabei sind. Begierig nach Milch stupsen die Kleinen ihre Mütter am Euter.

Preinerwandkreuz

Sein Material, Eisen, passt zur bis in die Prähistorie reichenden Geschichte des Bergbaus in der Gegend. Gefertigt und gespendet hat es Norbert Karasek, der seinen Gloggnitzer Spenglerbetrieb zu einem internationalen Apparate- und Anlagenbau-Unternehmen ausbaute.

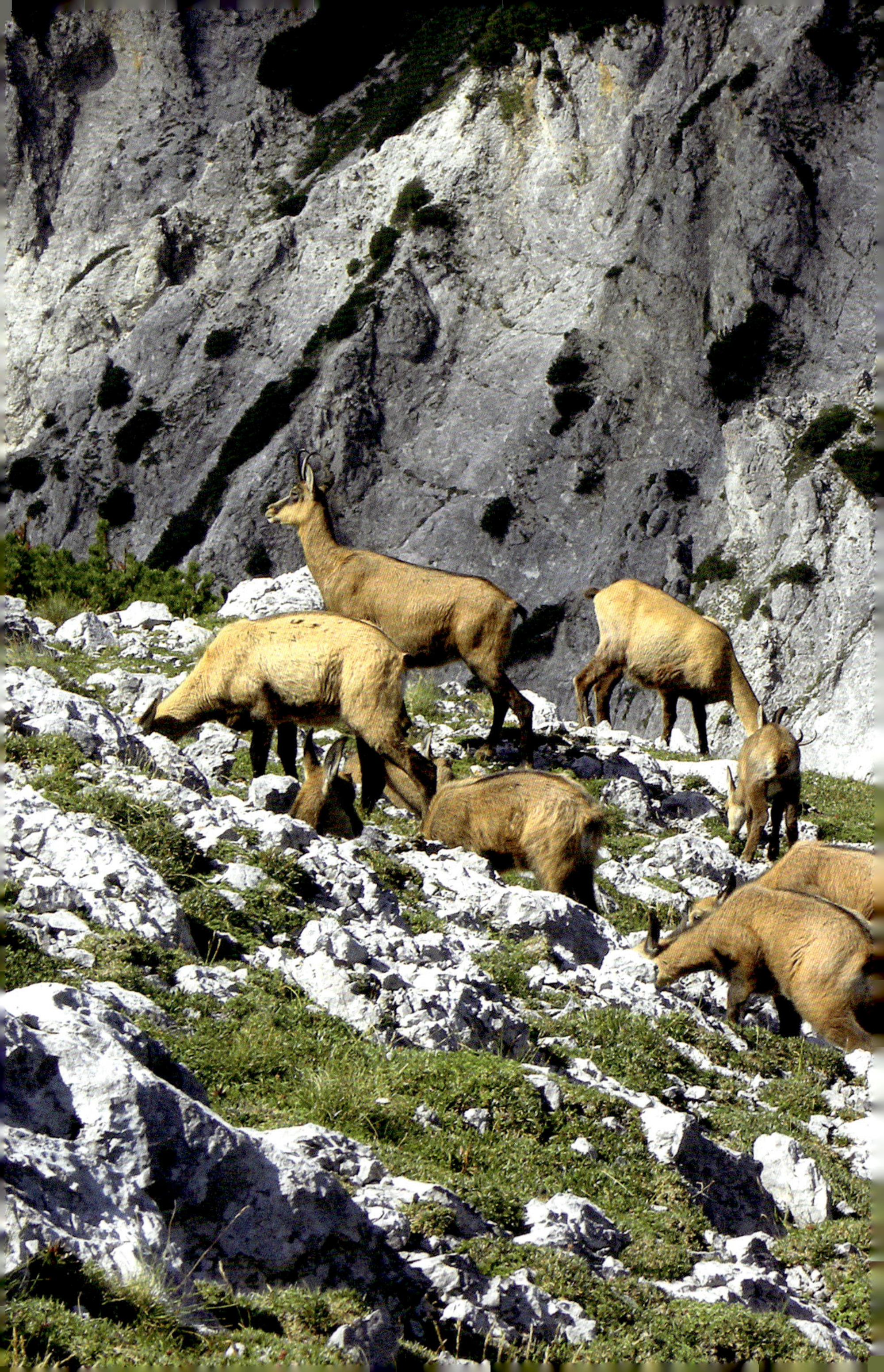

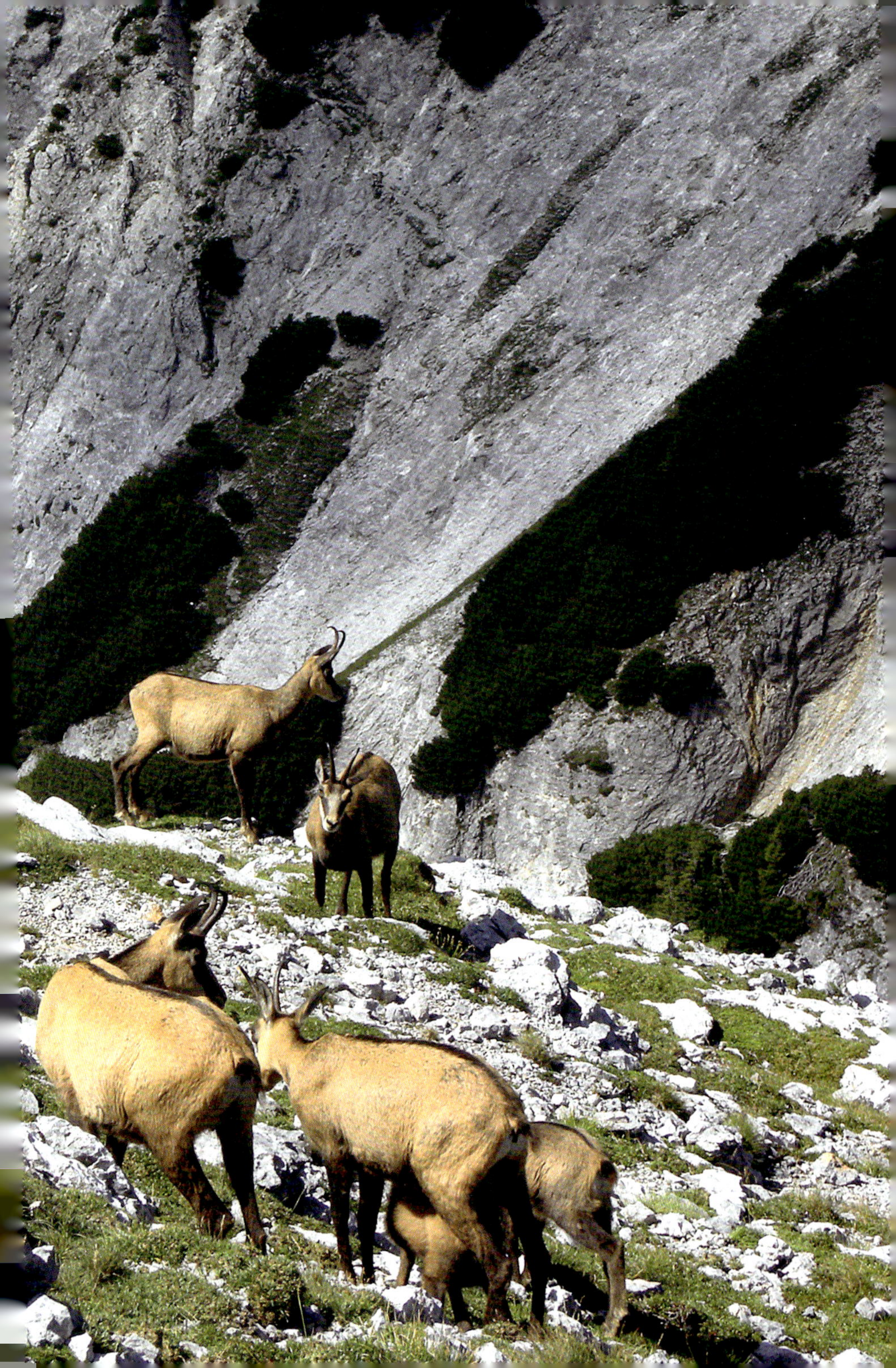

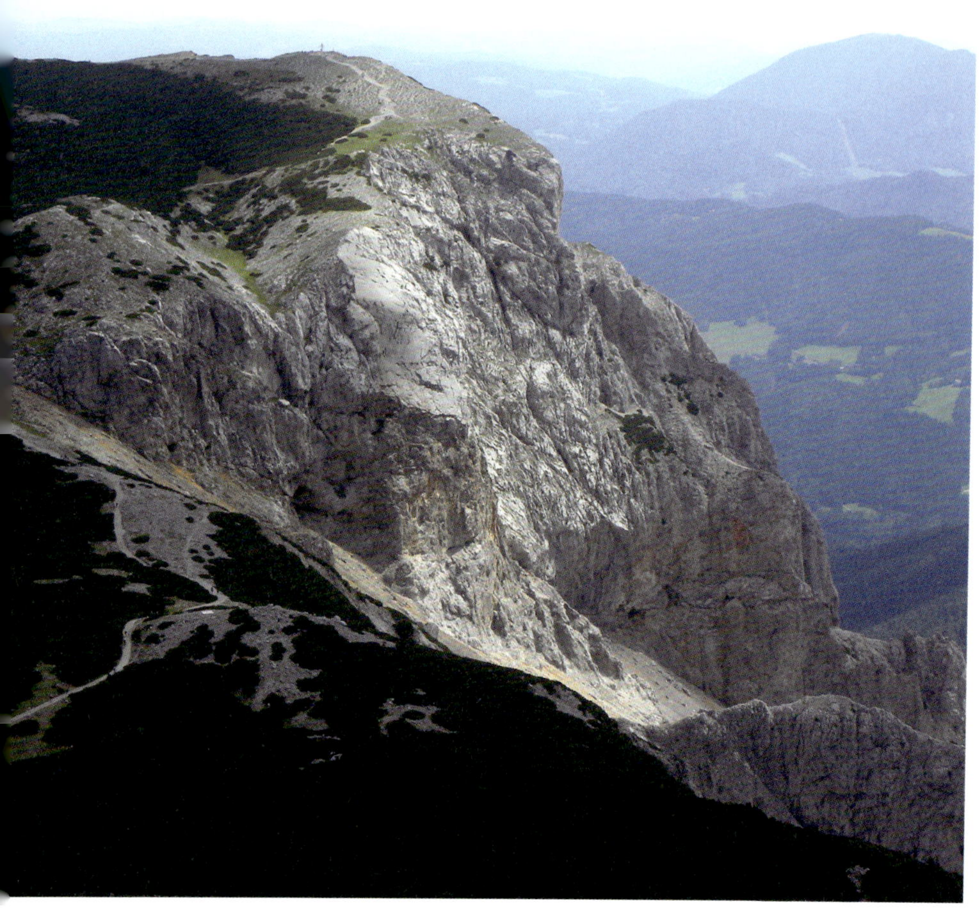

^
Einer der Lieblingsanblicke aller Raxfans: Seeweg, Preinerwand, „Schütt" und Königschusswand
>
Vertrautes Refugium der Bergrettung Reichenau: die Trinksteinhütte

Zehn Gehminuten vor der Seehütte schwenke ich in den Seeweg ein. Hier ist man dem hochalpinen Herzen der Rax nahe – der Preinerwand, der Königschusswand und der großen Geröllhalde, der „Schütt", dazwischen. Im Norden erheben sich die Lechnermäuer und die Gipfel Scheibwaldhöhe und Dreimarkstein. Direkt am Seeweg erinnert das „Schröckenfuchs-Kreuz" an den Tod des Wiener Kaufmannes August Schröckenfuchs, der hier 1856 als 33-Jähriger „in tobendem Schneesturme" erfror – am 3. September!

Ausnahmsweise besuche ich heute die nahe, allseits beliebte „Seehütte" nicht, sondern steige geradewegs an zum

„Trinkstein". Der Schotterweg führt über mehrere kleine Felsen zwischen Latschen hinauf. Hier „steht" die Hitze und es riecht nach trockener Erde und dem würzigen Öl und Harz der Latschen. Jedes „Lüfterl" ist Labsal und die Blicke zurück zur Seehütte offenbaren die mittlerweile erklommene Höhe.

Eine halbe Stunde später trete ich aus der Latschengasse auf offenes Gelände und kann bald vom Trinkstein, der Diensthütte der Bergrettung Ortsstelle Reichenau auf 1858 Metern, den Ausblick genießen (S. 104). Diese kleine Hütte ist mir sehr vertraut. Ich lehne mich an seine vom Wetter gebürstete, silbrig schimmernde Holzschindelwand und jausne. Weil ich meinen Vater, Naz Gruber, der 20 Jahre lang Einsatzleiter der Ortsstelle Reichenau war, oder Freunde zu ihren winterlichen Bergrettungsdiensten auf diese Hütte begleitete, sehe ich dabei sofort innere Bilder: die weiße Gipfelpyramide des Schneebergs, rosa im Abendlicht, die Eisblumen an den Fenstern, das Schneetreiben über beschneiten Hängen, von Eisfahnen auf den Markierungsstangen. Ich höre das leise Zischen der Gaslampe, das stetige Simmern des Teewassers auf dem Herd, die Funkgespräche „Trinkstein an Seehütte, bitte kommen!" ... Ich erinnere mich an viele Rettungs- oder Suchaktionen und noch öfter an Unfallverhütungen – etwa dadurch, dass man, ausgekühlt und erschöpft, hier bei einer Tasse Tee Wärme und Kraft tanken kann. Ich denke daran, dass wir hier nächtelang geplaudert, gelacht und gesungen haben. Erst nach vielen Jahren wurde mir die Selbstverständlichkeit bewusst, mit der in diesen Gruppen Verlässlichkeit, Hilfsbereitschaft, Freundschaft gelebt werden. Wenn zur Bergung gerufen wird, sind Effizienz, Erfahrung, Nervenstärke fast greifbare Qualitäten. Die Mitglieder investieren ihre Freizeit und Urlaube in ihre Aus- und Fortbildung und halten nicht nur sich und ihr Können, sondern auch ihre Diensthütte „in Schuss". Als ich einst vom Waxriegelkamm kommend viele meiner Bergrettungsfreunde vor ihr beisammensitzen sah, empfand ich bei diesem Anblick ganz klar: „Das alles mag ich so!"

Trinksteinhütte
1858 m, 1911 ließ die alpine Gesellschaft „Raxgmoa" u. a. auf Kosten Camillo Kronichs am Trinksteinsattel die Raxgmoahütte bauen als kleine Unterstandshütte, die seither tausenden Bergsteigern Schutz vor Wetterunbill geboten hat. 1941/42 bauten die Bergrettungsmänner an sie eine Diensthütte, genannt „Trinksteinhütte". 1942 führten sie 101 Einsätze, davon zehn Totbergungen durch.

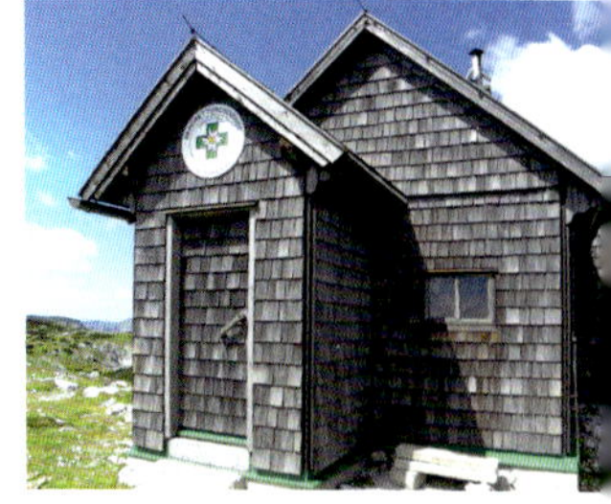

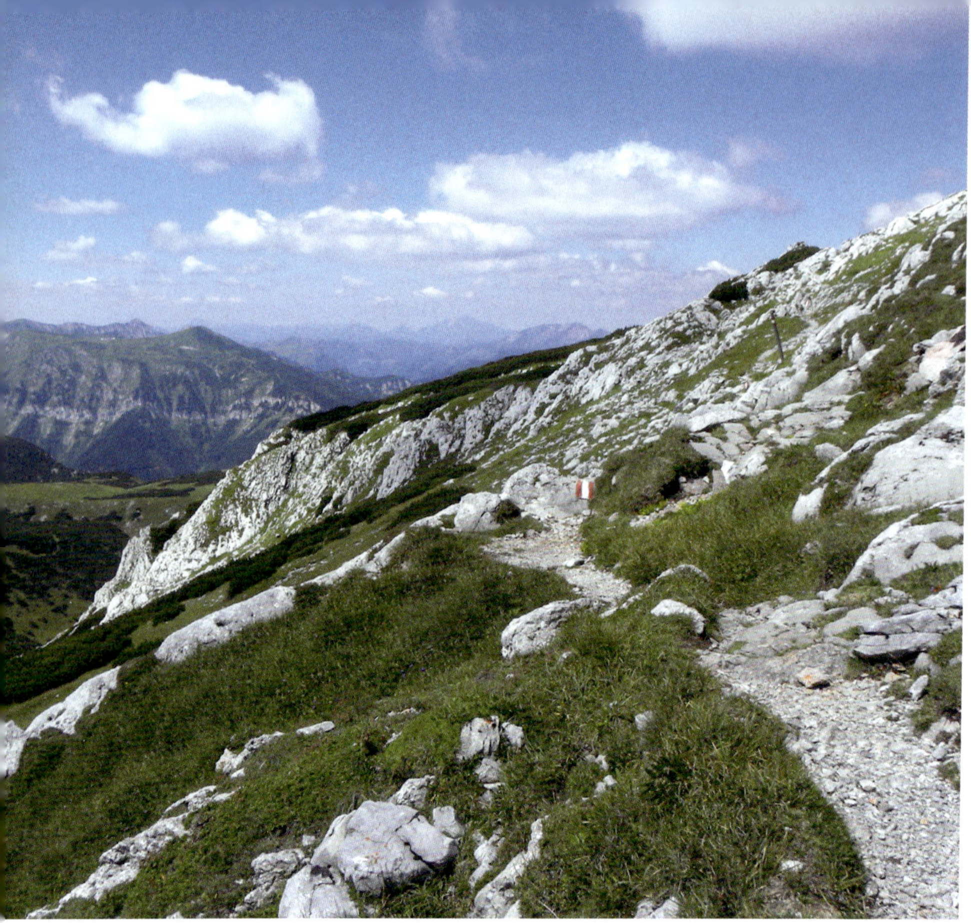

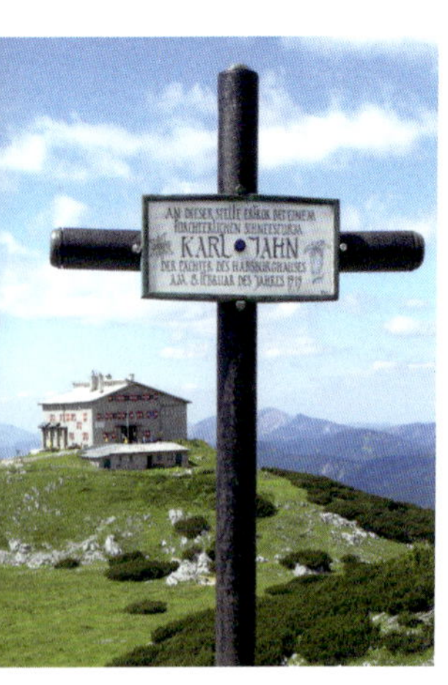

Nun nehme ich den (von Tour 9 bekannten) Verbindungsweg zwischen Trinkstein und Habsburghaus. Wieder erfreue ich mich am mühelosen Dahinwandern. An Tagen wie diesem ist kaum zu glauben, wie gefahrvoll dieses harmlose Plateau sein kann: Schlechtwetterfronten stoßen ungebremst darauf, sodass kontinentale Kälte, vor allem bei winterlichen Ostwinden, den Berg viel unwirtlicher macht als weit höhere Berge im Westen (vgl. Maca 11). Zudem kann bei dichtem Nebel oder stürmischem Schneetreiben die Gleichförmigkeit des Plateaus verhängnisvoll werden. Es verwandelt sich dann zu einer „Schneewüste“ ohne Orientierungspunkte oder erkennbare Wege. Wie nahe das Liebliche und der Schrecken einander auf der Rax sind, illustriert ein Kreuz am Wegrand. Es erinnert

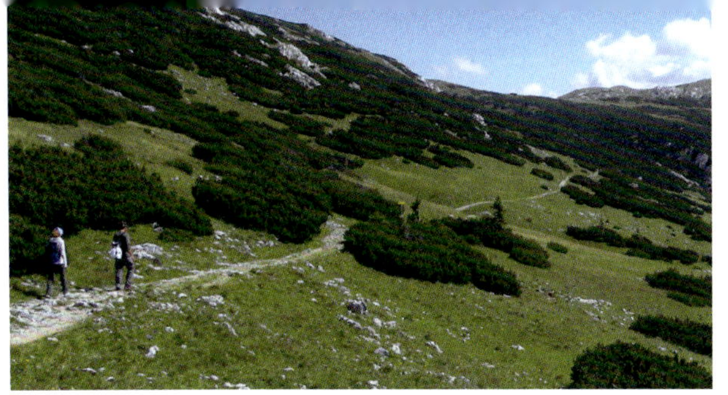

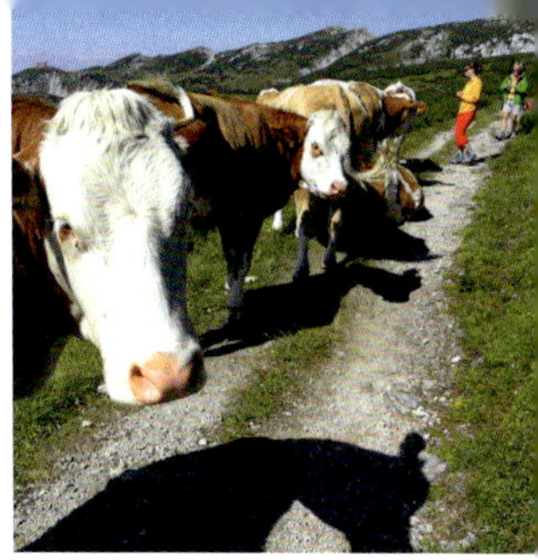

^

Helles Band durch Grün: der Pehoferweg

<

Einer der höchst attraktiven Rax-Wege: vom Trinksteinsattel Richtung Habsburghaus

v

Jahnkreuz mit dem Habsburghaus im Hintergrund

an jemanden, der diese Gegend bestens kannte – an den damaligen Pächter des Habsburghauses, Karl Jahn, der das nur etwa 250 Meter entfernte Haus trotz verzweifelter Suche nicht fand und hier am 8. Februar 1919 bei 22 Grad Minus in einem „fürchterlichen Schneesturm erfror". Seinen 25 Kilo schweren Rucksack mit den 1919 so besonders kostbaren Lebensmitteln hatte der Tote noch immer am Rücken, als man ihn fand.

Das „Habsburghaus" hat die entlegenste und erhabenste Lage aller Schutzhäuser auf der Rax – vor der besonders eindrucksvollen Bergkulisse von Heukuppe, Schneealpe, Veitsch, Aflenzer Staritzen, Hochschwab, Gesäuse, den Türnitzer und Gutensteiner Bergen – und hinunterschauend – den imposanten Kahlmäuern. Der Blick auf die blauen Silhouetten der hintereinander gestaffelten Bergwelt lässt die Seele weit werden.

Als helles Band quert der Pehoferweg den Hang mit dem dunklen Grün der Latschen und dem hellen Grün der Wiesen. Auf ihm habe ich die Heukuppe im Blick und die kleinen Sennhütten der Almen des Grasboden-, Ebner- und Taupentals.

Unterhalb des Karl-Ludwig-Hauses steige ich in den „Schlangenweg" ein, benannt nach seinen flachen, langen Serpentinen. Dieser Schotterweg ist der am wenigsten anstrengende und wohl der am meisten begangene Zubringer von und zum Raxplateau. Im Frühjahr wandern diesen Weg an den Wochenenden „Schlangen" von Tourenskifahrern hoch.

Auf den Weiden des Siebenbrunnenkessels ruhen Kühe. Ihr gelegentliches Glockengeläut begleitet den oberen Teil meines Abstiegs auf der zwischen Fichtenwäldern verlaufenden Skipiste bis zur Passhöhe Preiner Gscheid.

Als ich im Autobus zurück nach Hirschwang Platz nehme, tut Sitzen gut – nach dieser langen, schönen Raxüberquerung!

Pehoferweg

Nach Hermann & Charlotte Pehofer benannt, Gastwirte von Karl-Ludwig-Haus und Pehoferhütte. Charlotte blieb auch als Witwe auf der Rax – 27 Jahre, ohne Abstieg. Hans Pehofer, ihr Großneffe 1989 92-jährig verstorben, hatte in 400 Bergrettungseinsätzen viele Menschenleben gerettet und war eine herausragende Rax-Persönlichkeit!

13

BRANDSCHNEIDE TÖRLWEG

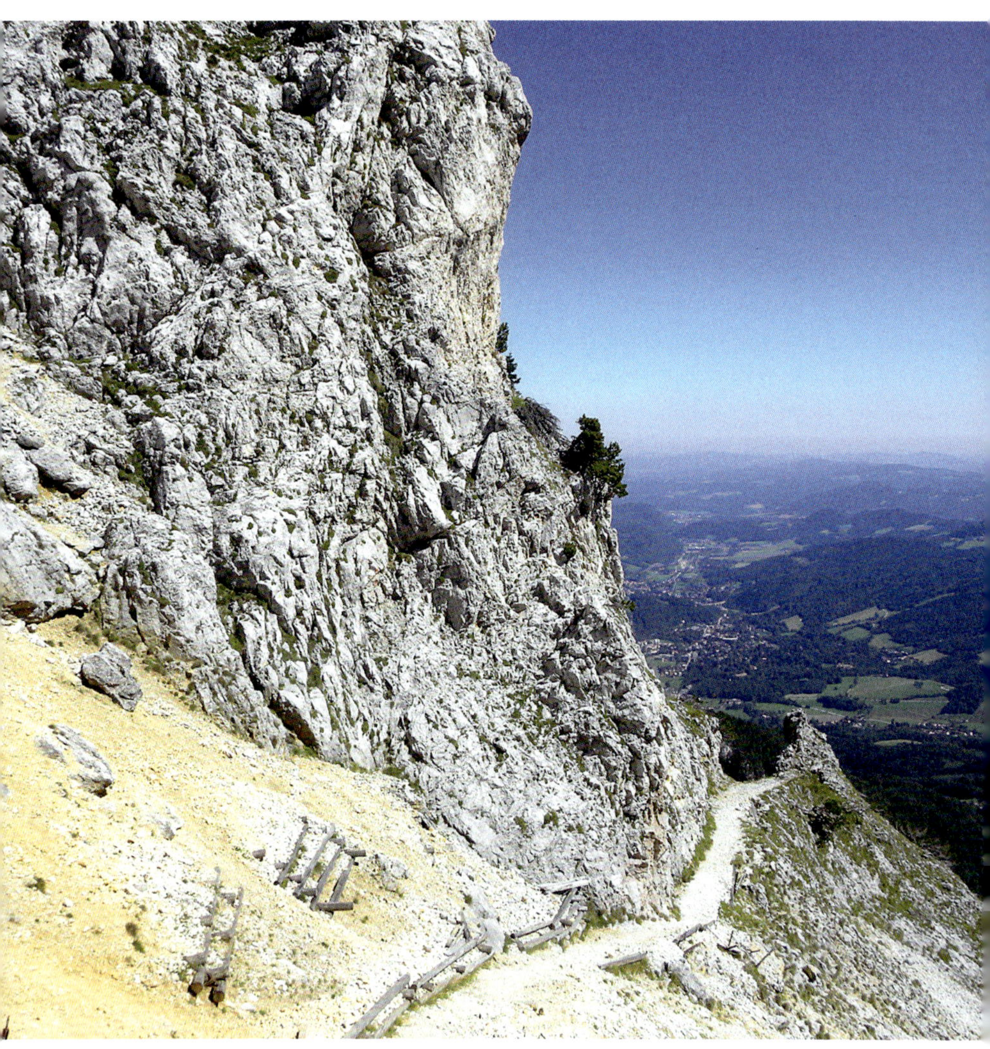

Von Kaiserbrunn hoch hinauf zum Otto-Haus und tief hinunter zum Knappenhof und Hirschwang

„Alle Lust will Ewigkeit“, sprach Nietzsches Zarathustra. Meist sitzt jedoch im Empfinden von Schönheit zugleich der Stachel des Wissens um ihre Vergänglichkeit. Der heutige Morgen aber verheißt, dass ich komplett in das lustvolle Erleben dieser allumfassenden Makellosigkeit werde eintauchen können, da sie an diesem Sommertag von Bestand zu sein verspricht.

In Kaiserbrunn folge ich vom Parkplatz der Bundesstraße ein kleines Stück flussaufwärts und biege nach dem letzten Haus links in den Wald zur Brandschneide ein. Auf kleinen Serpentinen ansteigend komme ich rasch höher. Mehrfach öffnet sich ein Ausblick ins Höllental. Es ist mehr als Gefallen, was mich ergreift angesichts der blauen Schleier über fernen Bergen und der dunklen Schatten im Tal: Da ist auch ein Ziehen im Herzen, etwas wie Sehnsucht. Vermutlich hat es mit diesem unmodernen Begriff „Heimat“ zu tun – und mit etwas darüber Hinausgehendem, Unnennbarem.

Nach Zurücktreten des Waldes wird das Gelände alpiner, der Anstieg schweißtreibender. Ein Stahlseil führt den Fels entlang. Gämsen springen behände über das Geröll, sonst ist es still und menschenleer. Drei Föhren auf einer Felskuppe laden zur Rast. Ich setze mich. Auf jeder Föhrennadel glänzt das Licht. Der Himmel ist vollkommen klar. Sein Blau reicht von tiefem Vergissmeinnichtblau bis zu einem fast weißlichen Ton an den Horizonten. Indigofarbene Schatten liegen auf kalkweißen Felsen. Ich jausne, schreibe und genieße den Blick auf Schneeberg, Stadelwand, Krummbachstein, Mittagstein, das Große und das Kleine Wolfstal. Meine Reglosigkeit verführt ein Eichkätzchen dazu, sich mir zu nähern. Als es mich bemerkt, verschwindet es in Blitzesschnelle.

Zwischen Felsen und Schrofen geht es auf aussichtsreichen Geröllhalden weiter. An manchen Stellen wäre Ausrutschen gefährlich. Stahlseile helfen bei der Überwindung einer Felsstufe. Der Name der Brandschneide geht zurück auf ein Feuer, das 1859 während mehrerer Tage den Wald vernichtet hatte. 28 Jahre später, am 24. Februar 1887, suchten Hans

Also sprach Zarathustra „Ich bin ein Wanderer und Bergsteiger, sagte er zu seinem Herzen, ich liebe die Ebenen nicht, und es scheint, ich kann nicht lange stillsitzen.“ (Nietzsche 193) Friedrich Nietzsche (1844–1900) ist während seiner sieben Sommer in Sils Maria täglich bis zu sieben Stunden gewandert und war, mehr noch als sein Lehrer Arthur Schopenhauer, der große Wanderer unter den Philosophen.

<

Am Törlweg wandert man direkt ins weite Land hinaus

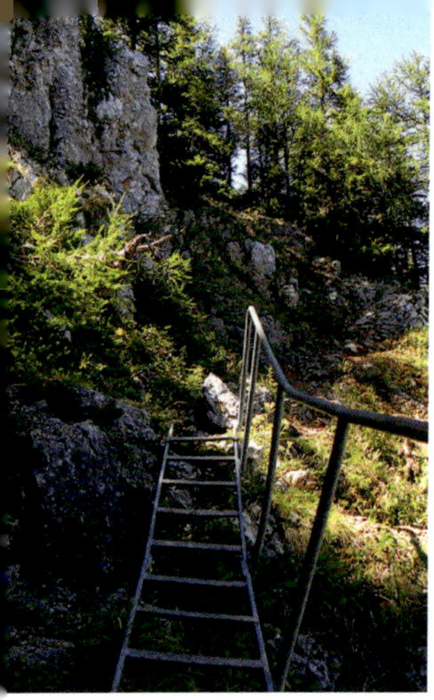

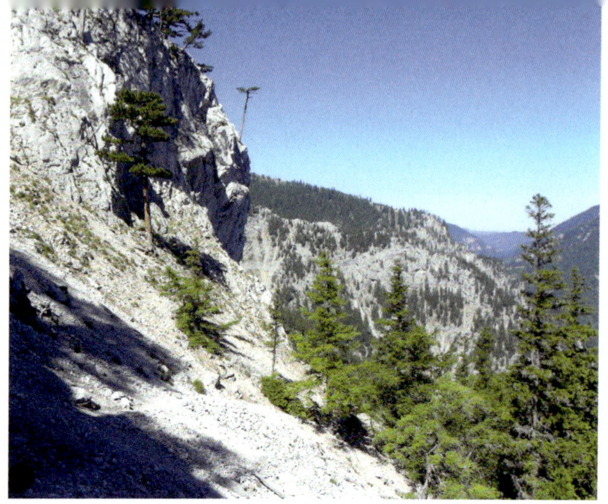

Buchdrucker
Ips typographus, auch (Großer achtzähniger) Fichtenborkenkäfer. Forstschädling, legt seine Brut in die Rinden der Wirtsbäume. Für ihre Vermehrung ist der Temperaturablauf entscheidend. Bei mind. 15 Grad ab April ist mit drei Käfergenerationen zu rechnen – und der Vertausendfachung ihrer Population ...

Camillo Kronich
(1876–1958) Die Schutzhütten und ihre Pächter spielten eine wichtige Rolle in der Geschichte der Bergerschließung. Auf der Rax ist Camillo Kronich diesbezüglich sicher herausragend.

^
Auf der Brandschneide

Wödl und Franz Morelli bei Tiefschnee eine Route durch diese Brandschneide. Aber ihr Weg blieb daraufhin wieder 16 Jahre unbegangen – bis „D'Reißtaler" 1903 einen Steig mit einigen Versicherungen anlegten. Finanziert hat auch das Camillo Kronich, weshalb der obere Wegteil 1962 nach ihm benannt wurde. Weiterhin wechseln nun Waldpassagen mit Geröllhalden, da und dort von einem Stahlseil oder einer Leiter versichert. Je höher man steigt, desto weiter wird der Blick über Felskämme und Fichtenwälder hinaus ins Reichenauer Tal.

Oben klingt der Wind seidig in den Lärchen und Fichten. Dann folgt ein Gebiet, auf dem Baumstämme kreuz und quer am Boden liegen. Heute sind hier das Heulen von Motorsägen, das Krachen von Ästen und der Geruch von Holz, Harz und Motoröl wahrzunehmen. Holzfäller schöpsen die Rinde der eben gefällten Bäume. Ich frage einen Mitarbeiter der MA 49, des Forstamtes der Stadt Wien, nach der Todesursache dieses Waldes. Er erklärt: „Schuld an diesem Desaster ist der ‚Buchdrucker' – ein Käfer, dessen Larvengänge an die Lettern der alten Buchdruckerkunst erinnern." Um dem Käfer seine Brutplätze unter der Rinde zu entziehen, werden die befallenen Bäume gefällt und entrindet. „Das muss leider sein", fügt er hinzu und ich verabschiede mich, angetan von der Pflege, die unsere Wälder erfahren. Nach Einmündung des Weges in die Skiabfahrt Schoeller folgt eine längere Hangquerung.

Sodann steige ich den Wiesenhang, genannt „Schlauch",

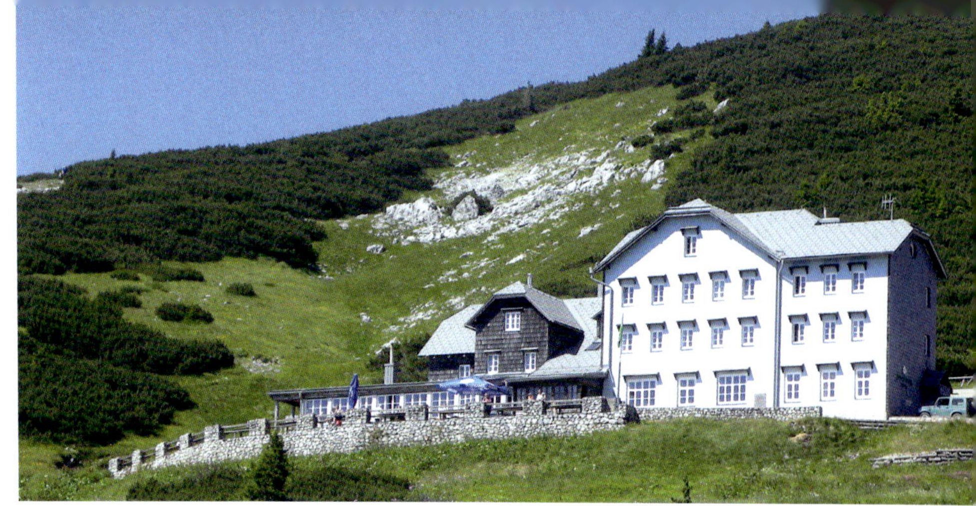

hinan zur Bergstation der Rax-Seilbahn. Nach drei Gehstunden und 1000 Höhenmetern Aufstieg lange ich dort an. Damit bin ich im Trubel. Auf der Terrasse bewundern Menschen die grandiose Aussicht auf deutsch, ungarisch und tschechisch und es ist eine rechte „Völkerwanderung" zum Otto-Haus, der ich mich nun anschließe.

Angesichts der Beliebtheit des Otto-Hauses überrascht, dass es erbaut wurde, weil die Sektion Reichenau des Alpenvereins 1891 mit nur 28 Mitgliedern um ihren Bestand fürchtete und sich daher zum Bau entschloss. Seine kaiserliche Hoheit Erzherzog Otto gestattete sodann, dass das Haus seinen Namen führt, und nun begann eine wahre Erfolgsgeschichte: Fast sechzig Jahre lang wurde es von einem legendären Marketinggenie geführt – Camillo Kronich. Er initiierte und finanzierte die Anlage von Klettersteigen, Wegen und Skiabfahrten, protegierte den Wintersport sowie den Bau der Rax-Seilbahn und begründete ein wahres Kronich-Imperium samt Hotel und Pension, Garage, Tankstelle sowie Transport- und Autobusunternehmen. Als passionierter Fotograf machte er eindrucksvolle Schwarz-Weiß-Aufnahmen von „seiner" Rax, publizierte einen Bildband über sie und bewarb den Berg in Vorträgen, die ihn bis nach Berlin führten (vgl. Pap RS 168). Als Gastronom fand er die rechte Sprache für Menschen unterschiedlicher Kreise. Tatsächlich war sein Schutzhaus um 1900 en vogue bei der feinen Wiener Gesellschaft. Im Otto-Haus

Otto-Haus
1644 m, als zweites Schutzhaus auf der Rax 1893 errichtet. Häufige Gäste der Frühzeit waren u. a. Sigmund Freud und Julius Wagner-Jauregg. ÖAV-Schutzhaus.

Bergbekleidung um 1900
Damals war die Senke vor dem Schutzhaus das erste Übungsgelände unzähliger Skischüler. Infolgedessen musste sich Kronich der Bezirkshauptmannschaft Neunkirchen gegenüber persönlich verpflichten, dass Damen nur beim Skilauf im „Lavoir" Hosen trugen, sich aber in Röcken zu Tal begaben …

^
Schutzhaus mit Fin-de-Siècle-Flair: das Otto-Haus

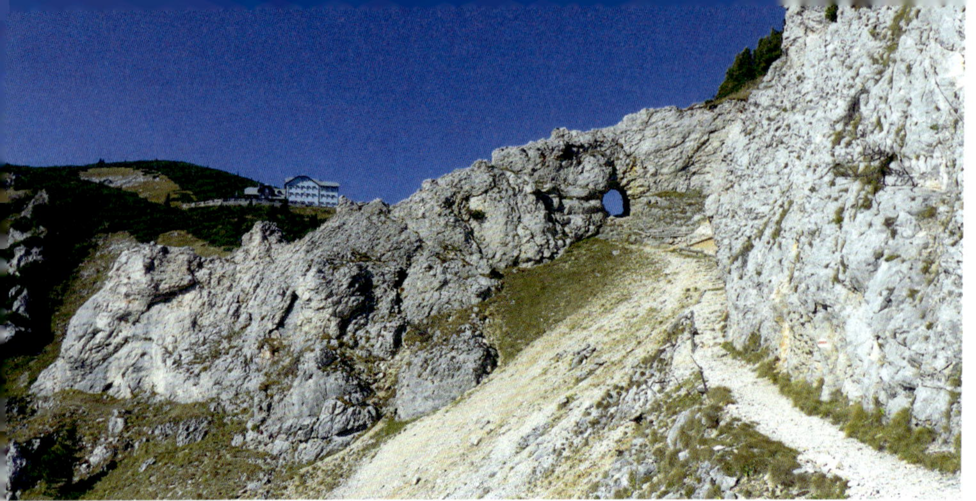

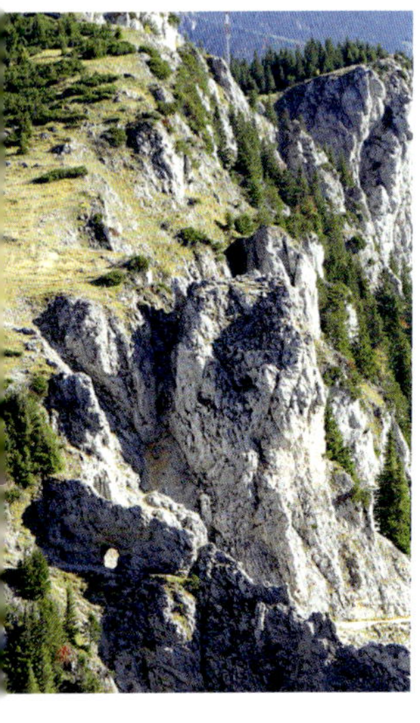

Otto Emil Barth
(1876–1916) Maler, Grafiker, Bergsteiger. Der Freund Gustav Jahns nannte die Rax seine „Schule des Sehens".

∧
Das Törl/der obere Törlweg mit den Vormäuern

erwartete sie ein separater Speisesaal mit weißer Tischwäsche, Porzellan, livrierten Kellnern, ein Damenzimmer und eine Speisekarte, die neun Champagnersorten inkludierte – wobei ja alles auf den Berg hinaufgeschleppt werden musste (vgl. Kos E 302). Für andere Gäste gab es das „Bergsteigerstüberl". Auf dessen holzverschalten Wänden hängen auch heute Kronichs Raxfotografien und Gemälde seiner Freunde Emil Schaffran, Otto Emil Barth etc. Mit Inbetriebnahme der Rax-Seilbahn 1926 setzte ein wahrer Run auf das Otto-Haus ein. Um 1928 beschäftigte Kronich bis zu zwanzig Angestellte, im Winter drei Skilehrer (vgl. Braun 96).

Bei seiner Sanierung 1996 hat der ÖAV darauf geachtet, die Jahrhundertwende-Ausstrahlung des Hauses zu erhalten. Die Seilbahnnähe macht es heute zum meistfrequentierten Schutzhaus auf der Rax und seine Speisekarte ist dreisprachig. 50 Meter neben dem Haus erinnert ein 1931 errichtetes Denkmal an Dr. Fritz Benesch, dessen „Spezialführer auf die Raxalpe", 1894 erstmals veröffentlicht, maßgeblich war für den Tourismus. Dann besuche ich den Alpengarten unterhalb des Otto-Hauses. Er bezeugt die Zuwendung seiner Betreuer, der Ortsgruppe Gloggnitz der NÖ Berg- und Naturwacht: Schilder mit lateinischen und gebräuchlichen Namen bezeichnen jede Spezies. Eine Tafel listet die wichtigsten geschützten Pflanzen wie Enzian, Edelweiß, Kohlröschen, Frauenschuh, Seidelbast, Feuerlilie und Türkenbund auf. Tröstlich ist zudem zu lesen,

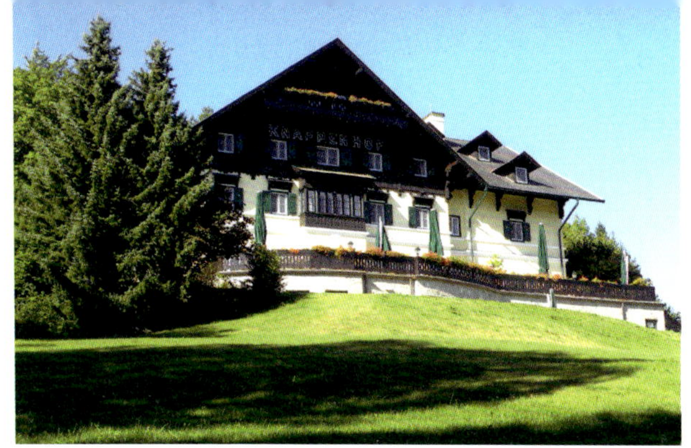

<
Stattlicher Knappenhof

v
Silberdistel, *Carlina acaulis*

dass es das gibt – eine „Verordnung der NÖ Landesregierung über den Schutz wildlebender Pflanzen und freilebender Tiere".

Der Törlweg ist mit seinen aussichtsreichen Passagen einer der attraktivsten Rax-Touren. Er führt in langen Kurven über 1000 Höhenmeter hinunter nach Hirschwang. Auf ihm ist das Baumaterial für das Otto-Haus hinaufgekarrt worden. Das große in den Fels geschlagene Tor, das „Törl", fokussiert den Blick. Gleich danach führt der Weg an Felsen vorbei und quert Geröllhalden. Erst führen Serpentinen über aussichtsreiche Hänge, dann durch Waldgelände. Das Lammel-Brünnl sorgt für Erfrischung. Unten vereinigt sich der Törlweg mit der Skiabfahrt Schoeller und wird schließlich zu einem ebenen Weg mit Blick auf die idyllische Kleinau. Unterwegs passiert man ein Huthaus, das an den ehemaligen Bergbau erinnert. Den stattlichen Knappenhof hatte Camillo Kronich als Quartier für die „Nachttouristen" erbaut, jene aus Wien um Mitternacht anlangenden Dienstnehmer, die auch samstags bis 20 Uhr arbeiten mussten. Heutzutage lässt es sich auf seiner sonnenreichen Aussichtsterrasse fein speisen. Das Vier-Sterne-Wellness-Hotel und Restaurant frequentieren im Sommer u. a. Schauspieler und Gäste der Festspiele Reichenau, die mit renommierten Darstellern besetzte, sehr gefragte Theaterproduktionen zeigen.

Über Wiesen und durch Wald verläuft das Finale meines zweieinhalbstündigen Abstieges nach Hirschwang – erfreut vom Anblick der über die Wiesen schwebenden Fliegen, Bienen und Schmetterlingen, dem Zirpen der Grillen und dem Säuseln eines „Lüfterls" in den Bäumen …

Alpengarten
4000 m² mit ca. 200 Vertretern der heimischen Alpenflora.

Knappenhof
768 m, 2011 komplett renoviert, elegant-alpenländisch möbliert.

Rax-Tourismus um 1900
Samstag mitternachts mit dem „Raxzug" in Payerbach angelangt, wanderten Touristen mit Laternen Richtung Höllental, Preinerwand oder Kahlmäuer und biwakierten dort. Sonntag mitternachts kehrten sie nach Wien zurück. Besserverdienende stiegen schon Samstag nachmittags zu den illustren Berghotels auf.

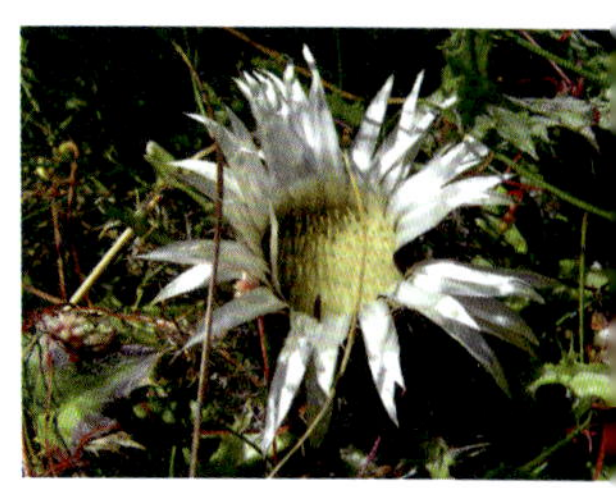

14

HOLZKNECHTSTEIG GÖBL-KÜHN-STEIG

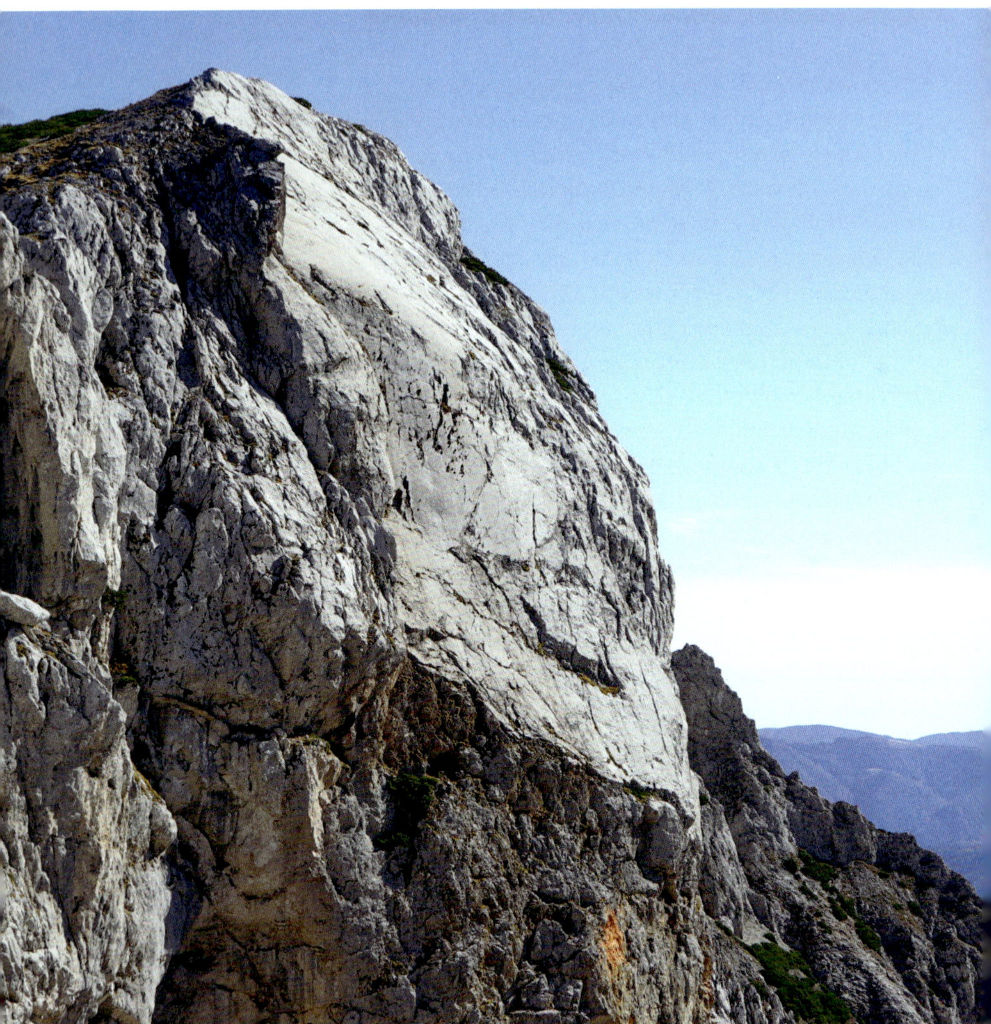

Rundtour von der Griesleiten zu Füßen des imposanten Felsmassivs der Preinerwand mit Einkehr in der Seehütte

An diesem wolkenlosen Septembertag fahre ich in das friedliche Griesleitental zu Füßen der Rax. Ab dem Autoabstellplatz folge ich zunächst der flachen Forststraße, deren Kurven ich mehrfach auf steilem Pfad abkürze. Auf Höhe der Bachleiten biege ich Richtung Preinerwandsteig rechts ab. Mäßig steil geht es nun durch einen dunklen Wald hinauf zum Bachingerbründl, dessen kaltes Wasser mich köstlich erfrischt.

Kurz darauf trete ich aus dem Wald hinaus auf die Schütt – die große, helle Geröllhalde am Fuße der Preinerwand – und bleibe wie gebannt stehen – so beeindruckend weiß und erhaben ragt das Felsmassiv in das tiefe Himmelsblau …

„ACHTUNG: Mühsame Wegstrecke mit starken Erosionen & Steinschlaggefahr (Nur für Geübte)" war vorhin über diesen Weg auf einem Schild zu lesen – und es stimmt: Es gibt bequemere und gefahrlosere Anstiege als den Holzknechtsteig durch dieses große Schotterkar, was mir an ihm aber gefällt, ist seine Nähe zur imposanten Felskulisse der Rax, wodurch man dieses mächtige und in seiner Breite sonst nicht erfahrbare Preinerwandmassiv aus ungewohntem Blickwinkel, nämlich von ihrem Wandfuß aus, erlebt. „Zwei Schritte hinauf, einen zurück," wird vielfach mit einem Anstieg durch solches Gelände assoziiert. Abrutschen lässt sich vermeiden, indem man den ganzen Fuß flach auf den Boden setzt und eher vorne belastet. Wenn man die Schütt hingegen hinunterläuft, setzt man die Fersen fest ins Geröll und rutscht jeweils ein paar Meter mit ihm ab. Ich liebte das früher besonders, mitsamt Staub und polternden Steinen … Dieses Vergnügen hat sich jedoch vermindert, weil Regen so viel Gestein aus der Schütt abtransportiert hat, dass vielerorts der blanke, harte Boden zutage tritt.

Das schöne Wetter hat viele Kletterer angelockt. Zwei stehen auf der berühmt-berüchtigten, langen und fast senkrechten Leiter am Beginn des versicherten Haidsteiges, vier weitere legen gerade ihre Klettersteigsets an. An Wochenenden kommt es hier zu regelrechten Staus … Der Andrang ist kein Wunder, ist der Haidsteig doch „… unbestritten der Top-

Bachingerbründl
1976 von den Holzknechten der Gemeinde Wien gewidmet, 2006 von Dieter und Hans Dirnböck erneuert.

Holzknechtsteig
Wurde im ersten Jahrzehnt des 20. Jh. von der in Weidlingbach 1875 gegründeten Alpinen Gesellschaft „D'Holzknecht" angelegt, betreut wird er heute vom ÖTK, Sektion Raxgmoa.

Haidsteig
Wie der Alpenvereinssteig wurde auch dieser von Camillo Kronich, Gustav Jahn und August Čepl angelegt. 1913 eröffnet, benannt nach dem damaligen Reichenauer Bürgermeister und Alpenvereinsobmann Hans Haid von Haidenburg. Die erste Madonna am Haidsteig hatte Adi Krebetz geschnitzt. In abenteuerlicher Aktion wurde sie sodann von Naz und Hias Gruber an ihren Platz transportiert. Heute steht dort eine neuere Statue.

<
Blick auf das alpine Herz der Rax, die Preinerwandplatte

Malersteig
Nahe dem Haidsteig. Erstbegangen am 22. April 1901 von Gustav Jahn und Otto Barth, beide herausragende Bergsteiger und Maler, bekannt vor allem für ihre Darstellung von Bergmotiven.

Klettersteig am östlichen Alpenrand. Gespickt mit allem, was einen echten Klassiker ausmacht: einmaliges landschaftliches Ambiente, schwindelerregende Tiefblicke, beachtliche Länge, große anhaltende Schwierigkeiten, spektakuläre Einzelstellen, abwechslungsreicher Verlauf" (Szépfalusi 195).

Nun führt der Anstieg über das helle Schotterfeld zwischen der Preiner- und der Königschusswand. Trocken, staubig und heiß ist es in dieser Steinwüste. Ich mache mir ein Spiel daraus, unter meinen Schritten so wenige Steine wie möglich zu bewegen, bleibe aber auch häufig stehen, das Grün der Wälder, das Blau des Himmels, das Weiß des Gesteins betrachtend.

Es folgt ein schweißtreibender Zickzack-Pfad hinauf durch grob verblocktes Gelände, der Königschusswand entlang. Nun bin ich unterhalb der Preinerwandplatte angelangt – jener wie geschliffen glatten Felswand (S. 114), die als optisches Zentrum des Massivs alle Blicke auf sich zieht. Eine berühmte Tour reiht sich hier an die nächste. Heute sind viele Kletterer unterwegs. Ich schaue ihnen zu. Unter ihren Sohlen ist nichts als Luft, über ihren Köpfen nur der Himmel. Aus der Wand ertönen vertraute Geräusche: Seilkommandos.

Am Raxplateau angelangt, setze ich mich unterhalb des Seeweges hin, um zu schauen: Im obersten Abschnitt des Massivs ist der Drei-Enzian-Steig, den der berühmte Psychiater Viktor Frankl so geliebt hatte. In der „Direkten" und in der „Westlichen" (Preinerwandplatte) sind Seilschaften, andere am Malersteig, und eine Gruppe rastet bei der Madonna am Haidsteig ... Und vor mir steht die Königschusswand wie ein riesiger Schulterknochen vor dem Grün der Wälder dahinter. Ihren Namen erklärt Kaiser Maximilian I., auch „der letzte Ritter" genannt, in seinem Buch *Weißkunig* höchstpersönlich: Er hatte um 1490 hier einen hoch oberhalb von ihm stehenden Gämsbock mit seiner Armbrust erlegt. Dieses Meisterschusses eingedenk, bekam der Felsen seinen Namen (vgl. Toplitsch S 70) – die „unverkennbar habsburgische Note" (Komarek 147) der Reichenauer Historie hat Tradition! Wind kommt auf.

^
Kletterin im Vorstieg in der Westlichen Preinerwandplatte

^ ^
Seilschaft in der Direkten Preinerwandplatte

v
Bergsteiger, die Schütt im oberen Bereich querend

v v
Seilschaft in der Westlichen Preinerwandplatte

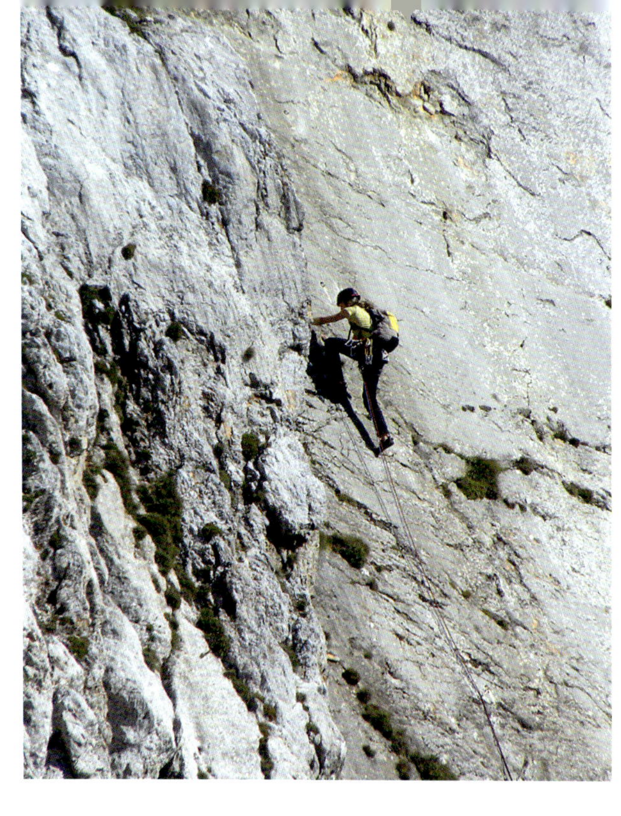

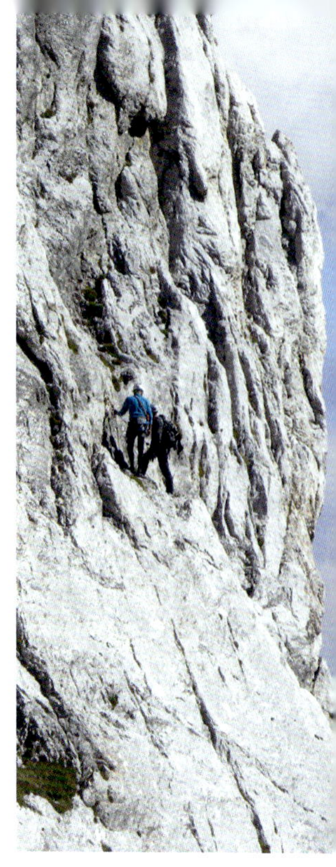

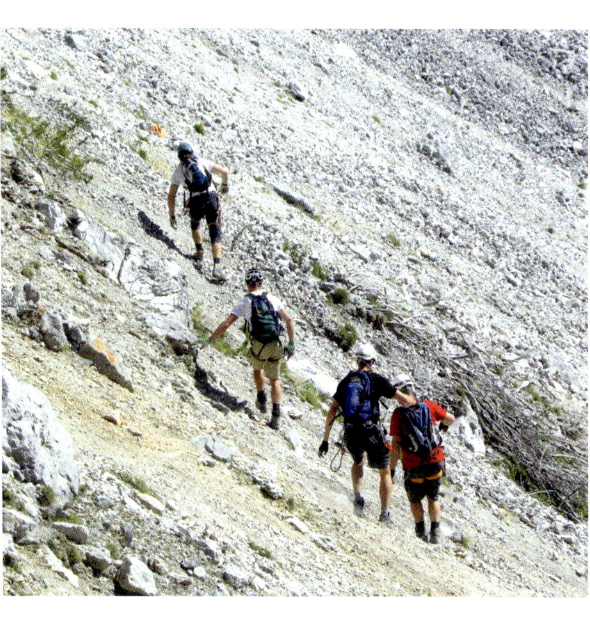

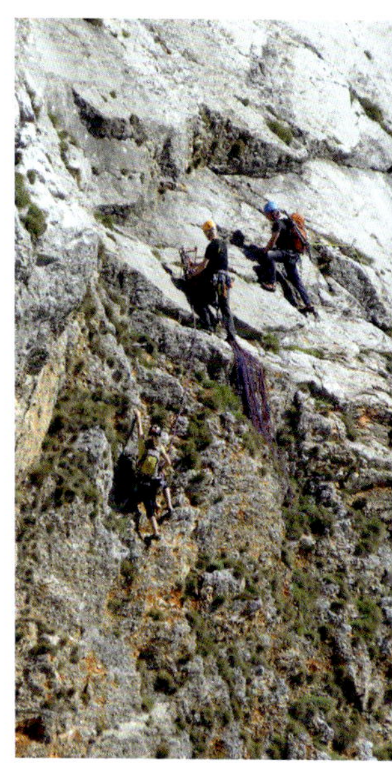

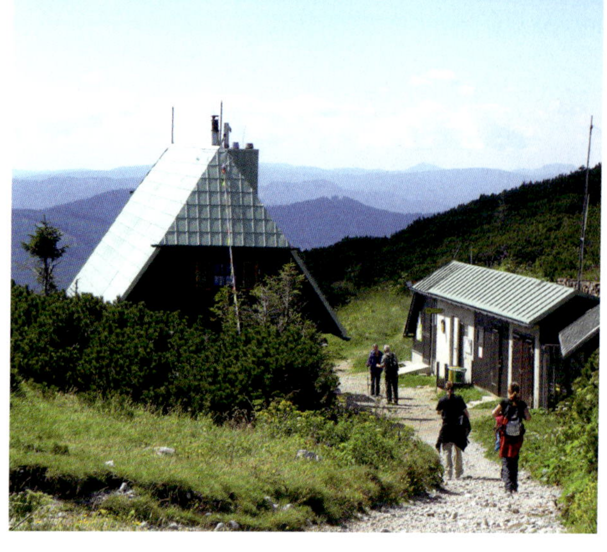

Seehütte
1643 m, ÖTK-Hütte, keine Nächtigungsmöglichkeit. Ab 1952 errichtet, erst „Höllentaler-Holzknecht-Hütte" genannt, später „Seehütte" nach einem einstigen Seelein bei der „Alten Seehütte", die von 1894 bis 1946 am Grünschacherplateau gestanden hatte. Die Familie Eggl ist der Hütte eng verbunden: Josef Eggl war bis 1964 ihr erster Pächter. Von 1975–1992 folgte Friedrich, genannt „Max", Reichenpfader. Seither führt Franz Eggl die Seehütte.

Göbl-Kühn-Steig
1921 von „D'Holzknecht" (inzwischen ÖTK) angelegt und benannt nach Obmann Franz Göbl und Kassier Henry Kühn.

Er klingt ungewohnt, weil er nicht durch die Äste von Bäumen fährt, sondern in die bodennahen Latschen. Es wird kühl. Ich ziehe Schicht um Schicht an. Den Kletterern in den Felsen drüben wird wohl kalt sein.

Wenige Minuten später bin ich bei der kleinen, holzverschalten Seehütte. Auf ihr flattern buddhistische Gebetsfahnen, weil Franz Eggl im Sommer nepalesische Mitarbeiter hat. Die braucht er auch: Die allseits beliebte Hütte wird, zumal im Sommer, stark frequentiert! Trotzdem lässt Franz Eggl, der Bergrettungsmann ist, immer wieder alles liegen und stehen, um Verunfallten zu Hilfe zu eilen. Heute empfiehlt er mir Hirsch aus eigenem Gehege – „Mehr Bio geht nicht!", sagt er. Und es schmeckt sehr gut. Eben kommen Bergsteiger von ihrer Tour zurück, behängt mit Seilen, Friends und Karabinern – deren Klimpern mag heute anders klingen, aber daran, dass der Einzug der Kletterer dem von Matadoren in die Arena ähnelt, hat sich in all den Jahren nichts geändert, stelle ich schmunzelnd fest.

Von hier wende ich mich dem beliebten Göbl-Kühn-Steig zu. Dabei traversiert man durch eine Latschengasse einen weiten Hang und passiert zunächst die Steinemannrinne, eine extrem steile Skiabfahrt. Sodann tritt man aus den Latschen und quert zwei weitere beliebte Abfahrten – die Haubenleiten und den

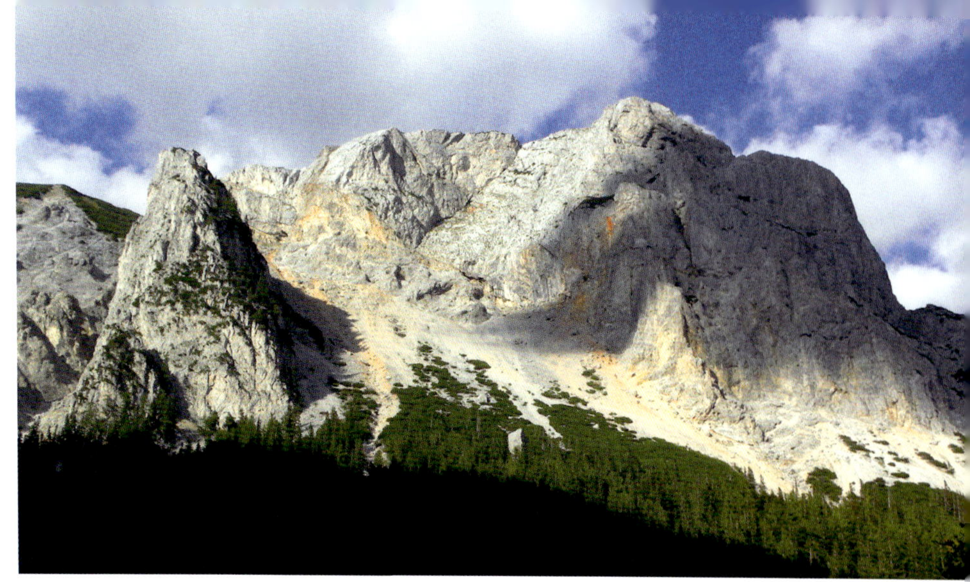

Langen Mann. Im Winter kann die ganze Flanke pickelhart vereist sein. Ausrutschen ist dann lebensgefährlich, und nur erfahrene Steigeisengeher können die lange Querung bewältigen. Jetzt aber ist das ein gemütlicher Weg mit wunderbarem Blick auf die Preinerwand, das Reichenauer Tal und den mit seiner Ausstrahlung von Stille faszinierenden Wald auf dem Neukogel. Eine Viertelstunde nach dem Langen Mann führt der Weg ein kurzes Stück durch Fichten- und Lärchenwald. Hier ist in der Kurve eine Stelle, wo es im Falle eines Sturzes weit hinunterginge ... Nach einem kurzen Stück mit erneutem Ausblick taucht der Weg endgültig in den Wald ein.

Kurz vor dem Waxriegelhaus biege ich bei einer kleinen Wiese links ab und folge der gelben Markierung durch den Wald hinunter Richtung Griesleiten. In der Bachleiten verfärben sich die ersten Buchen. Ich schaue hinauf zu den erhabenen Felsen über ihnen. Der Abend ist da: Jetzt ist es kühl, die Schatten sind lang und die Wände menschenleer. Der Berg gehört wieder sich selbst.

Nach gemächlicher Wanderung auf der Forststraße in der Griesleiten angekommen, erfrische ich mich im Grießleiten-Bächlein. Vor Jahren sah ich an seinem Rand mehrere Feuersalamander übereinanderkrabbeln. Ich hoffe, diese wunderbaren Tierchen gibt es noch hier.

∧
Königschusswand und Preinerwand von der Bachleiten aus

∧∧
Allseits beliebtes Ziel: die Seehütte

15

WASSERLEITUNGSWEG

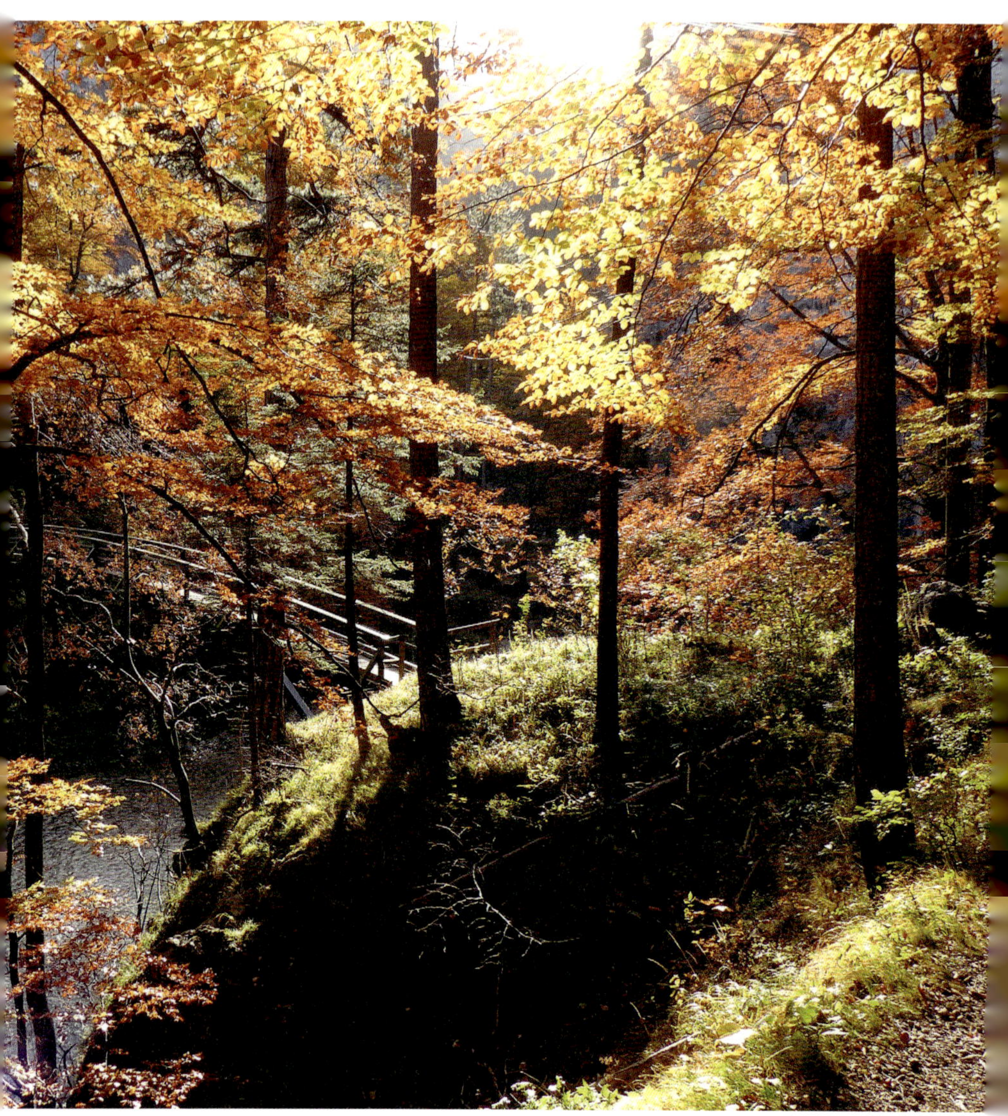

Entlang der smaragdfarbenen Schwarza
durch das wilde Höllental

„Mein“ Paradies ist das Höllental – eine Landschaft von grandioser Wildheit: Zwischen den steilen, hellen Felswänden von Rax und Schneeberg liegt dieses tiefe, dunkle Tal. Auf seinem Grund fließt die Schwarza, die diesen Spalt zwischen die Berge gegraben hat – ein smaragdgrüner Gebirgsbach, mit Wasser, so klar, dass man es trinken könnte! Das Höllental ist Landschaft gewordene Poesie! Ich liebe es wie einen Menschen.

Dieses Paradies kann man durchwandern. Denn der „1. Wiener Wasserleitungsweg“, mit Steiganlagen, Fußgeherbrücken und Versicherungen, angelegt von den Mitarbeitern der Wiener Wasserwerke (MA 31), führt entlang der Schwarza von Hirschwang nach Kaiserbrunn. Vom Ziel kann man den Bus retour nehmen oder, wegen der anderen Blickrichtung höchst empfehlenswert, zurückwandern.

Als ich an diesem wolkenlosen Oktobertag die Fußgeherbrücke rechts vor der Windbrücke in Hirschwang betrete, liegt in der Seilbahntrasse der erste Schnee, aber in der Sonne ist es ungemein mild und auf dem Wasser tanzen Licht-Sterne sonder Zahl. Nach der Wehranlage und der Leiter liegt der Fluss ruhig in seinem breiten Bett. Wie unzählige Prismen teilen die Wellen das Licht in seine Farben und lassen sie aufblitzen da und dort: orange und türkis, enzianblau und rubinrot, neongrün und zitronengelb.

Bald bin ich bei der Au mit üppigen Gräsern, Gesträuch und Bäumen. Hier ist es oft ein wenig wärmer und feuchter als sonst im Höllental. Ringelnattern verbergen sich im Dickicht und blau schimmernde Libellen schwirren wie Hubschrauber darüber hin. Wie ein großer Spiegel reflektiert das seichte Becken den Himmel, die Bäume, das Ufer. Ihre darin zitternden Abbilder ändern sich unaufhörlich. Aus anderer Perspektive sieht man sich darin wiegende Wasserpflanzen, einen sich scheinbar wellenden Schottergrund und Forellen mit Hai-ähnlichen Schatten. Wenn sie ein Ziel im Visier haben, schnellen sie darauf zu wie der Pfeil aus der Armbrust.

Auf ebenem Weg durch den Föhrenwald nähert man sich

Höllental

Das 1343 „gross Hellental“ genannte Tal hat seinen Namen angeblich von *„Hel“*/*„Helia“*, der germanischen Göttin der Unterwelt.

Schwarza

Ihr Unterlauf wurde 863 als Schwarze Ache (ahd. *suuarzaha*) erwähnt. Nach ihr ist das ganze Tal von ihrer Quelle bis zur 78 km entfernten Mündung in die Leitha benannt.

v

Die glasklare Schwarza

<

Wasserleitungsweg nahe der Fußgeherbrücke, flussabwärts

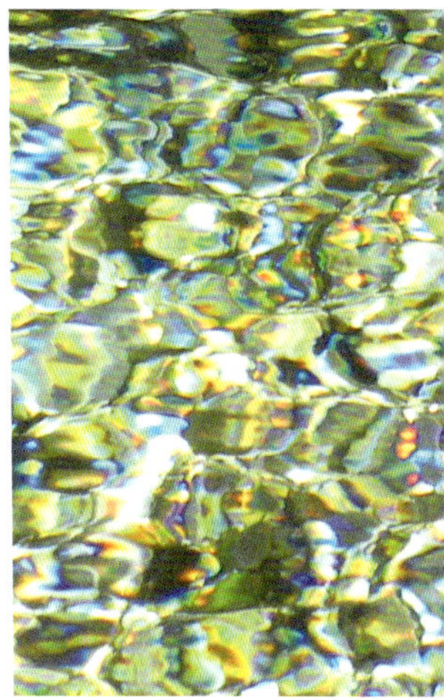

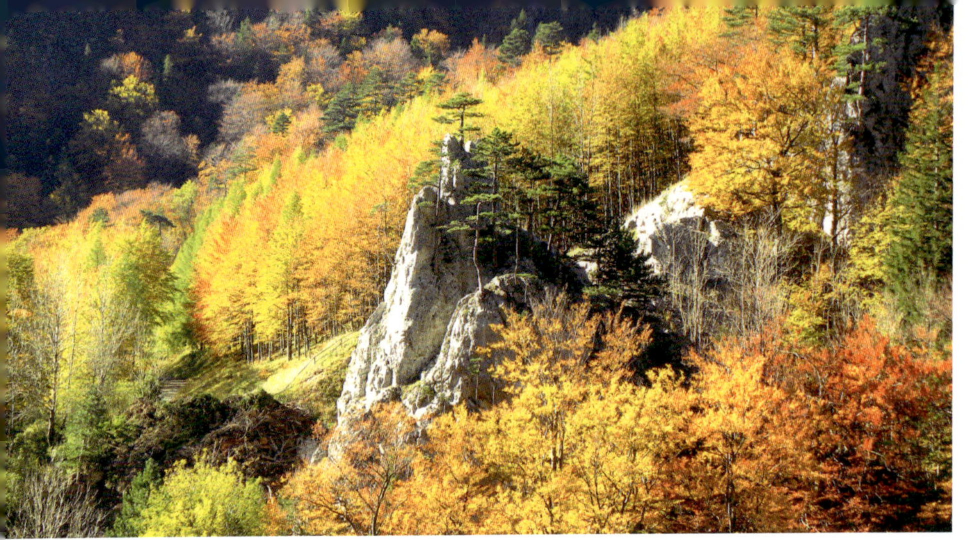

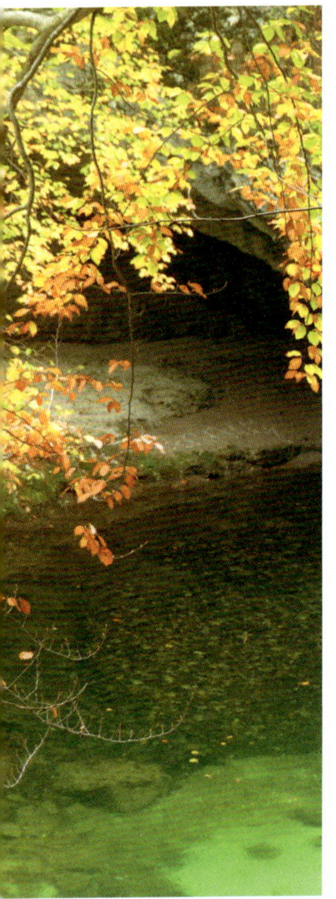

nun einer überhängenden, grau-rosa Felswand. Eine Metallleiter und ein in den Stein geschlagener Pfad umrunden den Rücken, dann ist man an der Schwarza und schaut von einer Aussichtskanzel unter Föhren auf das sonnige, fast weiße Schotterufer gegenüber.

Nach kurzer Passage auf der Trasse der Hochquellenleitung beginnt der Weg anzusteigen. Hier genießt man herrliche Blicke ins Höllental, hinunter auf den im Licht gleißenden Fluss und die von Weiden überwucherte, von Einheimischen geliebte „Insel" – so genannt, weil sie früher von zwei Flussarmen umgeben war, wobei rechts der Hauptarm war. Gegenüber ist auch der kleine Felssolitär beim Weißen Steinbruch zu sehen. Es ist ein Bild perfekter Harmonie – und eines, das für mich das „Japanische" am Höllental bildlich zusammenfasst.

Von der Felskante der nun erreichten Anhöhe schaut man tief hinunter zur Schwarza und hinauf zu den Felswänden von Klein- und Großofen. Den folgenden Hang steige ich in acht Kehren ab. Aus dem schattigen Tal hinaufschauend sehe ich die Blätter der Buchen in Gold, Kupfer und Bronze leuchten. Davor ragen ihre Stämme schwarz in das Himmelsblau. Etwas Jubelndes ist bei solchen Anblicken in mir und auch eine Wehmut. Flussab ist die Schwarza ein Strom flüssigen Goldes …

Wo sich der Weg ebnet, sieht man einige Holzstümpfe aus dem Wasser ragen. Sie erinnern an den 1799 gebauten,

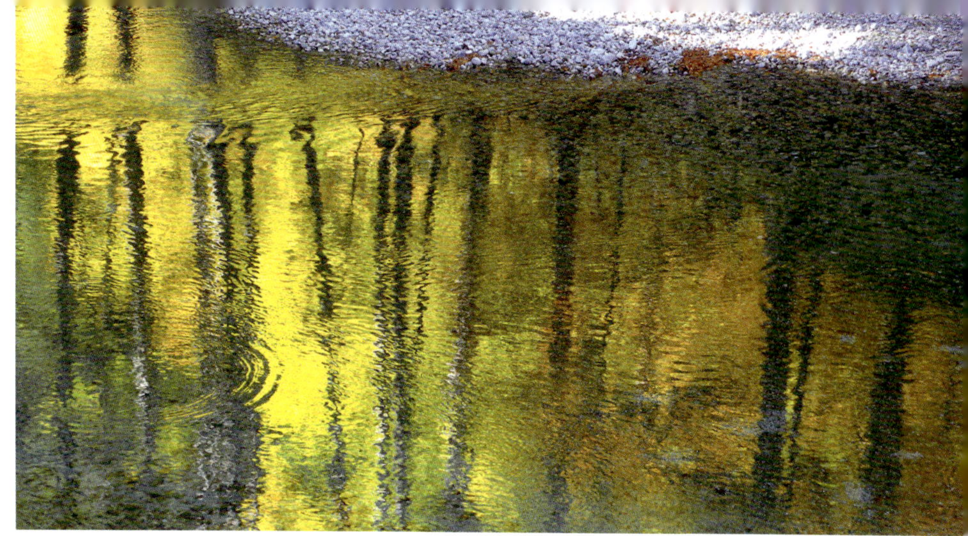

größten Holzrechen des Tales. Nun wandere ich weiter flussauf bis zur langen, schrägen Steiganlage entlang eines Felsens. Von ihr hat man einen schönen Blick zur Rechenbrücke und zur imposanten Hirschenmauer, deren Name auf Treibjagden zurückgehen soll, bei denen Hirsche zum Absturz über die mächtige Steilwand getrieben wurden. Wenig später schneidet der Weg den Fuchslochgraben und quert dann bei der Rechenbrücke erstmals die Höllentalbundesstraße.

Hier ist ein besonders malerischer Fleck an der Schwarza: Ein helles Ufer schmiegt sich zu Füßen der schwarz-weißen Hirschenmauer an den Fluss und nahebei ragt ein föhrenbestandener Fels wie ein Kiel in das gischtende Wasser ...

Nach der Fußgeherbrücke über die Schwarza steigt der Weg zum zweiten Mal sacht an. Hier ist das Bachbett breit und gerade, das Wasser fließt gemächlich und seinem Klang fehlt das Wilde. Selbst an diesem Schönwettertag ist es nun schattig, im Winter trifft die meisten dieser Ufer monatelang kein Sonnenstrahl. So harmlos das Höllental an Tagen wie diesem auch wirkt, neben Sturm und Steinschlag sind vor allem Hochwasser und Lawinen häufige Gefahren. Die Eisenkette an der Wegkuppe wirkt übertrieben, aber ich habe diesen Hang schon derart pickelhart vereist erlebt, dass seine Begehung nur mit Steigeisen möglich gewesen wäre. Nach einigen Kehren bergab quert man die Straße bei der Abbrennbrücke.

Rechenbrücke

Der Name erinnert an den Holzrechen, an dem sich die Baumstämme beim Holzschwemmen sammelten.

Hochwasser

Am 8. Juli 1997 verkehrten auf der Reichenauer Hauptstraße Kanus.

^

Herbstimpressionen im paradiesischen Höllental

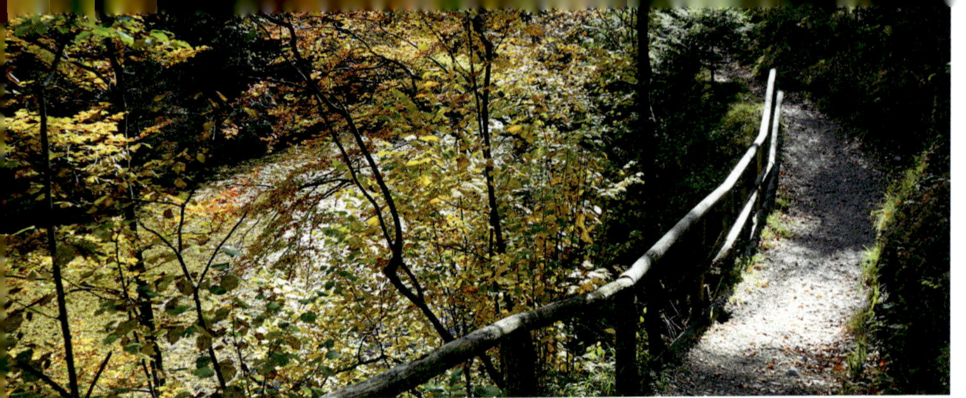

Abbrennbrücke
Benannt nach der Feuersbrunst, die 1859 auch die „Brandschneide" verheerte.

Wasserreiter
Eisenstangen/-balken des Steges sind mehrmals sichtbar. Kaiserin Maria Theresia trank Wasser vom „Schönen Brunnen", scheute sich jedoch, den vom Vater angeordneten Wassertransport nach Wien aufzuheben, das tat erst Kaiser Joseph II.

I. Wiener Hochquellenleitung
Kaiser Franz Joseph I. schenkte die Kaiserbrunn-Quelle der Stadt. 1988 wurde die letzte der 30 Fassungsanlagen (Quellen und Brunnen) hinzugeleitet. Heute ist die I. Hochquellenleitung 150 km lang. Seit 1965 sind Rax, Schneeberg und Schneealpe Wasserschutzgebiet – unerlässlich bei ca. 1,5 Millionen Touristen jährlich!

Der letzte Abschnitt beschert müheloses Gehen mit schönen Flussblicken, unterschiedlicher Wassermusik und einem vielfarbigen Sinterfelsen. Vor der Spannbrücke gischtet der Fluss rasch und rauschend durch sein schmales Bett. Hier ist das Ufer übersät von großen, groben Steinen. Von der anderen Brückenseite auf den Fluss geschaut, sehe ich viele Forellen in seinem tiefen, ruhigen Smaragdgrün stehen. Dieses Ufer ist ein beliebter, aber auch im Sommer nur begrenzt sonniger Badeplatz. Noch fünf Minuten am Straßenrand, dann ist man in Kaiserbrunn.

Es ist um 1725, als der passionierte Jäger Kaiser Karl VI. wieder einmal in den Urwäldern zwischen Rax und Schneeberg, wo Geier, Luchse, Wölfe und Bären leben, unterwegs ist. Auf der Jagd gerät der Trupp über unwegsames Gelände zu einem felsflankierten Kessel. Hier tritt Wasser aus dem Berg. Es ist kristallklar und kalt. Der Kaiser kostet und ist entzückt. Sein Leibarzt meint, es sei ein wahrer Verjüngungstrunk und solle auf der kaiserlichen Tafel in Wien bereitstehen! Stift Neuberg lässt nun einen Reitweg bis zum Kaiserbrunnen anlegen, worauf Wasserreiter in kaiserlicher Livree ab 1732 das kostbare Nass in Holzfässern in 60-stündigem Ritt an den Wiener Hof bringen. Und Stift Neuberg füllt es in Flaschen ab und schlägt aus dem „Gesundwasser" Profit (vgl. Pap R 30). Erst 150 Jahre später konnten sich alle Bewohner Wiens daran laben. Zuvor aber war in Wien Wasser knapp und schlecht, weshalb Unzählige an Typhus oder Cholera starben. Infolgedessen regte der Geologe Eduard Suess den Bau einer Hochquellenleitung an. In nur vier Jahren erbauten dann 10.000 Menschen die

Wasserleitung mit kilometerlangen Stollen und 30 Aquädukten. Am 24. Oktober 1873 hielt Kaiser Franz Joseph I. auf dem Wiener Schwarzenbergplatz zur feierlichen Eröffnung eine Rede. Danach schoss erstmals eine mächtige Fontäne aus dem Hochstrahlbrunnen in die Höhe – Wassernot und Seuchen waren damit schlagartig passé.

Der Weg hierher folgte der Trasse der I. Hochquellenleitung, mehrmals waren Stolleneingänge sichtbar. Im Wasserleitungsmuseum Kaiserbrunn hat heute der Betriebsleiter, Ing. Hans Tobler, Dienst. Von ihm und dem Museum erfahre ich Interessantes über die Wasserversorgung Wiens und die äußerst beeindruckende Leistung der MA 31. Ihre Mitarbeiter versorgen die Metropole permanent mit bestem Wasser. Bis zu 200 Millionen Liter Quellwasser spenden Rax, Schneeberg und Schneealpe der Stadt Wien – täglich! Bis zu 35 Jahre dauert es bis das Wasser durch den Karst gesickert ist. In nur einem Tag fließt es die 90 Kilometer von hier bis zum Reservoir am Wiener Rosenhügel, dem Endpunkt der I. Wiener Hochquellenleitung. Am stärksten steigt der Wasserkonsum in Wien übrigens während der Pausen wichtiger Fußballspiele …

Leider hat der Landgasthof Kaiserbrunn geschlossen. Aber auch im einige Kilometer flussauf liegenden Weichtalhaus werden sie serviert, die hiesigen Forellen …

Kaiserbrunn
Hier befand sich ein urzeitlicher Kupferschmelzplatz.

Wasserleitungsmuseum
Im etwa 140 Jahre alten Haus des ersten Wasseraufsehers untergebracht, informiert über die Wasserversorgung Wiens, Technik, Qualitätssicherung des Trinkwassers und Karstforschung.

∧∧
Am Wasserleitungsweg in Blickrichtung flussabwärts

∨
Wasserschloss in Kaiserbrunn, von außen und innen

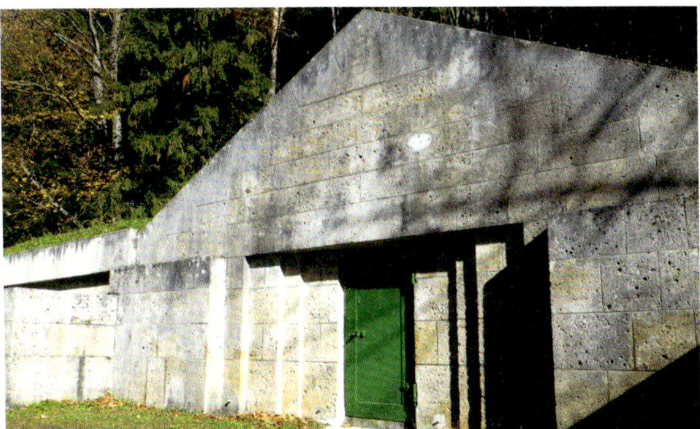

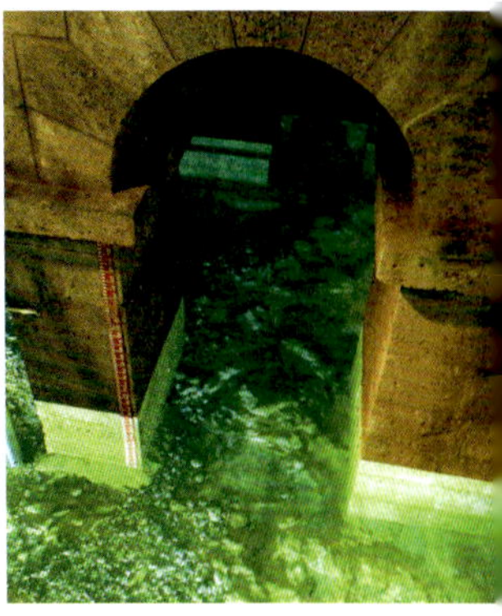

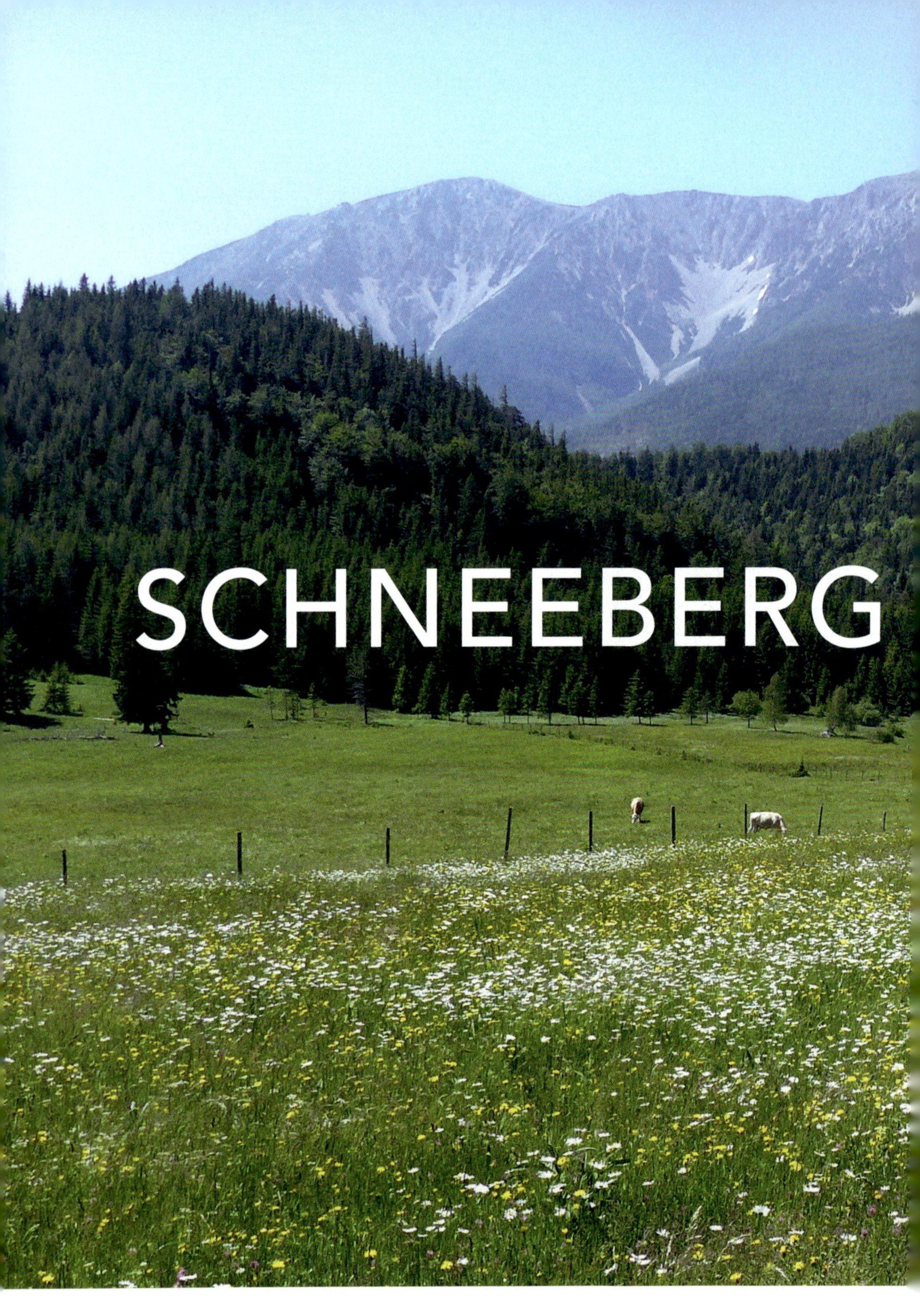

SCHNEEBERG

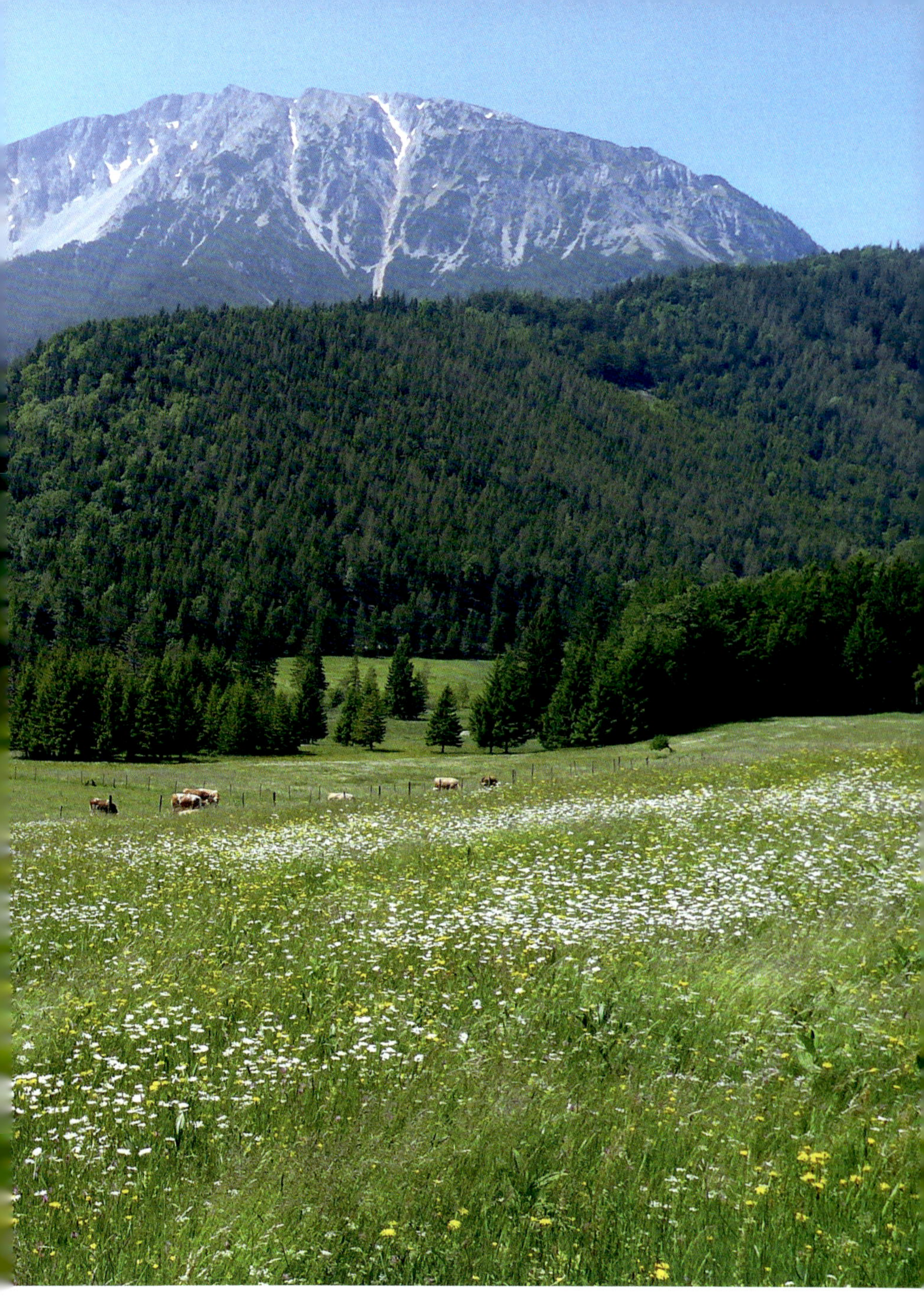

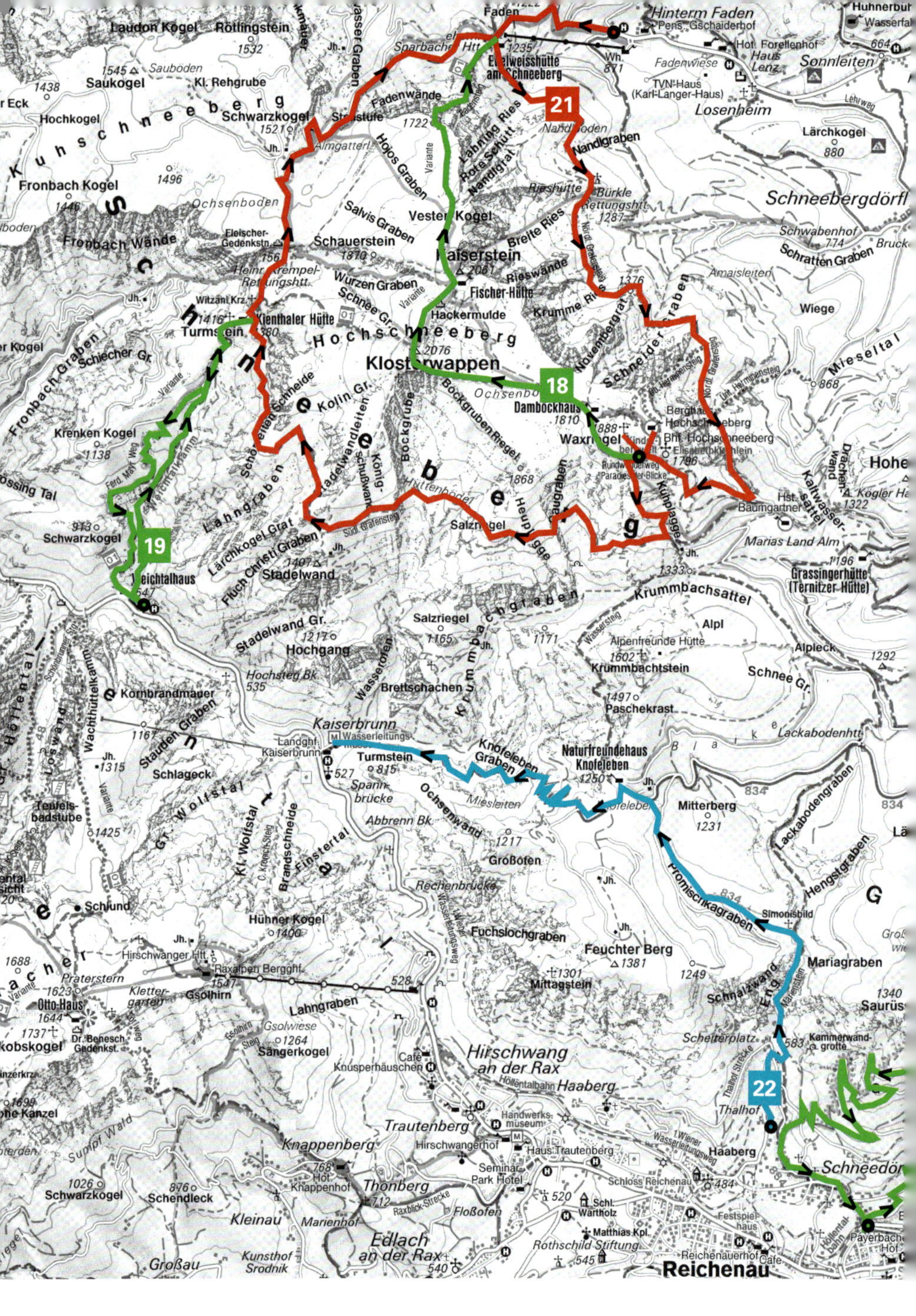

Hinterm Faden
Pens. Gschaiderhof
Hot. Forellenhof
Haus Lenz
Sonnleiten
Fadenwiese
TVN-Haus (Karl-Langer-Haus)
Losenheim
Lärchkogel
880
Schneebergdörfl
Schwabenhof
774
Schratten Graben
Amaisleiten
Wiege
Mieseltal
868
Laudon Kogel
Rötlingstein
1532
Sauböden
1545
Saukogel
Kl. Rehgrube
1438
Hochkogel
Schwarzkogel
1521
Kuhschneeberg
1496
Fronbach Kogel
1446
Ochsenboden
Fronbach Wände
Fleischer-Gedenkstn.
Schauerstein
1870
Heinrich-Krempel-Rettungshtt.
Witzani Krz.
Kienthaler Hütte
1380
Turmstein
1416
Fadenwände
Sparbacher Htt.
1235
Edelweisshütte am Schneeberg
21
Nandlboden
Nandlgraben
Rieshütte
Bürkle Rettungshtt.
1287
Breite Ries
Rieswände
Krumme Ries
1376
Novembergrat
Schneider Graben
1722
Holos Graben
Salvis Graben
Vester Kogel
Lahning Ries
Rote Schütt
Nandlgrat
Kaiserstein
2061
Fischer-Hütte
Hackermulde
Wurzen Graben
Schnee Gr.
Hochschneeberg
2076
Klosterwappen
18
Ochsenboden
Dambockhaus
1810
Waxriegel
1888
Berghaus Hochschneeberg
Bhf. Hochschneeberg
Elisabethkirchlein
1796
Rundwanderweg Paradies der Blicke
Baumgartner
Hst. Baumgartner
Kaltwassersattel
Drachenwand
Kogler Ha
1322
Marias Land Alm
Grassingerhütte (Ternitzer Hütte)
1196
Hohe
Schiecher Gr.
Fronbach Graben
Krenken Kogel
1138
Kolin Gr.
Schönleiten Schneide
Bockgrube
Bockgruben Riegel
1868
Stadelwandleiten
König-Schußwand
Lahngraben
Lärchkogel Grat
Fluch Christi Graben
Südl. Grafensteig
Hüttenboden
Salzriegel
Heuplagge
Saugraben
Kuhplagge
1333
Schneeberg
913
Schwarzkogel
19
Weichtalhaus
547
1407
Stadelwand
Krummbachgraben
Krummbachsattel
Alpl
Alpleck
1292
Salzriegel
1165
1171
Alpenfreunde Hütte
1602
Krummbachstein
1497
Paschekrast
Schnee Gr.
Lackabodenhtt.
Stadelwand Gr.
1217
Hochgang
Hochsteg Bk.
535
Wasserofen
Brettschachen
Kornbrandmauer
Höllental
Wachthüttelkamm
Loswand
1167
1315
Stauden Graben
Kaiserbrunn
Landghf. Kaiserbrunn
Wasserleitungsmuseum
Turmstein
815
527
Spannbrücke
Knofeleben Graben
Naturfreundehaus Knofeleben
1250
Miesleiten
Mitterberg
1231
Lackabodengraben
834
Schlageck
Teufelsbadstube
Gr. Wolfstal
Kl. Wolfstal
Brandschneide
Finstertal
1425
Abbrenn Bk.
Ochsenwand
1217
Großofen
Rechenbrücke
Promischkagraben
Hengstgraben
Simonisbild
Schlund
Hühner Kogel
1400
Fuchslochgraben
Feuchter Berg
1381
1301
Mittagstein
1249
Mariagraben
Hirschwanger Htt.
Raxalpen Bergghf.
1547
528
1688
1623
Praterstern
Otto-Haus
1644
Klettergarten
Gsolhirn
Lahngraben
Gsolwiese
1264
Sängerkogel
1737
Dr. Benesch Gedenkst.
Schnalzwand
Eng
Scheiterplatz
583
Kammerwandgrotte
1340
Saurüss
Hirschwang an der Rax
Café
Knusperhäuschen
Haaberg
Höllentalbahn
22
Thalhof
Trautenberg
Handwerksmuseum
Hirschwangerhof
Haus Trautenberg
Seminar Park Hotel
1. Wiener Wasserleitungsweg
Haaberg
Schneedörfl
Schloss Reichenau
484
Knappenberg
768
Hot. Knappenhof
Thonberg
712
Raxblick-Strecke
520
Schl. Wartholz
Floßofen
Marienhof
1026
Schwarzkogel
876
Schendleck
Kleinau
Edlach an der Rax
540
Matthias Kpl.
Rothschild Stiftung
545
Reichenauerhof
Reichenau
Festspielhaus
Payerbach
Großau
Kunsthof Srodnik
Suppl Wald
Schneeberg

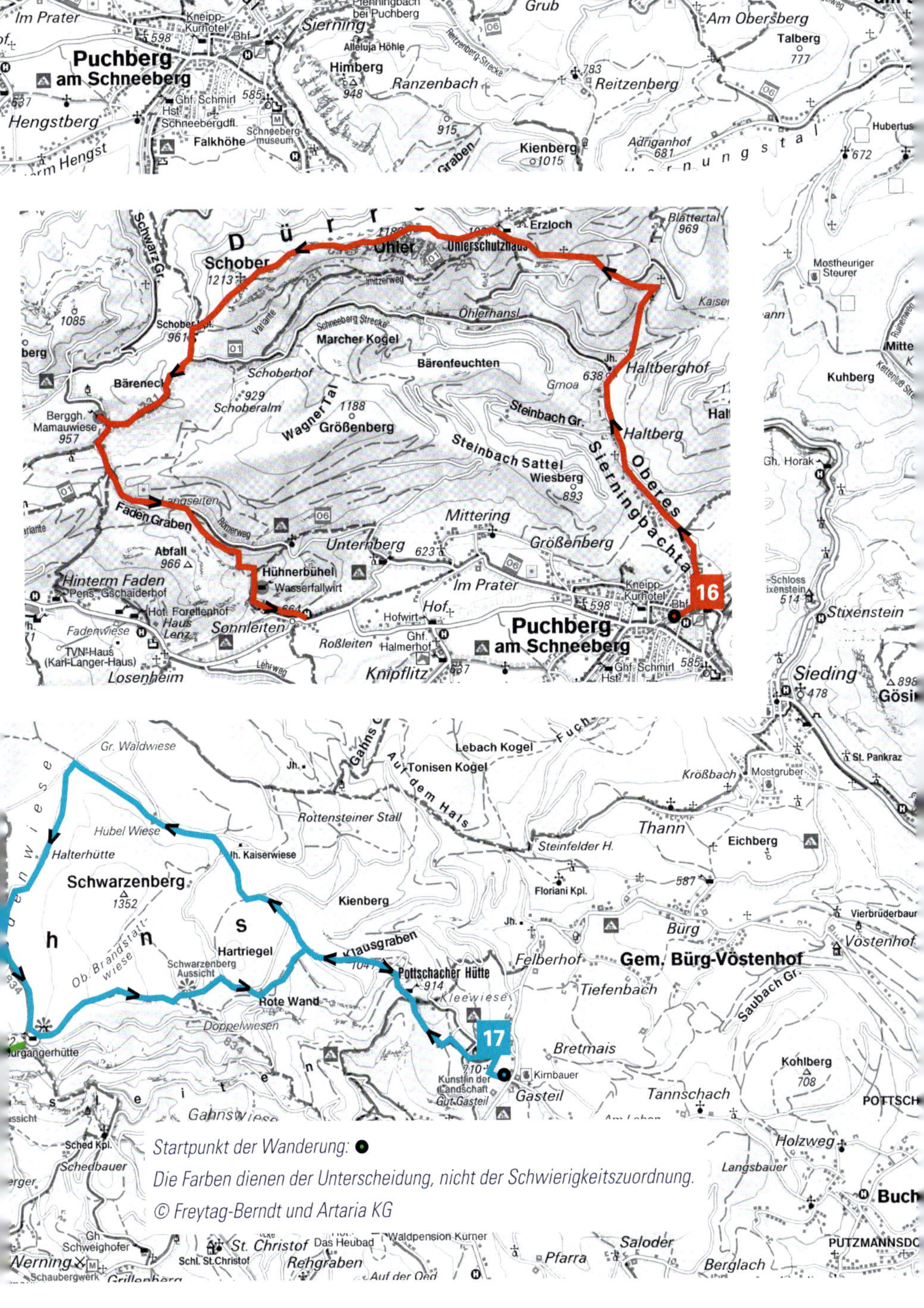

Startpunkt der Wanderung: ●

Die Farben dienen der Unterscheidung, nicht der Schwierigkeitszuordnung.

16 ÖHLER | SCHOBER | MAMAUWIESE | WASSERFALL

In Kürze: 4,75 h, 640 Hm An-/640 Hm Abstieg, Zug/Bus, Kinder 10+, hundetauglich

Start: Bahnhof Puchberg | **Ziel:** Bushalt Sonnleiten | **Anforderung:** nicht schwierig | **Wegverlauf, E, N:** Bahnhof Puchberg (div. E, N) – Wr. Neustädter Straße – Sierningsstraße durch Sierningbachtal – Haltberghof – Öhlerschutzhaus (E, N) – Überschreitung Dürre Wand mit Öhler und Schober – Schoberalm – Berggasthof Mamauwiese (E) – Mamauwiese – Römerweg durch Fadengraben – Sebastianwasserfall – Wasserfallwirt (E) – Bushalt Sonnleiten – Bahnhof Puchberg (div. E, N)

17 GASTEIL | BODENWIESE

In Kürze: 4 h, 630 Hm An-/630 Hm Abstieg, Bus, Kinder 8+, hundetauglich

Start/Ziel: Gasteil (nahe Prigglitz), nahe Gasteil 5 | **Anforderung:** nicht schwierig | **Wegverlauf, E, N:** Gasteil – Pottschacher Hütte (E, N) – Kohlangerwiese – grüne Markierung nach rechts – Kaiserwiese – Hübel Wiese – Bodenwiese – Waldburgangerhütte (E) – Schwarzenberg – Rote Wand – Pottschacher Hütte (E, N) – Gasteil (E, N, auch in Prigglitz)

18 SCHNEEBERG-ÜBERQUERUNG

In Kürze: 3 h, 280 Hm An-/840 Hm Abstieg, Zug/Bus/Zahnradbahn/Sessellift, Kinder 12+, hundetauglich

Start/Ziel: Bahnhof Puchberg (div. E, N) | **Ausgangspunkt:** Schneebergbahn-Bergbahnhof | **Endpunkt:** Edelweißhütte am Schneeberg, von dort Talfahrt mit Sessellift nach Losenheim und Busfahrt retour nach Puchberg | **Anforderung:** Anstieg zum Klosterwappen nicht schwierig und relativ mühelos; Abstieg über Fadensteig erfordert Trittsicherheit und Schwindelfreiheit | **Wegverlauf, E, N:** Zugfahrt mit Zahnradbahn von Puchberg (div. E, N) zum Bergbahnhof der Schneebergbahn (E, N im Berghaus Hochschneeberg) – Damböckhaus (E, N) – Klosterwappen – Fischerhütte (E, N) – Kaiserstein – Fadensteig – Edelweißhütte (E, N) – Sessellift nach Losenheim – Autobus nach Puchberg (div. E, N) | **Sicherungen:** Am Fadensteig Stahlseile

19 WEICHTALKLAMM | F.-MAYR-WEG

In Kürze: 4 h, 840 Hm An-/840 Hm Abstieg, Bus, Kinder 8+ (mit Unterstützung)

Start/Ziel: Parkplatz Weichtal im Höllental | **Anforderung:** Im Aufstieg durch die Weichtalklamm anspruchsvoll hinsichtlich Höhenmeter und Wegcharakter: Trittsicherheit ist gefragt und auch etwas Klettersteigerfahrung. Bei Nässe definitiv abzuraten! Der

Ferdinand-Mayr-Weg ist nicht schwierig | **Wegverlauf, E, N:** Weichtal (E,N im Weichtalhaus) – Weichtalklamm – Jakobsquelle – Kienthaler Hütte (E, N) – Ferdinand-Mayr-Weg – Weichtal (E, N Weichtalhaus) | **Sicherungen:** In der Weichtalklamm Leitern (bis ca. 4 m hoch), Ketten, Tritteisen, Steigbaum

20 WALDBURGANGERHÜTTE

In Kürze: 4 h, 700 Hm An-/700 Hm Abstieg, Zug/Bus, Kinder 6+, hundetauglich

Start/Ziel: Bahnhof Payerbach-Reichenau | **Anforderung:** nicht schwierig, Geyerstein-Anstieg etwas steiler (bei Nässe rutschig | **Wegverlauf, E, N:** Bahnhof Payerbach-Reichenau (in Payerbach div. E, N) – Unterquerung Bahntrasse – Geyerhof Straße – Hochberger Hof – Jubiläumsaussicht – Waldburgangerhütte (E) – Abstieg über Gahns-Forststraße – Sonnenpromenade – Bahnhof Payerbach-Reichenau (Payerbach div. E, N)

21 NÖRDLICHER | SÜDLICHER GRAFENSTEIG

In Kürze: 12 h, 925 Hm An-/925 Hm Abstieg, Zug/Bus/Sessellift, Kinder 12+, hundetauglich

Start/Ziel: Losenheim | **Anforderung:** Alpine Wege mit einfachen Passagen und solchen mit Steinen, Wurzeln und Geländestufen; am Südlichen Grafensteig zwei gesicherte Stellen, daher Schwindelfreiheit und Trittsicherheit erforderlich, am Nördlichen Grafensteig Trittsicherheit | **Wegverlauf, E, N:** *Nördlicher Grafensteig:* Losenheim – Edelweisshütte (E, N) – Bürkle-Hütte/Breite Ries – Kreuzung mit Schneebergbahntrasse – Berghaus Hochschneeberg (E, N) *Südlicher Grafensteig:* Berghaus Hochschneeberg (E, N) – Emmysteig – Südlicher Grafensteig – Kienthalerhütte (E, N) – Fleischer-Gedenkstein – Edelweisshütte (E, N) – Talfahrt mit Sessellift | **Sicherungen:** Am Südlichen Grafensteig zwei gesicherte Stellen

22 ENG | KNOFELEBEN | KAISERBRUNN

In Kürze: 4,25 h, 700 Hm An-/700 Hm Abstieg, Bus, Kinder 12+, hundetauglich

Start: Thalhof im Schneedörfl (Ortsteil von Reichenau); alternativ ab Bahnhof Payerbach-Reichenau (in ca. 30 Min. zum Thalhof) | **Ziel:** Bushalt Kaiserbrunn (Rückfahrt) | **Anforderung:** *Anstieg:* leicht; *Abstieg*: teilweise steile, versicherte Passagen; Trittsicherheit und Schwindelfreiheit unerlässlich; bei Nässe definitiv abzuraten! | **Wegverlauf, E, N:** Reichenau (div. E, N) – Thalhof – Mariensteig – Eng – Promischkagraben – Naturfreundehaus Knofeleben (E, N) – Knofeleben Graben – Bushalt Kaiserbrunn (Rückfahrt) | **Sicherungen:** Stahlseil und (im Abstieg) Leiter

16

ÖHLER, SCHOBER, MAMAU-WIESE, WASSERFALL

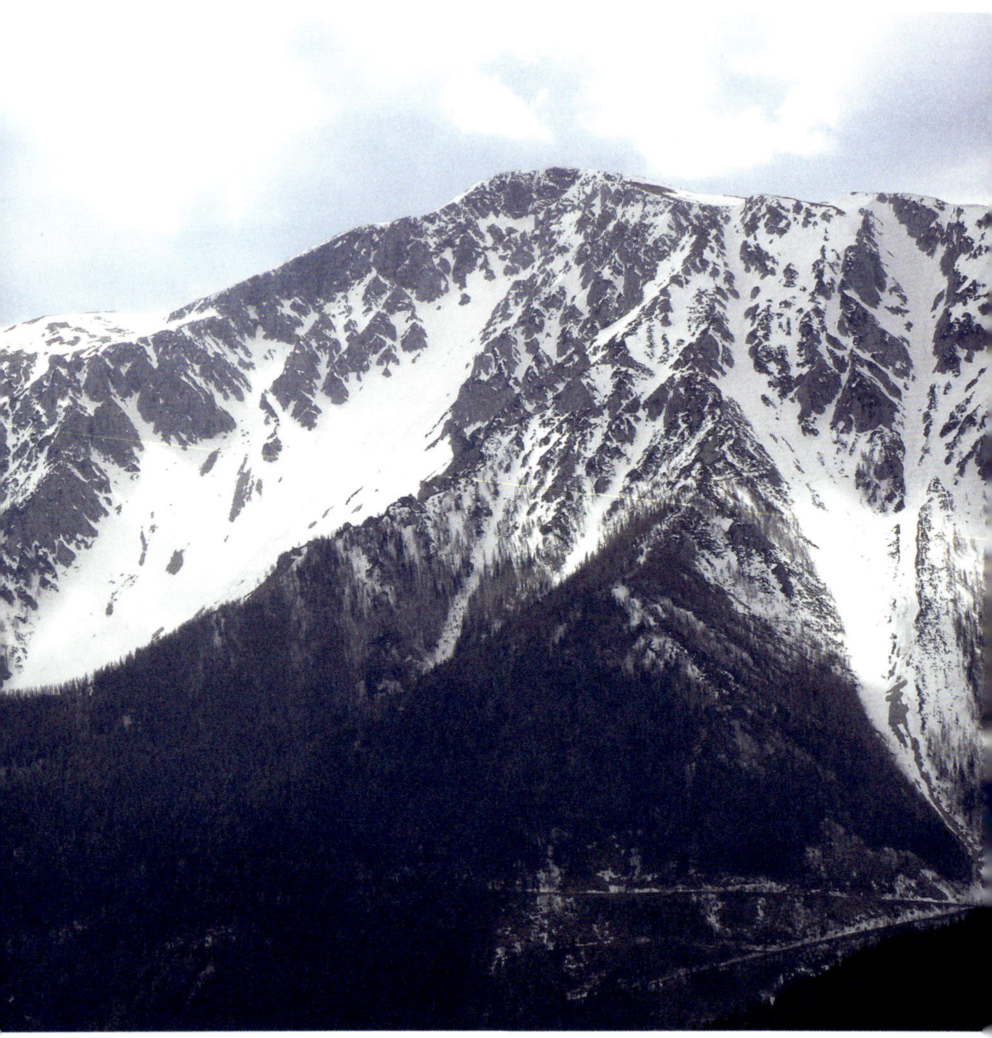

Zum Öhlerschutzhaus über die Dürre Wand zur Mamauwiese und zum Sebastianwasserfall mit Einkehr in der Wasserfallhütte

Der majestätischen Macht des Schneebergs wird sich kaum jemand entziehen können, der ihn in Puchberg erblickt. Sie beruht auf seinen Dimensionen: sowohl seiner Breite, die den nordöstlichen Horizont dominiert, als auch seiner Höhe: 1500 Meter hoch ragt er hier unvermittelt vom Tal empor. Einheimische nennen den Schneeberg kurz den „Berg“ – mit seiner Präsenz ständig vor Augen wird diese ihn zum Inbegriff eines Berges schlechthin machende Verknappung nachvollziehbar.

Am Bahnhofsparkplatz Puchberg kehre ich an diesem Aprilmorgen Seiner Majestät, dem Schneeberg, zunächst den Rücken zu und folge den Gleisen, um erst in die Wiener Neustädter Straße und dann in die Sierningstraße nach links einzubiegen. Dann geht es eine halbe Stunde durch das idyllische Sierningbachtal, bis ich beim Parkplatz nahe dem alten, gepflegten Haltberghof anlange.

Dort nehme ich den Öhlerweg und an der nächsten Wegteilung, wie von der Tafel angezeigt, die rechte, blau markierte Forststraße. Dieses geradewegs ansteigende, schattige Wegstück ist eher reizlos, aber kurz: Denn der Anstieg wird, je höher man kommt, desto mäßiger, und die Forststraße zeigt bald ihr großes Plus: die herrlichen Ausblicke auf den Schneeberg. Manchmal hat man einen freien Blick auf seinen mächtigen Rücken, manchmal leuchtet das Weiß seines Schnees durch die kahlen Buchenäste, die, von der Sonne beschienen, ein Gespinst zu sein scheinen aus Gold- und Silberfäden. Eine viertel Gehstunde vor Erreichen des Öhlerschutzhauses wird das Gelände flach. Hier mündet der Weg in eine breite Forststraße mit einem großen, aussichtsreichen Holzabladeplatz. Bald danach erfreuen nahe der Johann-Weninger-Ruhe auch die Blicke hinunter ins Puchberger Tal.

Die Fassade des Öhlerschutzhauses ist mit Holzschindeln gedeckt, die Fenster haben Holzbalken, die Innenausstattung ist aus heller Kiefer. Ich nehme auf der breiten Sonnenterrasse Platz. Heute sei der erste Tag, an dem man im Freien sitzen kann, sagt der Wirt, und dass die Zahnradbahn nächste

<

Schneebergblick bei der Überschreitung von Öhler und Schober mit Breiter Ries (links) und Lahning Ries (rechts)

v

Am Öhlerschutzhaus lockt auch die Sonnenterrasse zur Einkehr

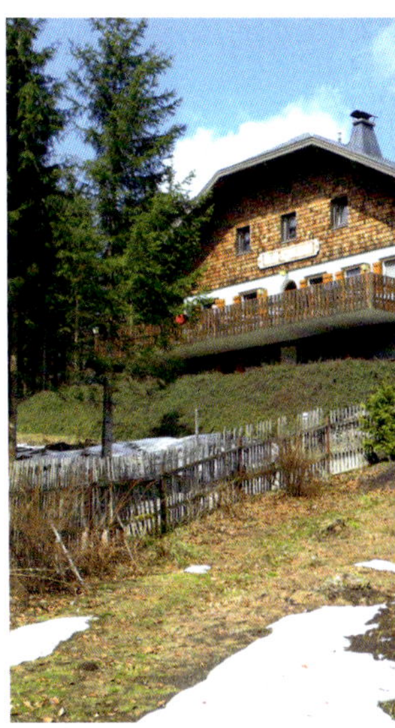

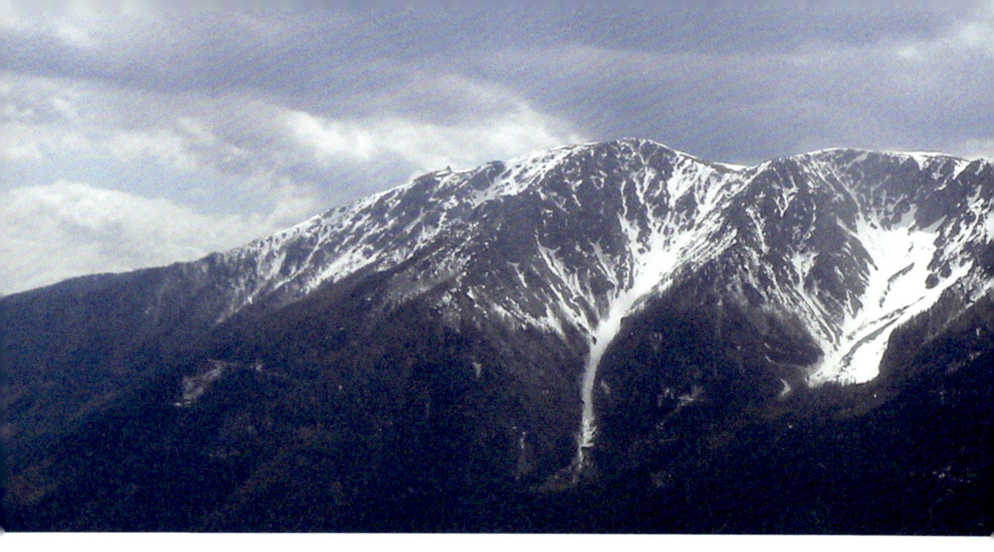

Friedrich Gauermann
(1807–1862) Als Sohn des Kammermalers von Erzherzog Johann, Jakob Gauermann, in Scheuchenstein/Miesenbach (sehenswertes Gauermannmuseum) aufgewachsen und begraben. Schuf seine Werke zumeist im Wiener Atelier und im Salzkammergut, aber einige Landschaftsstudien in der hiesigen Natur. Im Ostteil der Dürren Wand ist die Gauermann-Hütte ein lohnendes Ziel!

Mariahilfberg
Eine der bekanntesten Wallfahrtsstätten Niederösterreichs. Die Serviten sind seit 1672 hier. Baubeginn der ersten Wallfahrtskirche 1668 und der Klostergebäude um 1708. 1710 stiftete die Familie Hoyos die heutige barocke Kirche.

Woche wieder fahren würde, trotz des vielen Schnees, der heuer noch auf dem Berg liegt. Ich nehme die Hausspezialität, Öhlerknödel mit Kraut. Schade, dass sie keinen Platz mehr lassen für eine der hausgemachten Mehlspeisen.

Nach der Stärkung geht es weiter in westlicher Richtung. Der Rücken der Dürren Wand ist fast durchgehend felsdurchsetzt: Helle Kalkfelsen zacken wie Hahnenkämme da und dort aus dem Boden, fallen anderswo als Felsbänder von den Flanken, laden als Felskanzeln am Waldrand zum Rasten und versperren als Solitäre den Weg. Moos auf schattigen Felsen, modernde Baumruinen, abgebrochene Äste unterstreichen das Wildromantische der Gegend. Nach der Wahl seiner Motive zu schließen, dürfte dies eine der Landschaften sein, die dem in Scheuchenstein aufgewachsenen Maler Friedrich Gauermann, der im Biedermeier ein *star* war, gefallen haben. Nach den Härten des Winters erscheint mir der Wald wie aufgeraut. Man sieht ihm die Stürme an, die durch ihn gefegt sind. Heuer liegt in der dritten Aprilwoche im Wald und am Nordhang noch Schnee und meine Schritte sacken mitunter tief ein darin.

Vom Waldrand fällt der Blick nord- und westwärts in scheinbar endloses Grün. Kein Ort, keine Straße sind zu sehen. Einzig das Servitenkloster Mariahilfberg liegt inmitten der Waldberge, die grünen Wogen gleich bis zum Horizont wellen, die höheren Gipfel von Schnee bedeckt, wie mit weißer Gischt …

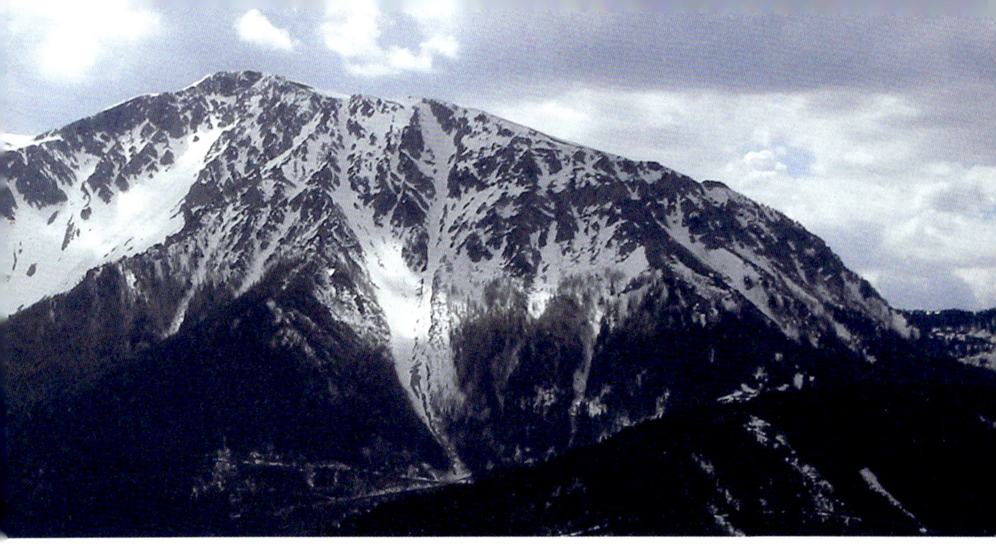

Vom Öhler aus öffnet sich ein schöner Blick auf Puchberg und den Schneeberg, ehe es eine Strecke lang bergab geht. Dann erwartet erneut eine eindrucksvolle Felsflucht, an deren Fuß man rechter Hand neben einem hohen Zaun entlangwandert, um sodann den Gipfelhang des Schobers durch einen Fichtenjungwald anzusteigen.

Am Schober hinterlasse ich im Gipfelbuch Grüße. Vom Öhler aus hatte sich der Schneeberg noch vor einer Stunde unter viel Blau gezeigt. Jetzt ist es grau, die Leuchtkraft der Farben gedämpft, aus Farbfotos wurden im Nu Schwarz-Weiß-Aufnahmen. Ich empfinde diese Stimmung als den weitaus geziemenderen Rahmen für die wilde, abweisende Schönheit, die Respekt gebietende Macht von „König Schneeberg". So nenne ich Seine Majestät seit dieser Stunde.

Nach etwa halbstündigem Abstieg auf einem kurvenreichen Schotterpfad über die Steilflanke des Schobers erreiche ich die Schoberalm südlich seiner markanten Gipfelpyramide. Ich bin beeindruckt von der Ausstrahlung dieser Alm, umso mehr als es heute im ganzen Umkreis menschenleer und lautlos ist. Die weite Wiese ist nur von wenigen Bäumen bestanden. Mit ihren hohen Stämmen und ihrem ebenmäßigen, dichten Wuchs sind sie geradezu eine Illustration von Gesundheit, Kraft, Harmonie, Ruhe. Sie erwecken den Wunsch wiederzukommen, mit Zeit, einer Decke und einem Buch ...

^
Schneebergblick bei der Überschreitung von Öhler und Schober. Die auffälligen Schneekare heißen: Schneider Graben, Krumme Ries, Breite Ries, Lahning Ries (v. l. n. r.)

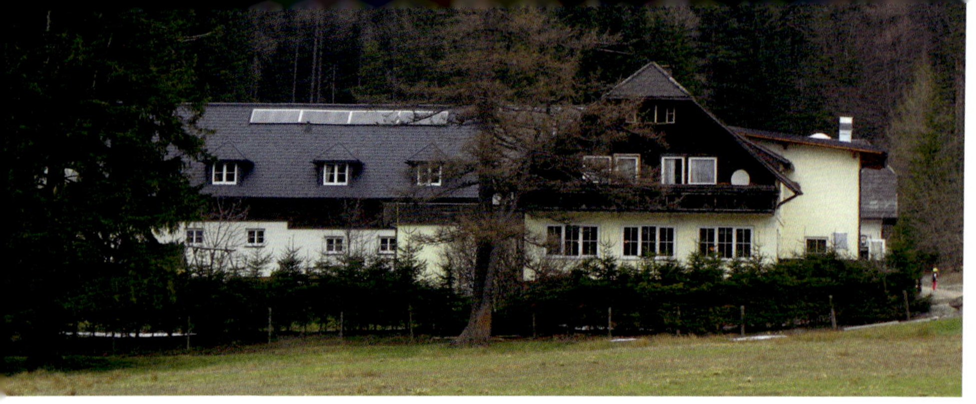

Mamauwiese
Bildet eine weite Sattellandschaft zwischen Schneeberg im SW und der Dürren Wand im NO und ist, mit Bodenwiese und Schoberalm, die größte Wiesenfläche im Schneeberggebiet. Möglich ist auch die Namensherleitung von mhd. *Muome* – Muhme (Tante), wonach der Name ein Besitzverhältnis bezeichnen würde.

Römerweg
Auch die Lokalhistorie lässt ungeklärt, ob diese Trasse tatsächlich schon von Römern genutzt wurde, genauso wenig wurde ein angebliches Hospiz am Pass und ein Kloster im Klostertal zweifelsfrei nachgewiesen. Der heutige Pilgerweg ist der „Burgenländische Mariazellerweg", der von Eisenstadt in 145 km über das Rosaliengebirge, Pitten und die Mamauwiese nach Schwarzau/Gebirge und den Lahnsattel führt.

Berühmter noch ist die Alm, zu der ich wenig später gelange: die sagenumwobene Mamauwiese. Der Berggasthof Mamauwiese ist ein beliebtes, ganzjährig ansteuerbares Ziel sonntäglicher Spaziergänger. Demnächst, wenn das Wetter erlaubt, den grandiosen Schneebergblick von seinen Tischen im Freien zu genießen, werde ich hier essen. Die Bekanntheit dieser riesigen, zu Füßen des Schneebergs liegenden Alm rührt auch daher, dass durch sie der sogenannte „Römerweg" verläuft: Dieser Saumpfad war eine Salz- und Eisenstraße, auf der – zumindest seit dem 12. Jahrhundert – reger Verkehr herrschte. Er wurde von Soldaten, Missionaren und Pilgern bereist und von Händlern, die Eisen, Salz und Häute nach Osten, Wein, Getreide und Gewürze nach Westen brachten. Auch heute verläuft einer der Pilgerrouten nach Mariazell über diese Wiese.

Nun führt die Forststraße durch den Fadengraben Richtung Puchberg. Auch sie folgt dem uralten Weg und zugleich dem sprudelnden Sebastianbach, der auf einem Brücklein überquert wird. Nicht lange später zweigt rechter Hand der blau markierte Pfad Richtung Wasserfall ab. Er führt hinunter zum Talboden und erlaubt, bequem dem Ufer des Baches entlangzuwandern. Die Szenarien in dieser Waldlandschaft mit ihrem gischtenden Bächlein, malerischen Tümpeln zwischen bemoosten, verblockten Felsen, dem Waldboden mit Farnen und Totholz lassen an Kinderversteckspiele denken, an Waldmüller, Gauermann und ihre Biedermeier-Zeitgenossen, denen derlei Idyllen behagt haben dürften.

Dieses Bächlein beschert am Ende der Wanderung noch eine besondere Attraktion – seinen Fall in die Tiefe. Ich habe

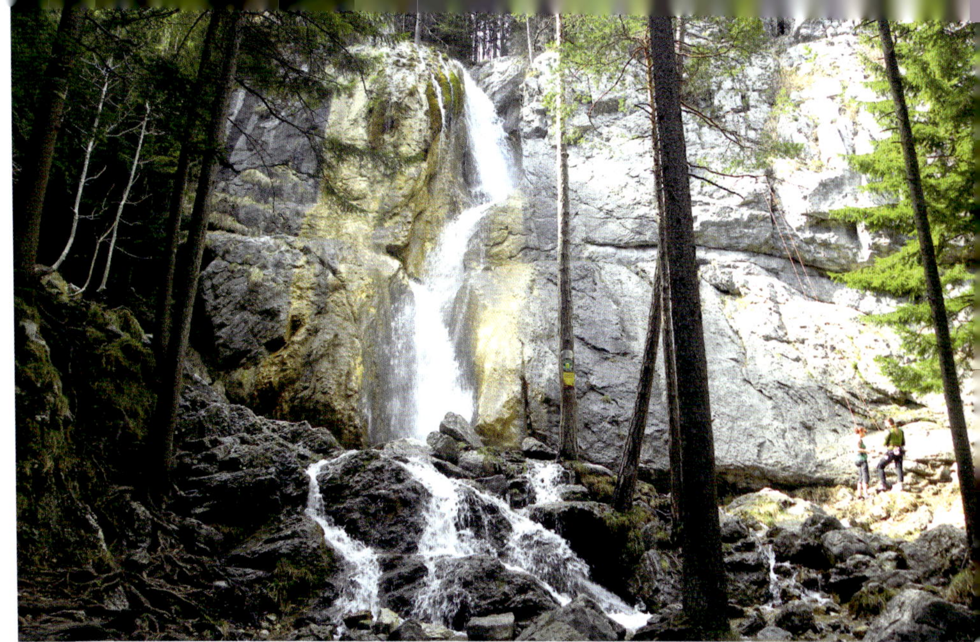

meine Wanderung extra zur Zeit der Schneeschmelze angesetzt, um diesen Sebastianfall mit besonders großer Wassermenge zu erleben. Trotz meines Kalküls überrascht mich, mit welchem Brausen und Gischten das Wasser 25 Meter über die Felsen stürzt. Auf der Felswand neben dem Katarakt sind Kletterer zugange, im Winter, wenn er ausreichend gefroren ist, besteigen sie den Eisfall mit ihren Eisklettergeräten.

Kurz darauf nehme ich vor der urigen, zweihundert Jahre alten, in der Steiermark abgebauten, hier wieder errichteten Sebastianhütte am Fuß des Hühnerbühels Platz. Während ich einen Apfelstrudel genieße, recherchiere ich im Internet über einen der einflussreichsten Philosophen des 20. Jahrhunderts, denn dieser hatte von 1922 bis 1924 in Puchberg gelebt und an dessen Volksschule unterrichtet: Ludwig Wittgenstein. Damals wurde sein *Tractatus logico-philosophicus* zweisprachig in London publiziert. Puchberg war der Ort, an dem sich Wittgenstein (relativ) wohlgefühlt hatte. Zwar wechselte er auch hier ständig die Quartiere, aber er schloss über das Musizieren eine lebenslange Freundschaft mit dem Lehrerkollegen Rudolf Koder, wobei Koder Klavier und Wittgenstein Klarinette spielte oder ganze Musikstücke auswendig pfiff!

Sebastianbach
Betrieb einst 40 Sägewerke und Mühlen, speist seit 1900 den Teich im Puchberger Ortszentrum, mündet in die Sierning.

^^
Ausflugsziel: Berggasthof Mamauwiese

^
Schau-Platz: Sebastianwasserfall

17

GASTEIL | BODENWIESE

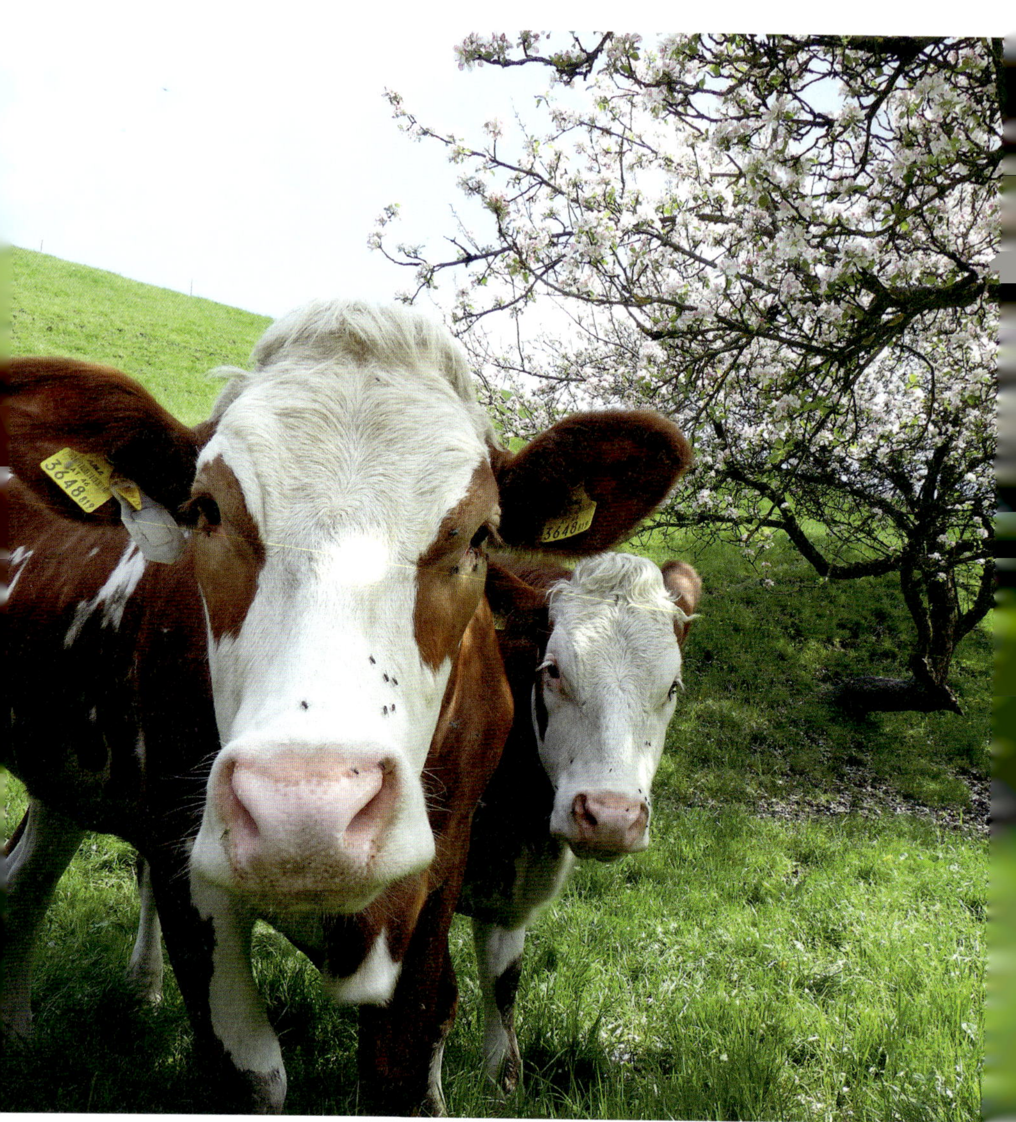

Kunstgenuss in Gasteil, die riesige Bodenwiese und Einkehr in der Pottschacher Hütte

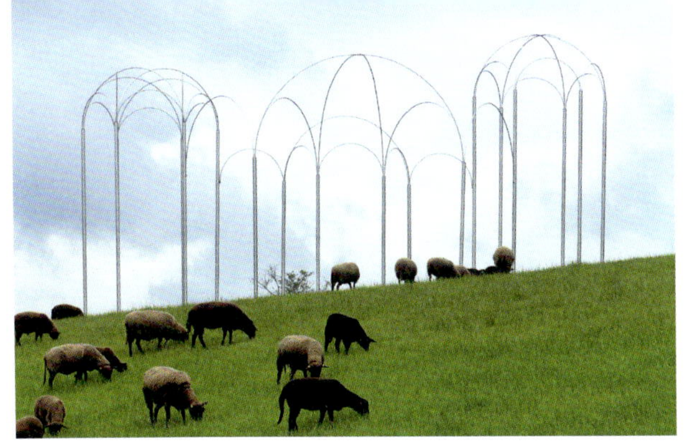

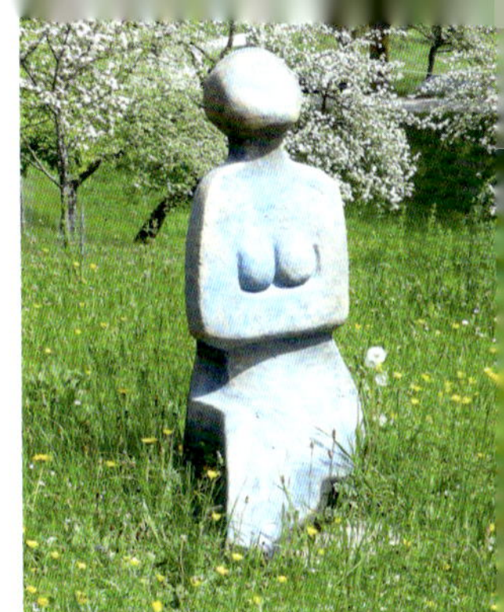

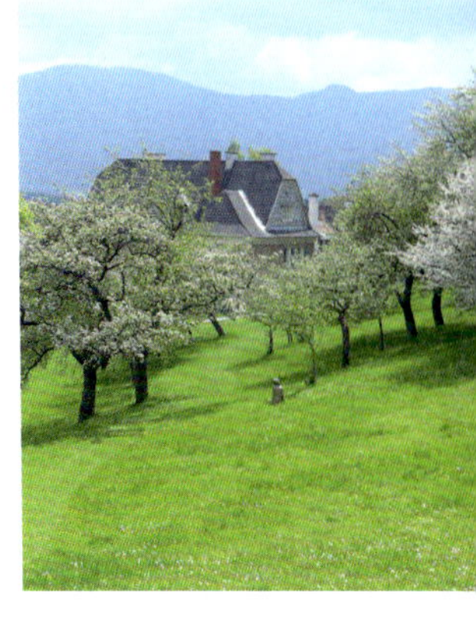

Gasteil und Prigglitz liegen nördlich von Gloggnitz in sonniger Hügellage. Hier grasen im Frühjahr Schafe und Kühe unter wolkig weiß und rosa blühenden Obstbäumen. „Rote Walze", „Königin Olga" und „Blauapfel" sind nur einige der Apfelraritäten, die hier gedeihen, und Prigglitzer Kinder halten Wache, damit Frösche und Kröten zum Laichen im Bach heil über die Straße kommen. Hier schaut man auf die Natur. Auch das Dorfleben wird gepflegt. In der „DorfHochSchule" lehren Kundige andere gratis klettern, klöppeln, töpfern, teilen Know-how über Streuobstwiesen und Audioprogramme. Und Osterfeuer, Fronleichnam, Erntedank und Advent feiern die Bewohner gemeinsam – Jung und Alt, Hiesige und Zugezogene, deren es etliche gibt – kein Wunder bei der Lebensqualität!

Ich fahre hinauf nach Gasteil. Um die letzte Kurve gebogen, liegt sein Schatz offen vor mir – seine Wiesen, weit, aussichtsreich, sonnig und die große „Kunst in der Landschaft"-Ausstellung, die das Bildhauerpaar Charlotte & Johannes Seidl auf ihrem riesigen Gut Gasteil betreibt. Als besonderer Ort scheint der Platz schon in der Prähistorie gegolten zu haben, da von einem hiesigen Flurheiligtum Feuerzeichen ausgesandt worden sein dürften, wie ein Text vor Ort verlautet. Neben den Resten der dort vermuteten, 800 Jahre alten Öde-Kirche wölben sich heute feine Metallbögen in den Himmel – Hannes Seidls „Portal". Die Wiesen bevölkern Skulpturen internationaler Künstler und vor allem Charlotte Seidls Frauenfiguren aus gebranntem Ton. Sieben stehen vor dem Waldrand im Kreis, andere hocken einzeln auf der Wiese und unter Bäumen. Manche ihrer Frauen wirken leidenschaftlich, willensstark, rebellisch,

Gasteil

740 m. Beim Gruberhof wurde in der Bronzezeit Kupfererz abgebaut (Bergbauhalden sind sichtbar). 2014 wurden hier bei archäologischen Grabungen Werkstätten mit Herdstellen entdeckt. Schlägel aus Hirschgeweih, Bronzemesser und Knochennadeln zeugen vom Leben vor 3000 Jahren.

^ Gut Gasteil, Hort internationaler Kunstwerke

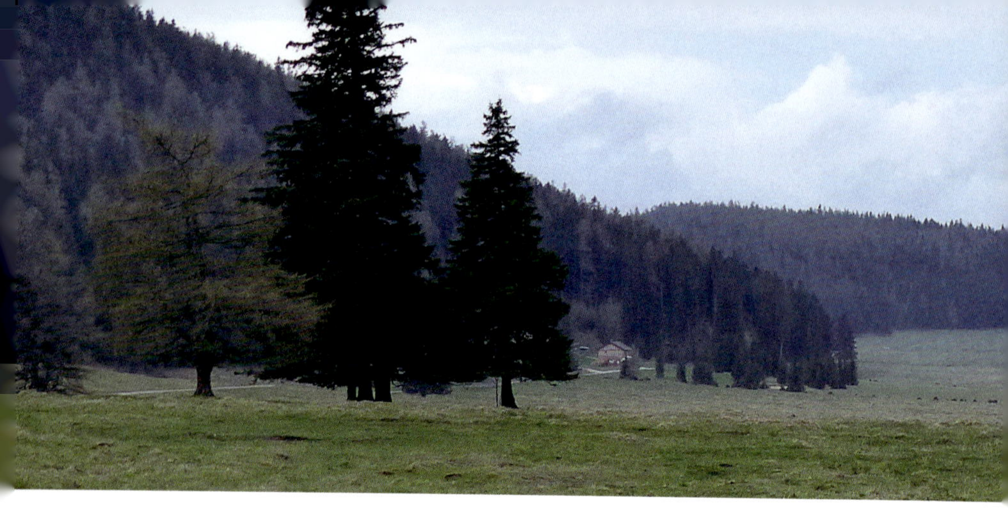

Charlotte & Johannes Seidl
Seit 1968 Künstlerehepaar, Ausstellungsveranstalter und -kuratoren, Bildhauer von Skulpturen aus Steinzeug und Edelstahl. Die „Kunst in der Landschaft"-Ausstellung zeigt seit 1992 zweijährlich wechselnde Arbeiten von ca. 30 internationalen Künstlerinnen und Künstlern. Die Open-Air-Show kann jederzeit besucht werden.

manche weich, rätselhaft, wartend, einige scheinen tief in der Erde verwurzelt, andere eher Luftgeschöpfe zu sein. Ich bin hingerissen von ihnen, umso mehr, als zwischen ihnen Schafe grasen mit ihren Kleinen, die aneinander ihre Kräfte messen, Bocksprünge machen, sich an Lottes Frauen schmiegen – hell und dunkel, das Bild ständig verändernd.

Diesem Spektakel entlangwandernd, biege ich am Ende der Allee bei den gelben Schildern linker Hand ein Richtung Pottschacher Hütte. Nach einer Kurve kommt eine jener Wegpassagen, von denen ich wünschte, sie wären viel länger: Es ist ein breiter, sacht ansteigender Weg mit Föhren am Rand, durch die man nach Gasteil schaut, in ein Bild perfekten, ländlichen Friedens, mit dem Hof der Familie Kirnbauer im Vordergrund.

Den Verlauf des Weges zu beschreiben ist müßig, er ist bestens markiert. Mal ist er ein schmaler, ansteigender Pfad, mal ein breiterer Weg, mal eine ebene Forststraße. Dabei durchwandert man Föhren-, Fichten- und Mischwald. Mitunter erlauben die Bäume einen Ausblick, nach einer dreiviertel Stunde bei der Pottschacher Hütte ist er ganz frei. Offenbar empfinden zwei kleine Mädchen den Weg zu ihr als mühelos: Sie hüpfen Hand in Hand über Wasserlachen, die eine mit dem Teddy, die andere mit der Puppe im Arm und plaudern in einem fort.

Nach der Pottschacher Hütte öffnet sich eine große Lichtung mit schönem Blick ins Steinfeld. Nach der Lichtung biegt man

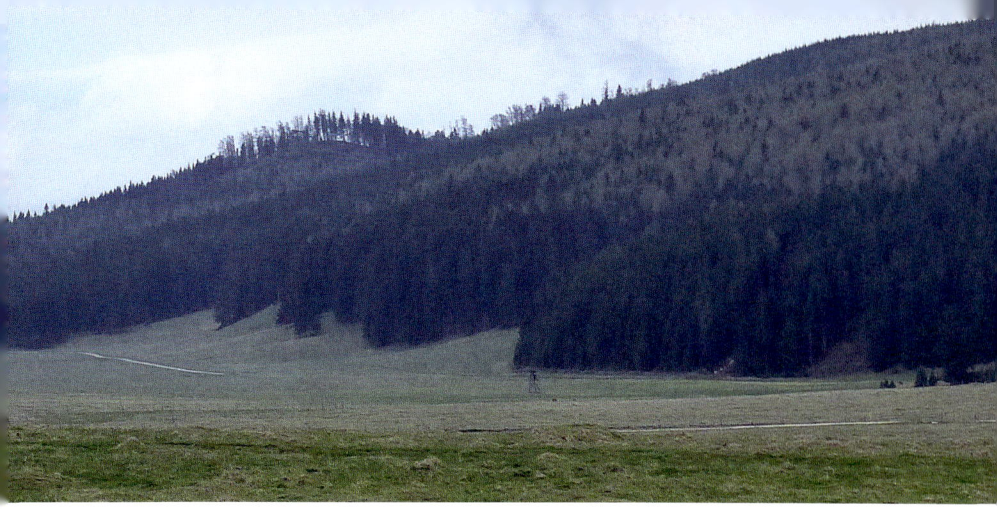

rechts in eine Forststraße ein. Nun wird das Gelände flacher. Auch das folgende Wegstück mit seinen Ausblicken zwischen lichten Föhren ist schön und erst recht die Kohlanger-Wiese – ein inmitten des Waldes gelegenes, im Frühjahr von Himmelschlüsseln geschmücktes Juwel.

Zehn Minuten später zweigt mein – nunmehr grün markierter – Weg rechts ab. Von nun an dominieren hohe Fichten den Wald. Der folgende Waldpfad führt, einmal von einem Stück Forststraße unterbrochen, an den Rand der Kaiserwiese mit ihren Hütten rechter Hand. Mein Pfad führt aber geradewegs weiter. In die nächste, breite, hellsandige Forststraße biege ich links ein und wandere auf ihr – vorbei an imposanten Holzstößen und den Hütten der Forstverwaltung Wien auf der Hübel Wiese – mit schönem Schneebergblick mühelos zum „Höhepunkt“ meiner Wanderung: einer riesigen Wiese, die mich stets an die Steppen der Mongolei erinnert ...

Die Bodenwiese ist ungefähr drei Kilometer lang und bis zu einem halben Kilometer breit! Damit ist sie die größte Alm Niederösterreichs. Ihre 100 Hektar große Fläche erstreckt sich zwischen 1130 und 1200 Metern Seehöhe inmitten den sie etwa 200 Höhenmeter überragenden Kuppen des Schwarzenbergs, des Saurüssels und des Lärchbaumriegels. Jetzt sind ihre grünen Matten bestickt mit unzähligen Frühlingsenzianen in berauschend tiefem Blau. Im Frühsommer bedeckt die Alm ein bunter Teppich verschiedenster Blumen, ab September

Bodenwiese

Um 1935 gab es den Plan, auf der Bodenwiese mit dem Schmelzwasser des Schneebergs und dem Schwarzawasser einen Stausee anzulegen. Tagsüber sollte Wasser zur Stromerzeugung ins Tal abgelassen und wieder hinaufgepumpt werden.

Almwirtschaft

Geht auf der Bodenwiese mindestens bis 1900 zurück. Seit 1911 gibt es die Weidegenossenschaft. 30 Mitglieder der Almgenossenschaft Neunkirchen treiben zwischen 1. Juni und 15. September etwa 135 Tiere, vor allem Jungvieh, auf.

∧
Eine weite Oase der Stille: die Bodenwiese

Pottschacher Hütte

919 m. Den Grund hatten die Naturfreunde nach dem Zweiten Weltkrieg gepachtet, die Hütteneröffnung erfolgte nach mehreren Um- und Zubauten 1962. Am vorletzten Sonntag im August jährlicher Almkirtag.

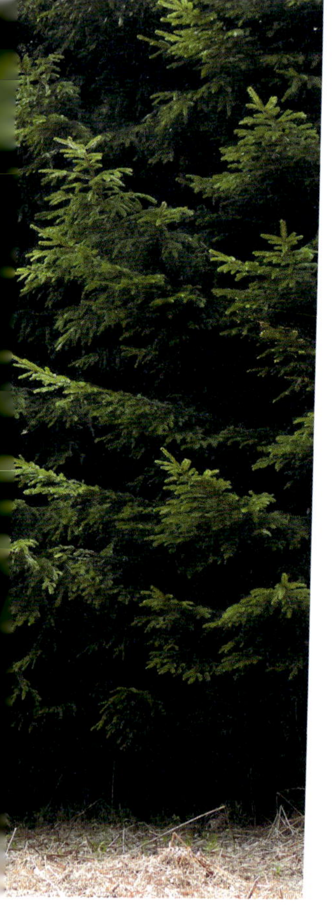

übersäen sie rosa Herbstzeitlosen. Für mich ist jedoch die stärkste Eigenschaft dieser waldumstandenen Wiese ihre Ausstrahlung von Stille und Leere. Daher geht sie mir im Winter am meisten zu Herzen: Dann wird die Landschaft zu einem schneeweißen Blatt, auf dem die mächtigen Fichten wie mit Kohle gezeichnet stehen. Vor Langem saßen wir einmal nachts zur Zeit der Hirschbrunft auf einem Hochstand, Tee trinkend, flüsternd und wartend auf die Tiere. Tatsächlich kamen zehn Hirsche, hoben den Kopf und legten los mit ihrem Röhren, das einen erschauern ließ in dieser kalten, nebeligen Nacht auf der Wiese. Kein Wunder, dass die Fantasie diese Gegend einst regelrecht bevölkerte mit sagenhaften Wesen und man meinte, nachts würde die Wilde Jagd über die Bodenwiese fegen …

Auf halbem Weg steht linker Hand die langgestreckte hölzerne Halterhütte. Im Sommer, wenn Kühe auf der Bodenwiese weiden, kann man sich hier stärken. Am Südende der Alm fällt eine Armada kleiner Grashügel auf. Einer Sage nach sollen sie die Köpfe von Türken bedecken, die 1683 hier im Kampf gegen Einheimische unterlagen (vgl. Toplitsch S 29). Tatsächlich war nicht einmal hier oben existenzieller Friede sicher, auch im 20. Jahrhundert nicht – da mussten Juden auf der Bodenwiese zwangsarbeiten und russische Besatzer bedrohten Menschen in der Nachkriegszeit selbst am Gahns …

Für die Längsdurchquerung der Bodenwiese brauche ich eine halbe Stunde! An ihrem Rand überblickt die wunderbare Waldburgangerhütte das Tal. Noch ist sie geschlossen. Links an ihr vorbei führt der rot markierte Weg zurück zur Pottschacher Hütte. Zwanzig Minuten später bin ich 160 Höhenmeter hinauf zum höchsten Punkt dieser Tour gestiegen, zum stillen, großen Schwarzenberg. Ich mag die große Lichtung mit dem nachwachsenden Jungwald, den grandiosen Blick nordwärts zu Schneeberg und in den Süden über die Ortschaften hinweg zum Eichberg, Otter, Wechsel und Sonnwendstein.

Nun beginnt mein Abstieg durch Fichtenwälder. An der Weggabelung ist der roten Markierung nach Gasteil und Pott-

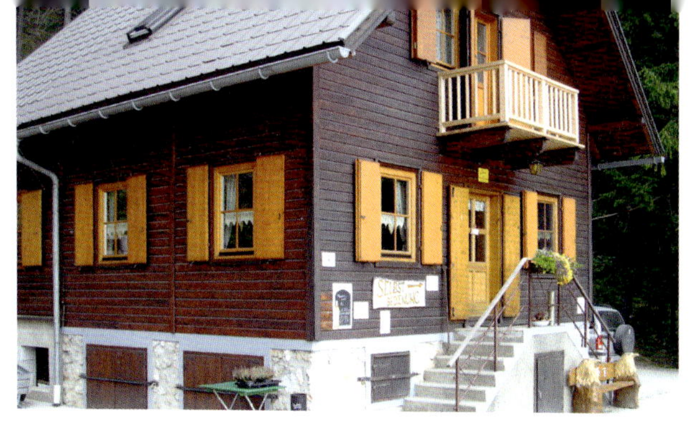

<

Die Pottschacher Hütte: ein familienfreundliches Ausflugsziel

schach zu folgen und sodann in die Forststraße links einzubiegen. Hier ist der kurze Abstecher zur Roten Wand sehr lohnend! Das ist ein besonders schöner Platz auf einer pittoresken Steilwand aus rotem Wettersteinkalk, von der man Richtung Prigglitz und Umgebung schaut.

Nicht lange danach treffe ich auf meine Aufstiegsroute und gehe denselben Weg retour. Jetzt ist es Zeit für die Einkehr! Von der Terrasse der Pottschacher Hütte hat man einen wunderbaren Semmeringblick, aber heute genieße ich in der netten, holzgetäfelten Gaststube Saisonales: eine köstliche Bärlauchcremesuppe, Bio-Most und die gute Hütten-Schnitte...

Kaum 30 Minuten später in Gasteil angelangt, denke ich wieder, welch Paradies diese Gegend ist. An seinen Früchten lässt sich teilhaben: Man kann sich in den Mostschänken Kirnbauer oder Kobermann oder im Gasthaus Schweighofer am Grillenberg laben, Bioprodukte von Andrea & Karl Zwickl mit heimnehmen oder überhaupt länger bleiben – im Gasthof Seelhofer oder (nach Vorankündigung) in einem der fünf Kunstzimmer im Gut Gasteil...

Nun besuche ich Gut Gasteil, seiner neuen Ausstellung in der Galerie wegen. Die Gebäude sind geschmackvoll mit einer Feuerstelle, viel Stein und Holz, großen Fenstern, üppigen Pflanzen, modernen Gemälden und Skulpturen ausgestattet. Im Hof zieht eine der Edelstahlplastiken von Hannes Seidl sofort meinen Blick auf sich – ein hoher, schlanker Flügel. Ich bewundere seine weiche Linienführung und seine scharfe Kante. Auf meinen sanften Fingerdruck kippt die große Metallfigur – und dreht sich kugelgelagert im Kreis. Da kommt Hannes und grinst über mein verblüfftes Gesicht...

Flügel

Eine der Edelstahlplastiken von Johannes Seidl – aus 2 mm dickem Niroblech getrieben, verschweißt zu einem Hohlkörper und geschliffen. Die Flügel sind exzentrisch auf einem Sockel mit zwei Kugellagern gelagert und drehen sich so im Wind.

18

SCHNEEBERG-ÜBERQUERUNG

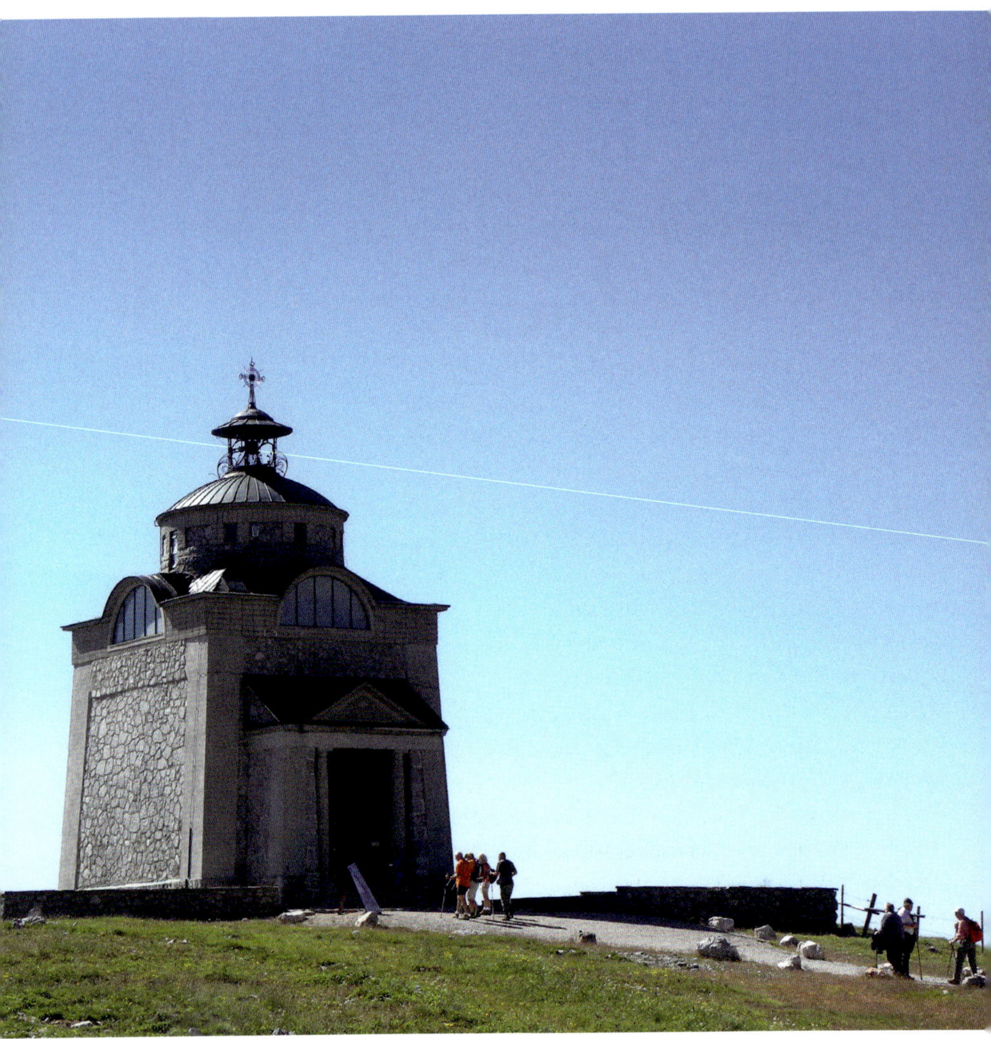

Zahnradbahnfahrt und Panoramawanderung mit Einkehr in der Fischerhütte und alpinem Abstieg über den Fadensteig

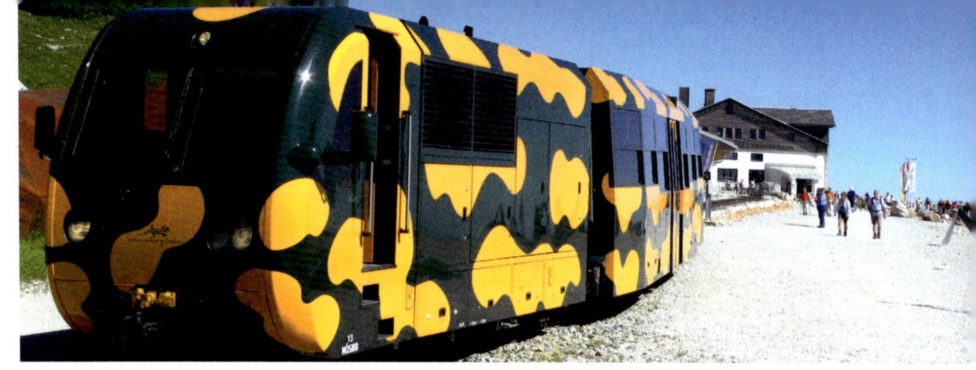

Die Zahnradbahn auf den Schneeberg galt zur Zeit ihrer Erbauung als ein Wunderwerk der Technik. Heute ist sie eine Rarität, die erlaubt, den höchsten Punkt Niederösterreichs, den Schneeberggipfel, fast mühelos zu erreichen. Dementsprechend groß ist der Andrang auf die Bahn, insbesondere an Schönwettertagen. Ein vorheriger Ticketkauf ist dann ratsam.

Die Bahn wird eben beladen mit Kisten, Säcken, Schachteln für die Schutzhütten auf dem Berg. Auch ein Blumenstrauß ist dabei. Punkt neun Uhr lässt der Zug einen – erheiternd tönenden – Pfiff verlauten, die Passagiere besetzen die Abteile bis auf den letzten Platz und los geht's. Zuerst zieht das gepflegte Ortsbild Puchbergs an uns vorbei, dann die geschmackvolle Galerie des Künstlers Voka und hält an der gastfreundlichen Hengsthütte. Hier verläuft die Trasse entlang des Niederen und Hohen Hengst. Es ist eine langsame Fahrt. Rechts zieren sie niedrige Felsen, links Millionen Fichten. Sie sind wohl mit ein Grund für die „grüne Lunge" des heilklimatischen Kurortes Puchberg. Den Schneeberg als Klimaschaukel genutzt hatte erstmals Wiens Weihbischof Schneider. Er war 1899 einen Monat lang täglich auf den Berg hinauf- und herunter gefahren und am kreislaufanregenden Klimawechsel gesundet ... Nun ist Muße, sich der Geschichte der Schneebergbahn zu widmen: Sie wurde ab 1895 von Gastarbeitern der Monarchie, Italienern und Kroaten händisch errichtet, die auch bei Sturm, Regen, Schnee und Eiseskälte arbeiteten und es schafften, den Schienenweg von Wiener Neustadt auf 265 Meter Seehöhe bis auf den Hochschneeberg auf 1800 Metern in kaum 22 Monaten zu bauen, wobei allein auf der 9,8 Kilometer langen Zahnradbahnstrecke ab Puchberg ein Höhenunterschied von 1223

Zahnradbahn

1871 war die Schweizer Rigibahn die weltweit erste Zahnradbahn. Schon 1872 gab es eine Vorkonzession für eine Schneebergbahn – mit Payerbach als Ausgangsort. 2012 Streckensanierung und Einbau elektrischer Weichen. Trotzdem: Wenn die Gleise unter meterhohem Schnee liegen, wird die Trasse noch immer mit einer Wünschelrute aufgespürt! An Sommer-Sonntagen verkehrt auch heute der Nostalgie-Dampfzug. Mit kaum 10 km/h kriecht er in 80 Minuten den Berg hoch, wofür er 4000 Liter Wasser und 680 kg Steinkohle braucht. Der moderne Salamander-Triebwagenzug bringt jährlich etwa 150.000 Menschen auf den Bergbahnhof Hochschneeberg.

∧
Salamander-Triebwagenzug

<
Elisabethkirchlein

Station Baumgartner
1396 m, errichtet 1897, 2010 von der Schneebergbahn übernommen.

Buchteln
In Westösterreich Wuchteln, in Oberösterreich Rohrnudeln genannt, böhmische Spezialität (*buchticky*), werden beim Backen öfter mit Butter bestrichen.

Paradies der Blicke
2011 vom Land Niederösterreich und der Schneebergbahn realisiert. Ruhebänke, Flaniermeile, Rundwanderweg, Infotafeln, Audioguides. Das „Kaleidoskop" befindet sich im ehemaligen Bahnhof.

Ochsenboden
Wasserschutzgebiet; Karstlandschaft mit Dolinentrichtern, tw. eingezäunt, Weide für etwa 60 Kühe von acht Mitgliedern der Weidegemeinschaft.

^
Das einladende Damböckhaus und der friedliche Ochsenboden

>
Doronicum calcareum, Kalk Gämswurz, ein Endemit der nördlichen Kalkalpen

Metern überwunden wurde! Ihr Erbauer, Ing. Leo Arnoldi, vollbrachte damit eine technische Pionierleistung. Nach ihrer Eröffnung 1897 war die Zahnradbahn eine Attraktion ersten Ranges. Auch Kaiser Franz Joseph I. fuhr am 18. Juni 1902 – im Plüschfauteuil des Salonwagens – bergwärts zum Elisabethkirchlein, das man im Gedenken an seine Gattin errichtet hatte (vgl. Toplitsch S 212). Vor der Flaute nach dem Ersten Weltkrieg und der Inflation rettete die Bahn der Skisport: Seinetwegen reisten sonntags bis zu tausend Menschen auf den Berg, weshalb der Zug ab 1928 auch im Winter verkehrte (vgl. Kos E 295). Nach dem Zweiten Weltkrieg nahm die Besucherfrequenz ab und der Winterbetrieb wurde eingestellt.

An der Station Baumgartner hält der Zug – wegen der berühmten Schneebergbuchteln aus flaumigem Germteig, mit Mamelade gefüllt. Fünf Minuten später ertönt erneut der Pfiff, manche Passagiere besteigen den Zug nun mit Staubzuckerbärten, und weiter geht die Fahrt. Erst quert die Trasse den Grafensteig. Dann folgt der aussichtsreichste und steilste, technisch imponierendste Abschnitt: 400 Höhenmeter werden im Bereich der Kuhplagge mit bis zu 200 Promille Steigung überwunden und dazu zwei Tunnels (mit 202 und mit 177 Metern Länge) durchquert. Bis Juli 1999 befuhren Dampfloks die Strecke ab Puchberg in 80 Minuten. Der seither eingesetzte Salamander-Triebwagenzug schafft das mit maximal 19,5 km/h in der halben Zeit. Dann sind wir beim Bergbahnhof Hochschneeberg, dem 2009 eröffneten, höchstgelegenen Bahnhof Österreichs auf 1800 Metern Seehöhe.

Hier oben fallen sofort Zeugen des „glanzvollen" Fin de Siècle auf – das Elisabethkirchlein und das Berghaus Hochschneeberg, beides auf der aussichtsreichen Geländekante um 1900 erbaut (S. 146, S. 169). Ich spaziere erst durch die informative Freiluftausstellung „Paradies der Blicke" und wende mich dann einem langen, schmalen Gebäude zu. Es wurde mit einer facettenreichen Eisenhülle verkleidet und zu einem betretbaren „Kaleidoskop" verwandelt. Im Inneren hört man Wasser gurgeln, glucksen, tropfen und erfährt von Bildschirmen Interessantes zu Historie und Geologie des Schneebergs. Am Ende des Gangs erwarten die Besucher das zu einem Kaleidoskop Gehörende: bunte Bilder – die modern-realistischen Gemälde des Künstlers Voka. Zwischen Glasscheiben wirbeln Daunen wie Schneegestöber vor dem Elisabethkirchlein.

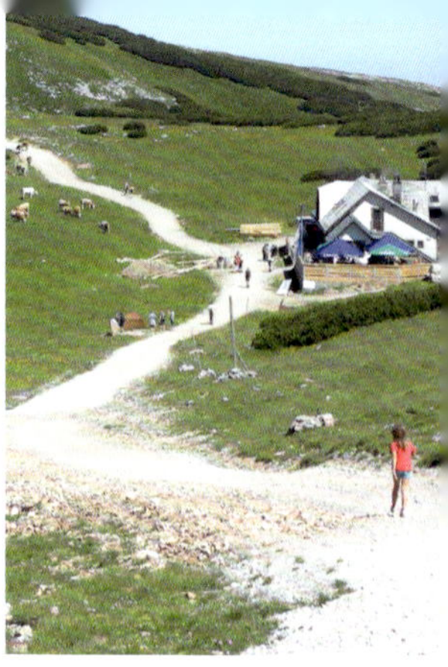

Nun folge ich dem fast ebenen, breiten Kiesband Richtung Fischerhütte und genieße den fantastischen Blick Richtung Semmering, Wechsel und Rax. Kaum zwanzig Minuten später ist das gemütliche Damböckhaus am NW-Fuß des Waxriegels erreicht. Es heißt so nach dem Wiener Spitzenfabrikanten Ludwig Damböck, dessen Spende einst die Fertigstellung der Hütte ermöglicht hatte. Der Ochsenboden, auf dem sie steht, ist alter Weidegrund. Auch jetzt rasten Kühe auf der blumenübersäten Wiese – es ist ein erheiternder Anblick! Für die verlockende Einkehr im Damböckhaus ist es heute zu früh.

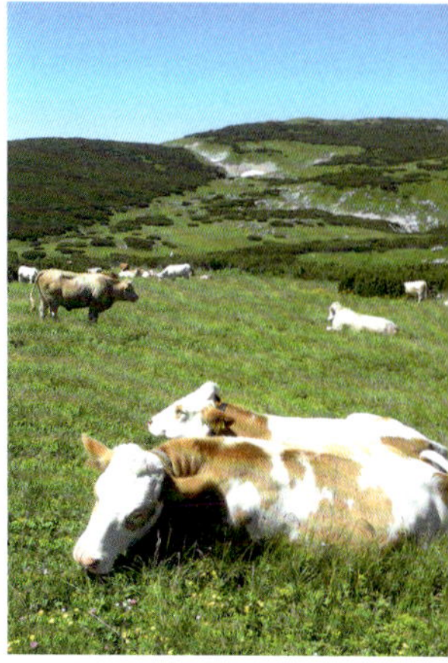

Zwanzig Minuten später teilt sich der Weg: Der rechte Ast führt zur Fischerhütte, der linke zum Gipfel des Schneebergs. Dorthin wandere ich. Auffallend ist hier, wie robust und nah gesetzt die Markierungen sind. Sie bezeugen, wie dicht der Nebel, wie heftig der Sturm hier sein können. Kurz vor dem Gipfel wird es steiler, aber durch die Zahnradbahn ist der höchste Punkt Niederösterreichs mit 2076 Metern Seehöhe ohne viel Mühe erreichbar. An diesem Punkt trafen jahrhundertelang die Grenzen der Herrschaften Gutenstein, Stixenstein und Reichenau zusammen. Das Klosterwappen von Stift Neuberg an der Mürz, zu dem Reichenau gehörte, war einst in den Felsen des Gipfels geschlagen und wurde namengebend. Der Rundumblick von hier ist fantastisch! 1802 behauptete Joseph August Schultes, der Autor eines populären regionalen Reiseführers, sogar, der Blick vom Schneeberg sei besser als der vom Montblanc, und ein Geografiebuch aus dem Jahr 1817 ließ verlauten, von hier sähe man sogar den Hafen von Triest (vgl. Kos Ü 46) … Wenn auch der Durchmesser des 360-Grad-Panoramablicks den man hier zu sehen bekommt,

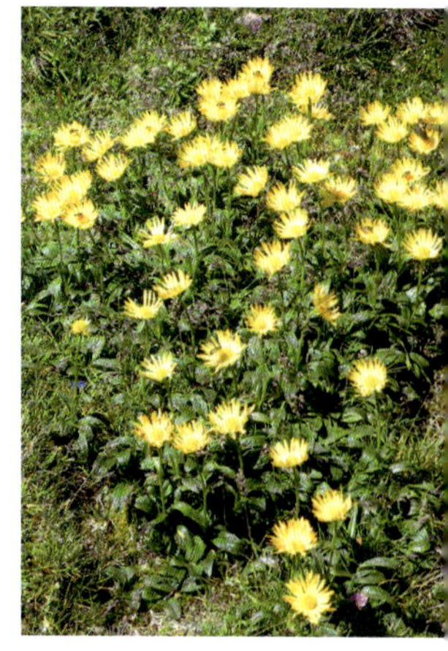

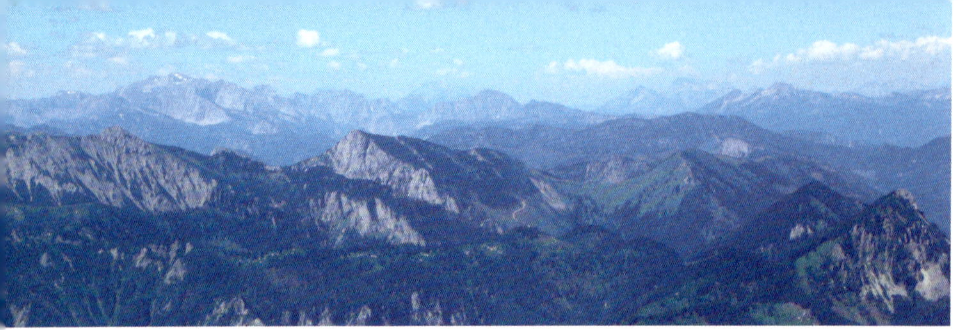

Fischerhütte
2049 m, benannt nach Eduard Fischer Edler von Röslerstamm, dem Alpinisten, Naturforscher und Verfasser des ersten Führers über das Gebiet, der für den Hüttenbau 100 Gulden gespendet hatte. 1885 als Windschutzhütte vom ÖTC errichtet. Mehrfache Neu- und Umbauten. Seit 1974 vom ÖTK Neunkirchen betreut.

Pest
Kam durch Wiener Fuhrleute nach Puchberg. Von August 1713 bis Jänner 1714 forderte die Seuche hier 102 Menschenleben.

^
Herrliche Ausblicke auf die westliche Bergwelt
^ ^
Die Fischerhütte lädt zur Einkehr
>
Bizarre Alpinlandschaft am Fadensteig

nicht so weit reicht, grandios ist er jedenfalls! Durch seine exponierte Lage am Alpenostrand ist der Schneeberg extremen Stürmen ausgesetzt, die bis zu 240 km/h erreichen können. Trotzdem waren auf diesem Berg schon in der Steinzeit Menschen! Das beweisen die Funde zweier Werkzeugfragmente aus Serpentin: der eines Steinhammers bei der Fischerhütte und der eines Lochbeils am Klosterwappen. Heute stehen an diesem besonderen Ort Anlagen, deren spacige Optik sie ganz dem dritten Jahrtausend zugehörig macht: eine militärische Radaranlage und die Wetterstation der Stadt Wien. Das Gipfelkreuz ist daneben.

Ein Kammweg führt hinüber zur nahen Fischerhütte. Heute ist viel los in der beliebten, sehr gemütlichen Hütte. Eine Tafel listet allerhand Verlockendes. Meine Wahl fällt auf Mostbraten mit Kraut und Knödel und einen großen gespritzten Most. Auf der Terrasse treffe ich Freunde. Wir essen gemeinsam, genießen die Sonne, die Gespräche, den fantastischen Weitblick ins liebliche Puchberger Becken, ein Glas Wein. Etwas Gelöst-Heiteres hat all das. Aber ich habe noch die halbe Bergüberschreitung vor mir und verabschiede mich.

Neben der Fischerhütte ist der Kaiserstein, der zweithöchste Schneeberg-Gipfel. Zu diesem Punkt waren die Puchberger 1713 vor der Pest geflohen, wo sie, in der reinen Luft zeltend, verschont blieben. Dass der Gipfel „Kaiserstein" heißt, hat folgende Geschichte: Dem Zeitgeist folgend gab auch Kaiser Franz I. dem Pferd die Sporen Richtung Schneeberg: Er tat dies zwei Mal: 1805 als Kaiser des Heiligen Römischen Reiches Deutscher Nation, 1807 vergleichsweise schlicht als Kaiser von Österreich. „Dieses bestürzend rasche Schrumpfen der kaiserlichen Perspektive" (Komarek 79) ging auf das

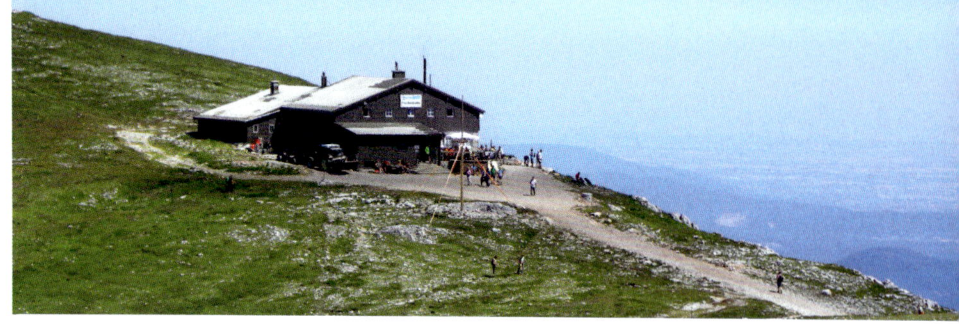

Konto Napoleons. Ab dem Kaiserstein können alle Schönheiten des Bergs in völliger Ruhe genossen werden. Hier liegt die Breite Ries vor einem, steil und felsbegrenzt. Dohlen mit blau-schwarz schimmerndem Federkleid vollführen für mein Empfinden gewagte Flüge vor dem Himmelsblau – mit Flugbahnen, die an japanische Kalligrafie erinnern.

Auf dem Schotterpfad, der vom Kaiserstein über sanft geneigte Graslehnen hinabführt, wandert man in die Aussicht hinein und ihr entlang. In der Ferne, inmitten von Wäldern, sieht man das Servitenkloster am Mariahilfberg bei Gutenstein, den der Dichter Ferdinand Raimund so gern bestiegen hat. Die berühmt-berüchtigte Skiabfahrt Lahning Ries zieht hier zwischen Felsen in die Tiefe. Ihre Steilrinne betrachtend, kann ich mich eines Schauers nicht erwehren.

Der Fadensteig führt durch eine steile Alpinlandschaft. Bizarre, helle Kalkformationen rahmen dabei die Aussicht. Das ist der schönste Schneeberg-An- und -Abstieg und es ist der meistbegangene. Dennoch: Bei der Fischerhütte steht, er sei „nur für Geübte“, und tatsächlich sind Trittsicherheit und Schwindelfreiheit hier unerlässlich! Man durchsteigt zwei Mal steiles Schrofengelände (oben mehrmals mit Stahlseilen versichert), überwindet auf schmalen Serpentinen einen Schotterhang und durchwandert einen Lärchenwald. Vom Einstieg in den Fadensteig bis zur Edelweisshütte auf dem Fadensattel sind es 500 Höhenmeter.

Nun bringen mich die Sesselbahn und dann der Autobus retour nach Puchberg. Durch das Sierningtal heimfahrend, begegnet mir ein VW-Käfer – im Look der „Salamander“-Zahnradbahn, grün mit gelben Flecken. Mir erscheint er als Zirkelschlag zum Beginn dieses schönen Tages und als Bild für seine Stimmung, die bei einem Musikstück „allegro“ hieße: heiter.

Ferdinand Raimund

(1790–1836) Der Dramatiker hatte ab 1834 einen Sitz in Gutenstein und ist dort begraben. Vom Kloster stieg der Dichter oft zum „Raimund-Sitz“ auf, einem seiner Lieblingsplätze.

Edelweisshütte

1934 von Theresia Gschaider errichtet, im April 1945 erheblich beschädigt. 1960 vom Alpenverein gekauft. 2000 Zubau.

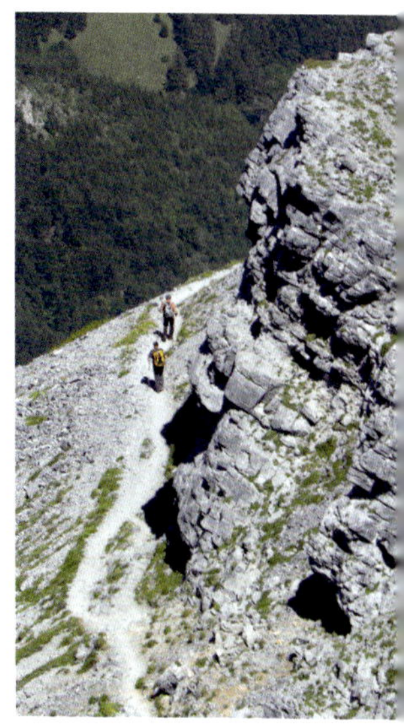

19

WEICHTALKLAMM FERDINAND-MAYR-WEG

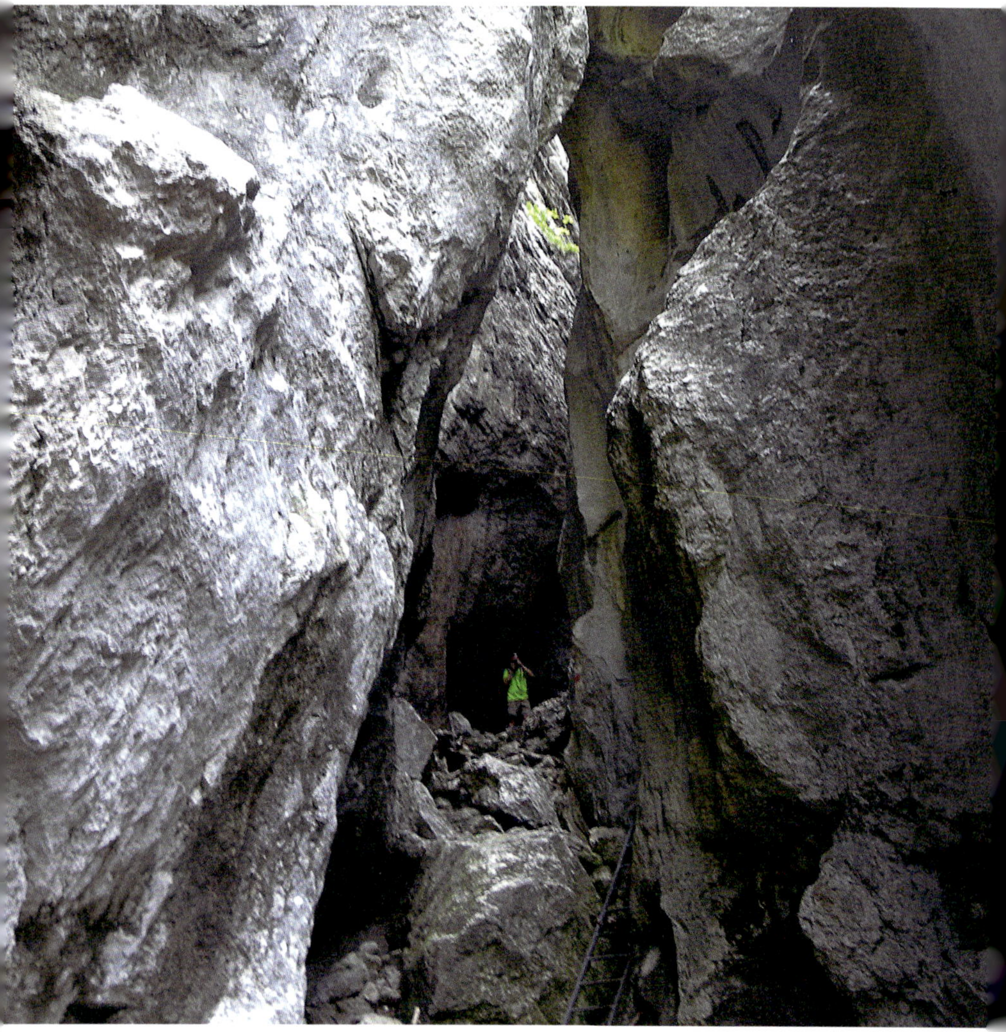

Durch die wildromantische Klamm
mit Einkehr in der Kienthalerhütte und im Weichtalhaus

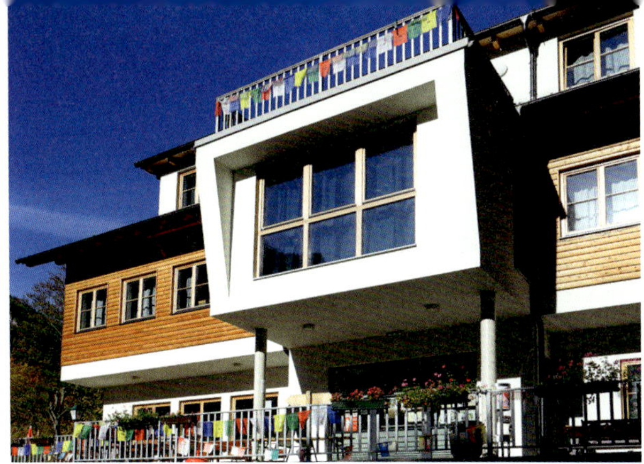

Heute widme ich mich einer Berühmtheit im Höllental – der Weichtalklamm. Das ist eine imposante Steilschlucht durch die SW-Flanke des Schneebergs mit engen Felsklammen und breiteren Geländeabschnitten dazwischen. Durch diese wilde Landschaft führt ein spektakulärer, abwechslungsreicher Anstieg mit vielfachen Steighilfen. Er ist auch der meistbegangene Zustieg zur Kienthalerhütte und wird wegen seiner schattigen Kühle gerade an Hitzetagen wie dem heutigen gern gewählt, auch von internationalen Besuchern.

Vom großen Parkplatz im Weichtal gehe ich zunächst zum dortigen Schutzhaus. Der im Juni 2015 eröffnete Neubau des Naturfreunde-Schutzhauses wird seit 2017 zur Freude aller erneut von einem Menschen geführt, der mit seiner Tätigkeit und dem Höllental verbunden ist wie kaum ein anderer: Manfred Rottensteiner. Der Sohn der Gastronomin Frieda Rottensteiner hat elf seiner Kindheitsjahre an diesem Ort verbracht und war vierzehn Jahre lang der Wirt des früheren Weichtalhauses. Manfred und Barbara haben die Gaststube des modernen Gebäudes charmant gestaltet und bieten ihren Gästen neben Broten, Suppen, Specklinsen auch Gemüsecurry, Lasagne und – besonders delikat – Forellen … Neben dem Schutzhaus fällt der mächtige Fels auf. Auf ihm wurde ein „Übungsklettergarten" mit verschiedenen Klettersteigsequenzen (B bis E) eingerichtet, denn das Weichtalhaus ist ein (nicht nur „Naturfreunden" offenstehendes) Ausbildungs- und Kletterzentrum samt Seminarraum. Auch im Weichtalhaus verstärken nepalesische Mitarbeiter das Team.

Weichtalhaus

547 m, ab 1920 von den Naturfreunden erbaut, 1922 eröffnet. Überstand verheerende Lawinen. Der dreigeschoßige Neubau hat 580 m² Nutzfläche, ist u. a. Ausbildungs- und Kletterzentrum, bietet 70 Betten (Betten-Lager), ca. 50 Sitzplätze im Inneren, Seminarraum für bis zu 50 Personen.

Weichtalklamm

Erste touristische Begehung 1880 durch Wratislaw Fikeis und Franz Krischker. Während oder nach Schneeschmelze oder heftigen Regenfällen ist von ihrer Begehung abzuraten. Im Winter kann sie vereist sein.

∧
Modern:
das neue Weichtalhaus

<
Eine der Engstellen in der Weichtalklamm

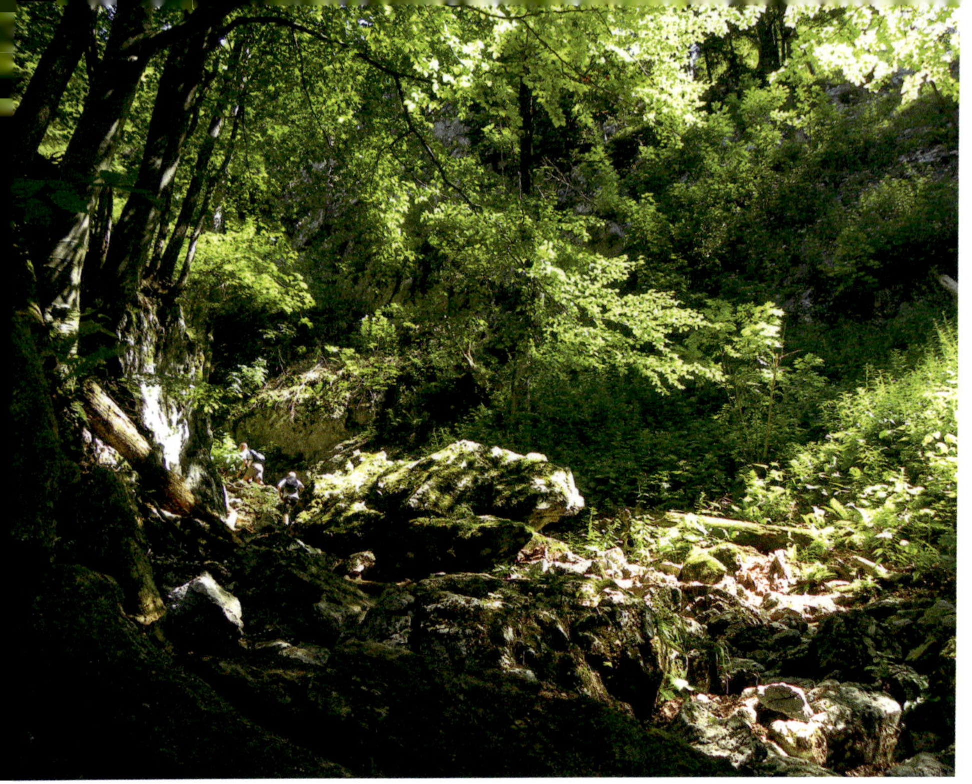

∧
Dicht bewachsene, dschungelartige Wegpassage in der Weichtalklamm
∧ ∧
Im Aufstieg durch die Klamm

Nun wende ich mich an der Brücke nahe dem Schutzhaus Richtung Weichtalklamm. Wie Torwächter scheinen die Felsen beidseits des Weges an dessen Beginn Wanderer darauf vorzubereiten, dass sie nun besonderes Terrain betreten. Kletterer haben hier Routen eingerichtet. „Born to be Wild", „Hochspannung", „Vision" oder „Mondscheinsonate" heißen sie und ihre Schwierigkeitsgrade reichen von VI bis IX. Nach diesem Entrée geht man bald einer überhängenden Felswand entlang.

Sodann folgt der erste der insgesamt sechs zwischen den Klammpassagen befindlichen breiteren Geländeabschnitte. Landschaftsprägend sind hier neben wegnahen Felssolitären, Geröllkaren und kleinen Höhlen vor allem der „erstarrte Stein-Fluss" auf seinem Grund – das (meist) trockenliegende, grobsteinige Bachbett. Darin verläuft der Weg zumeist. In diesen Passagen ist der Mischwald oft besonders dicht, vielfältig, dschungelartig. Seinen Boden überwuchern Gräser,

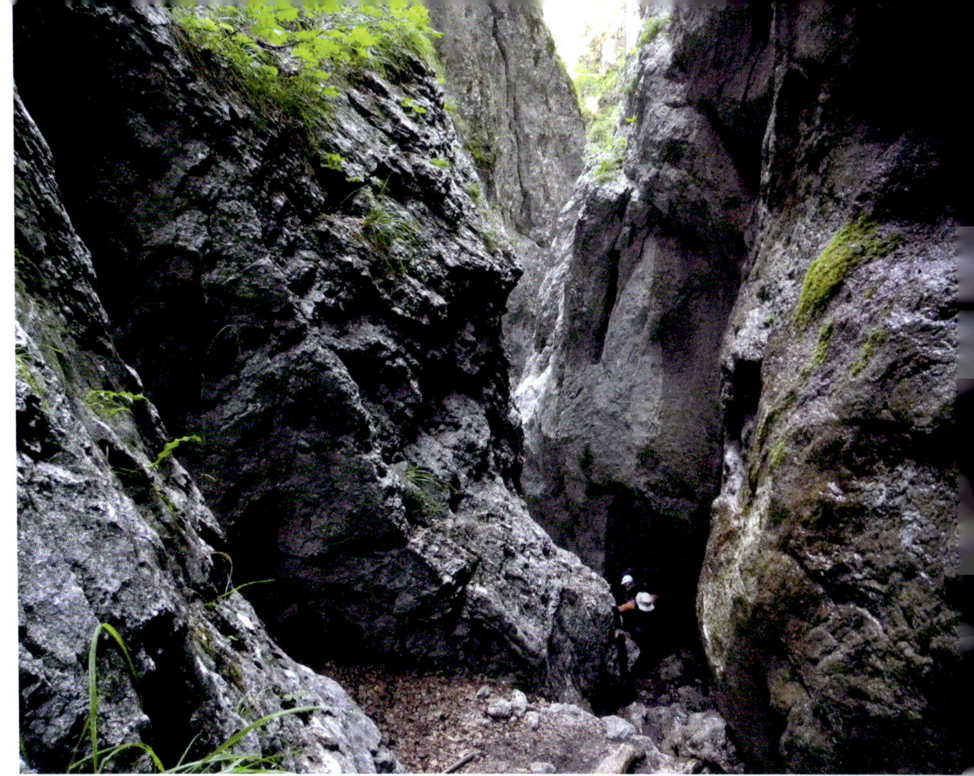

Sträucher, Farne und manch botanisches Juwel. Im seinem vielfachen Grün liegen modernde Baumstämme und mit Flechten und Moosen bewachsene Felsblöcke. Manchmal sind Äste und Bäume ineinander verschränkt, den Weg versperren sie jedoch nicht. Dafür sorgen die Mitarbeiter des Forst- und Landwirtschaftsbetriebs der Stadt Wien, der MA 49.

Nach 40 Gehminuten nähere ich mich der ersten Klamm. Die beidseits hoch und senkrecht aufragenden Felsen rücken hier immer näher zusammen, bis nur ein schmaler Zugang bleibt. Ich bin wie gebannt von dieser dramatischen Felsszenerie. Ihr Anblick illustriert Gegensätzliches – die Macht des Steins und des Wassers: das Starre und Bewegliche, das Harte und Weiche, das Unbeugsame und Nachgiebige. Wer siegte, ist klar: Das „schmiegsame" Wasser hat den harten Fels nicht nur geschliffen und poliert, sondern ihn auch geformt. Was dabei herauskam, erinnert erneut an die „weiche" Qualität des Wassers: Mit ihren Kurven, Rundungen und Einbuchtungen

Wartung der Weichtalklamm

2019 war die Klamm eine Zeitlang gesperrt, weil sie in massivem Arbeitseinsatz nach Schäden durch Borkenkäferbefall und Winterwetter erneut begehbar gemacht werden musste.

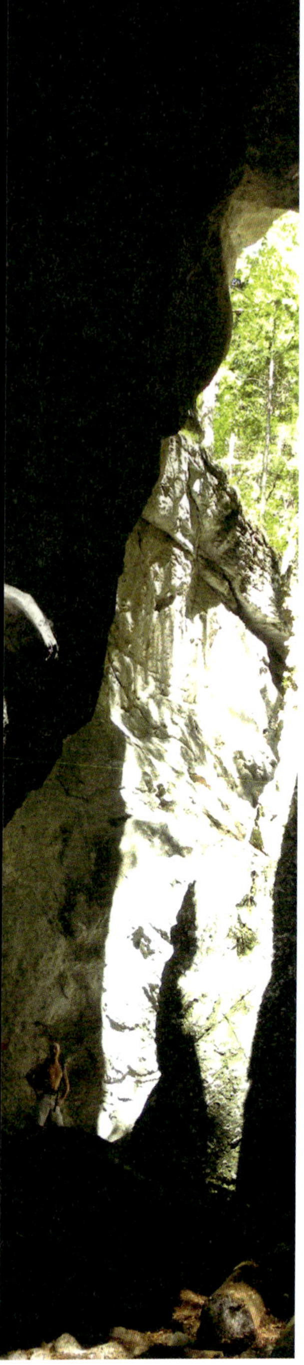

haben die Felsen selbst etwas von Wellen – aus Stein ... Diese weichen Formen ergänzt Brachiales: Steinbrocken, Felstrümmer, Totholz. Das Spiel von Licht und Schatten am Grund der tiefen Schlucht verleiht der Szenerie etwas fast Dramatisches und wir Menschen wirken darin wie Zwerge.

Eine Metallleiter ist die erste der soliden Versicherungen aus Steigbäumen sowie Ketten, Tritten und Leitern aus Eisen und in den Fels geschlagener Stufen, die einem auch in den vier der noch folgenden fünf Fels-Klammen behilflich sind. Trotzdem verlangt dieser Steig jedenfalls Trittsicherheit und eine gewisse Übung im Felsgehen.

In der zweiten Klamm passiere ich die Schlüsselstelle, die aber dank der Eisenklampfen gut begehbar ist. In der vierten Klamm ist eine etwa vier Meter hohe Leiter hochzusteigen. In der sechsten und obersten Klammpassage folgt ein weiterer landschaftlicher Höhepunkt. Hier lassen wuchtige, überhängende Felsen nur einen Spalt zwischen sich und was man darin zu Wald oder Himmel hinaufschauend erblickt, ähnelt den Abbildern in Spiegelscherben. Hier ist unter zwei zwischen Steilwänden verblockten Felsen hindurchzusteigen.

Nach etwa zwei Stunden entlässt mich die Schlucht. Ich überquere nun die Forststraße und setze geradewegs bergan fort. Gleich darauf kühle ich mir an der Jakobsquelle das erhitzte Gesicht. Erst noch im Graben, dann in Serpentinen den Hochwald hinauf, zuletzt den Fuß des Turmsteins entlang, bin ich eine halbe Stunde später bei der Kienthalerhütte. Sich ihr nähernd ruft eine Ungarin: „Végre egy turistaház!“ Schmunzelnd schließe ich aus ihrem Tonfall, dass das „Endlich, die Hütte!“ bedeuten muss ...

Eröffnet wurde die damals nur 5,3 mal 8,8 Meter große Kienthalerhütte 1896, erweitert zu ihrer heutigen Größe wurde sie 1936/37. Die leichthin gesagten Zahlen verbergen, dass die Geschichte auch dieser Hütte eine Geschichte des Idealismus ist und der Mühsal, zu der die ihr verbundenen Menschen quer durch die Zeiten bereit waren. Denn jahrzehntelang war

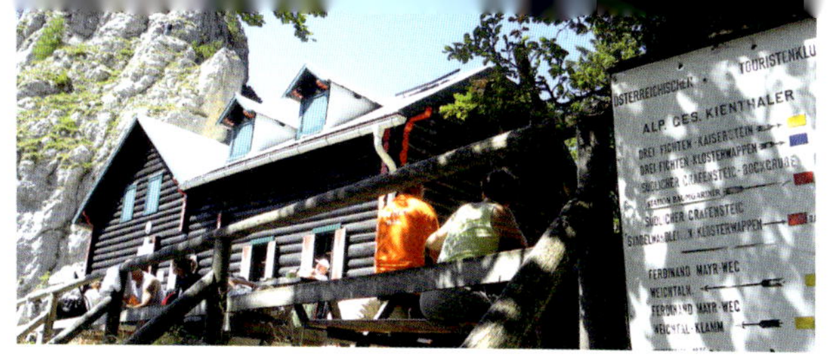

die einzige Möglichkeit, etwas hierher zu bringen, es 833 Höhenmeter über den Ferdinand-Mayr-Weg hinaufzutragen. Und es gibt berührende Geschichten um Menschen, die sich dieser Hütte mit Haut und Haar verschrieben hatten, wie Albrecht Post, Elisabeth Krickl und Anton Witzani. Liebevoll gehegt wird sie heute von Mitgliedern der ÖTK-Sektion Kienthaler Neunkirchen, die sie von Ostern bis Allerheiligen an Wochenenden und Feiertagen einfach bewirtschaften. Ich nehme Suppe und Saft und schaue von der Terrasse Wanderern zu, die den versicherten Steig auf den aussichtsreichen Turmstein neben der Hütte erklimmen.

Ein Stück abgestiegen, halte ich mit Blick auf die Fronbach Wände erneut Rast auf einer Wiese. Das Summen der Bienen liegt wie eine Wolke über ihr. Der Wind klingt sommerlich in den Bäumen, aber etwas an der Luft lässt den Herbst ahnen.

Bei der Forststraße unten wende ich mich nach rechts, bis linker Hand ein Schild zum Ferdinand-Mayr-Weg weist. Dieser Weg ist die leichtere – und bei Nässe unbedingt empfehlenswerte – Alternative zur Weichtalklamm. Auf ihm wechseln Serpentinen und lange Hangquerungen durch Fichten- und Mischwald mit Buchen, Fichten, Ahornen, Lärchen. Der spektakulären Klamm kann diese Landschaft nicht die Stirn bieten. Mir gefällt der Steig aber, auch wegen einzelner, sehr schöner Tiefblicke. Einen solchen hat man etwa am Krenken Kogel, wo der Pfad nahe an die Schluchtkante führt und man zwischen Kiefern auf die von blauen Schatten verklärten Abhänge der Rax und die Steilwände des Großen Höllentals schaut.

Abschließend bringen mich Serpentinen durch den Wald des Schwarzkogels hinunter zum Ausgangspunkt. Davor führt eine hölzerne Fußgeherbrücke über die Schwarza. Unter ihr nehmen ein Mann und eine Frau ein abendliches Bad im glitzernden Fluss.

Kienthalerhütte
1380 m, von Ostern bis Allerheiligen an Wochenenden und Feiertagen offerieren Vereinsmitglieder hier Suppen, Getränke, Brote und die Möglichkeit zur Nächtigung.

Ferdinand-Mayr-Weg
Benannt nach Ferdinand Mayr, der ab 1893 40 Jahre lang Obmann der Kienthaler war.

∧
Die Kienthalerhütte: mit viel Idealismus betrieben

<
Lichtspiele in der Weichtalklamm

20

WALDBURGANGERHÜTTE

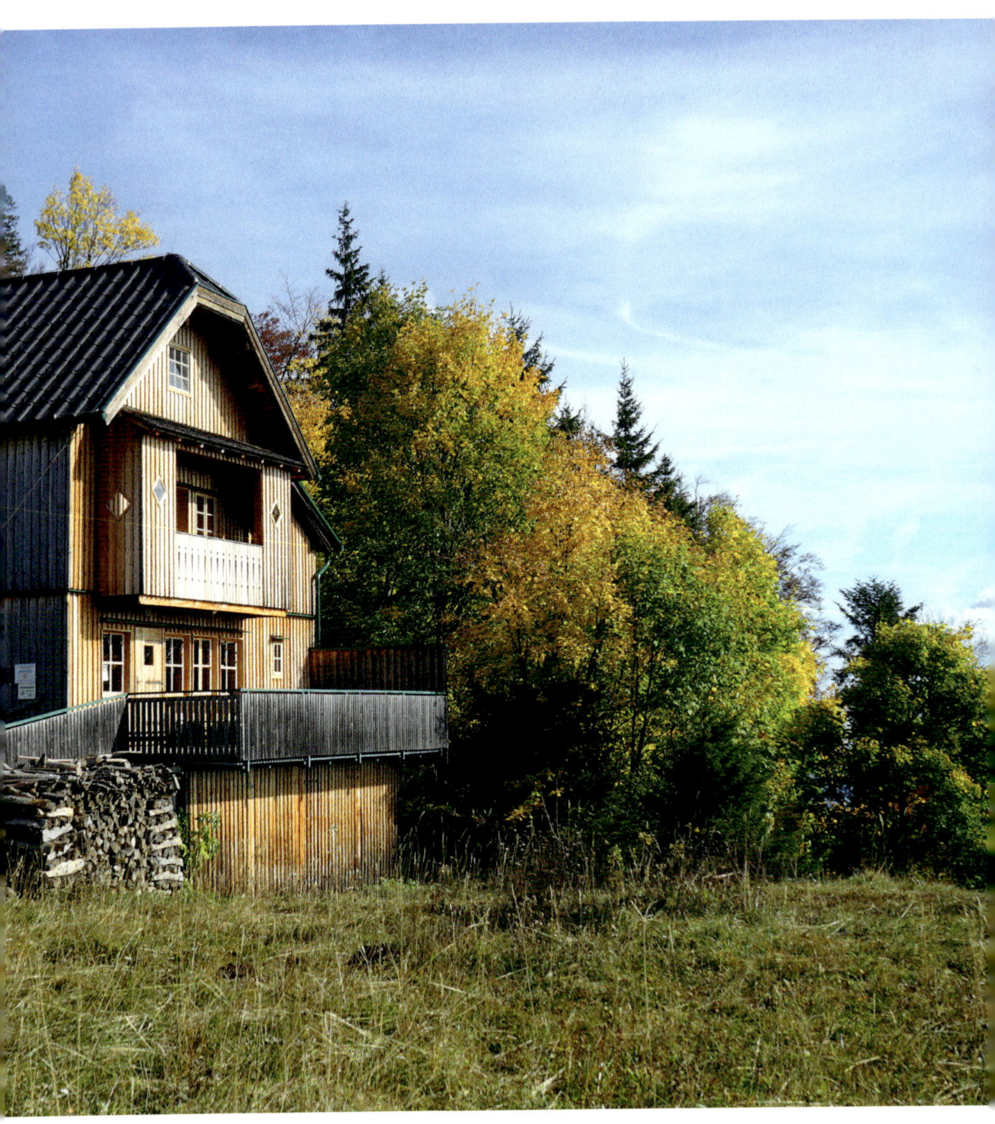

Sonnen- und aussichtsreiche Rundtour vom Bahnhof Payerbach-Reichenau mit Einkehr in der Waldburgangerhütte

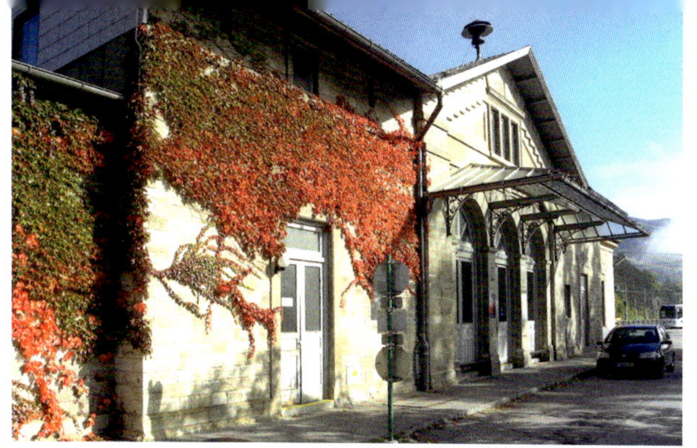

Bahnhof Payerbach-Reichenau
Mit Blick auf den aufstrebenden Tourismus hatte die Südbahngesellschaft 1868 hier ein stattliches Stationsgebäude aus behauenem Stein samt Bahnhofsrestaurant erbaut und ließ 1902 auch einen separaten Warteraum für die Angehörigen des Kaiserhauses errichten.

Eine graue Nebeldecke verhüllt laut Wetterprognose ganz Ostösterreich – ausschließlich im Raxgebiet solle es, ließ die Hohe Warte verlauten, prächtiges Wetter geben. Also löse ich in Wien ein Zugticket nach Payerbach-Reichenau. Den Reichenauer Talkessel inmitten seiner Berge empfinde ich ohnehin als Kleinod, als aber dann der Zug in Schlöglmühl tatsächlich das alles verhüllende Nebelgrau hinter sich lässt und das Tal im strahlenden Sonnenschein liegt, kann ich es nicht fassen, wie tief und farbintensiv dieses Bild wirkt!

Am Bahnhof Payerbach-Reichenau steige ich aus. Das Reichenauer Tal hatten einst die Habsburger en vogue gemacht, der Bau der Semmeringbahn, die die Erreichbarkeit erleichterte, begründete den Boom des lokalen Fremdenverkehrs. Um 1900 war der Bahnhof Payerbach-Reichenau mit bis zu 6000 Fahrgästen an Sonn- und Feiertagen einer der höchstfrequentierten der Monarchie! Und schon 1910 strömten hier zahllose Städter mit Wanderambitionen aus dem Wiener Eilzug.

Vom Bahnhofsgebäude wende ich mich nach rechts, gehe bis zum Ende des Parkplatzes, nehme an dessen Ende den Pfad hinunter zur Straße und unterquere die Bahn. Blaue Markierungen leiten hier die Geyerhof-Straße hinauf bis zum Hochberger Hof. Unterwegs bieten sich ringsum schöne Anblicke – mit Payerbach und seinem Viadukt als Herzstück. Nach einer Weide, auf der urig-putzige Hochlandrinder mit dickem, rostbraunem Fell grasen, kann man auf einem Waldweg linker Hand die Straße abkürzen. Nach einer halben Gehstunde vom Bahnhof ist die ehemalige Jausenstation Hochberger erreicht. Der Hof hat seinen Namen zu Recht – er hat

^
War an Sonn- und Feiertagen einer der höchstfrequentierten Bahnhöfe der Monarchie: Payerbach-Reichenau

<
Die restaurierte Waldburgangerhütte

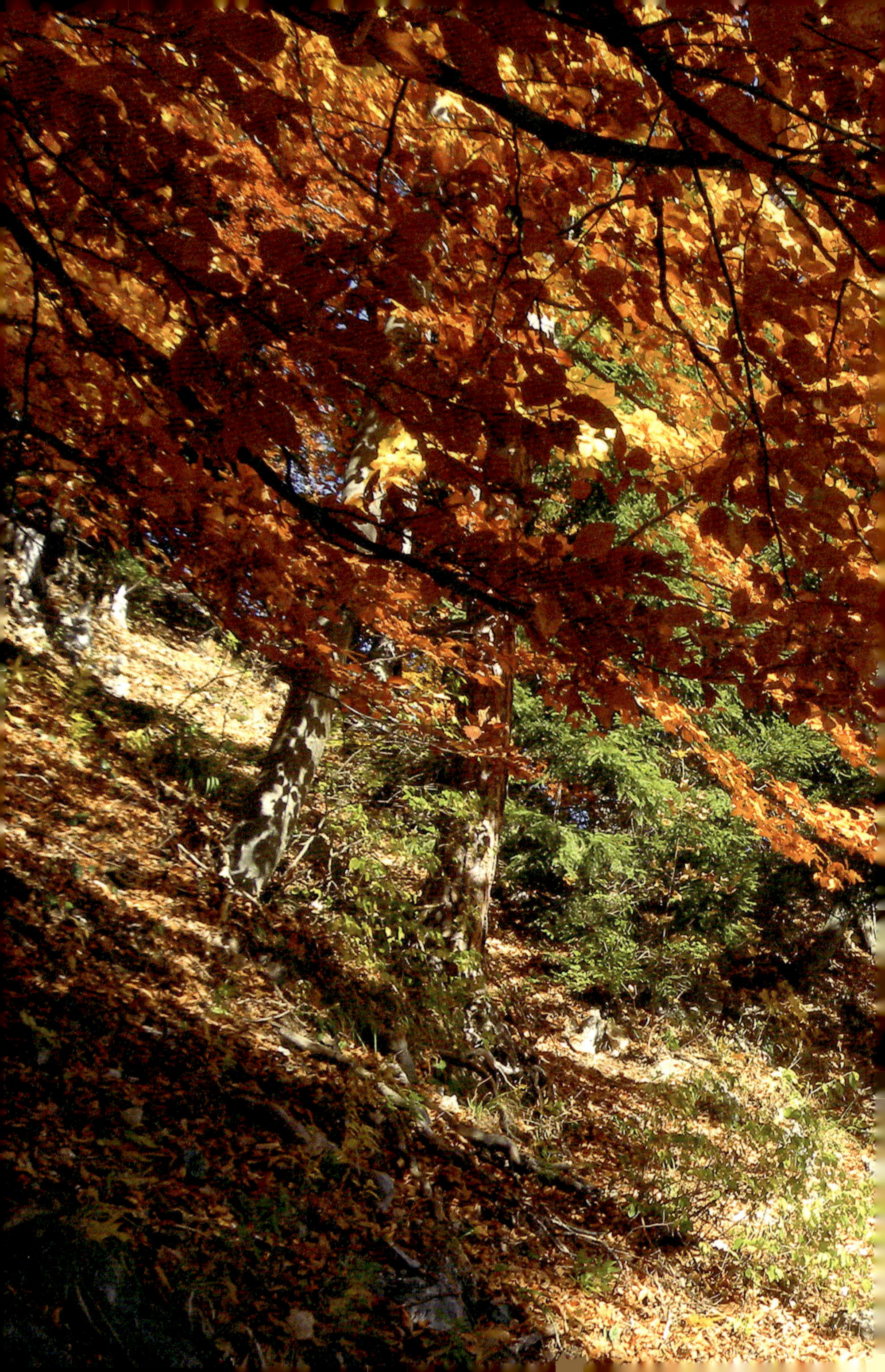

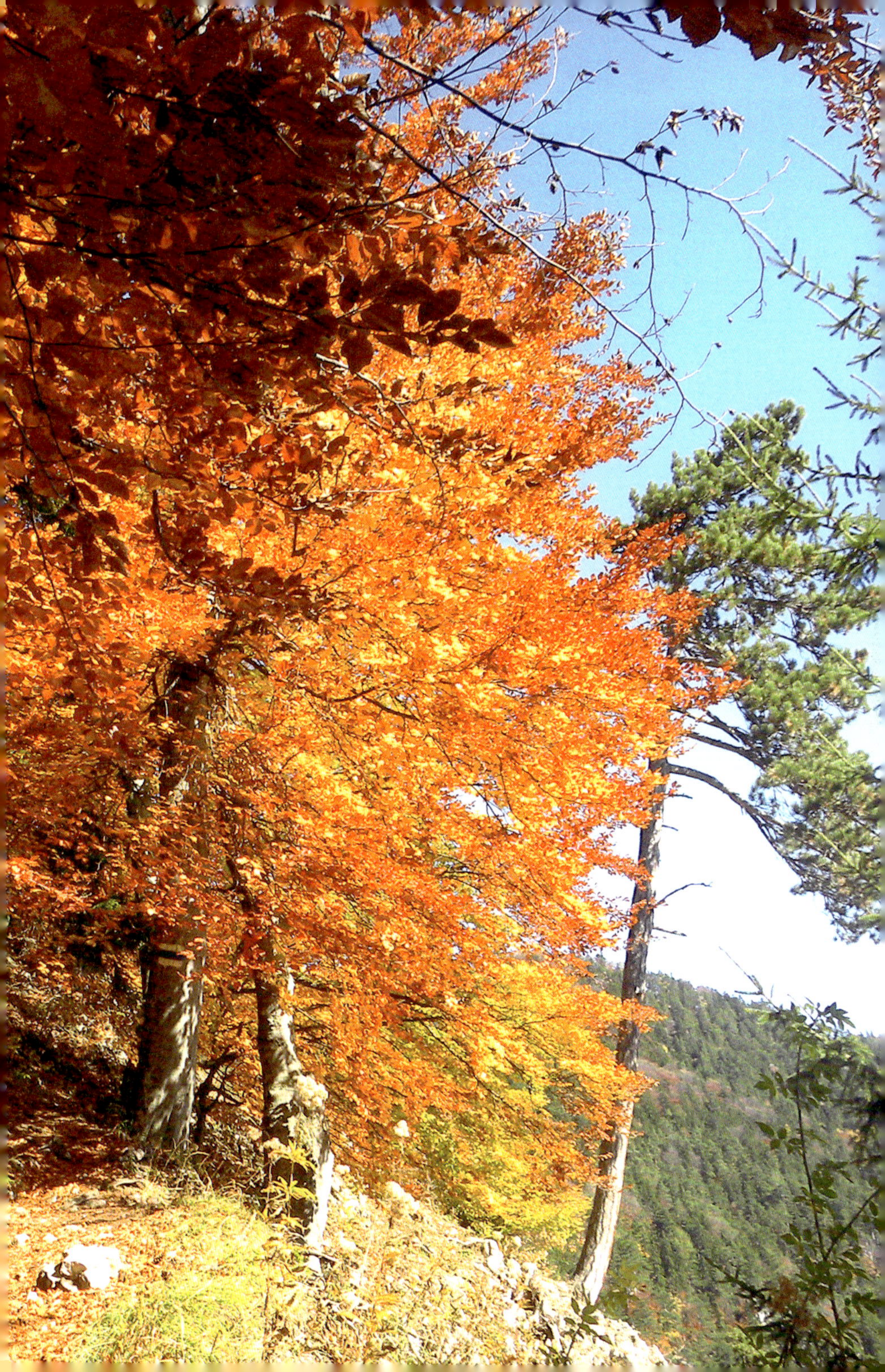

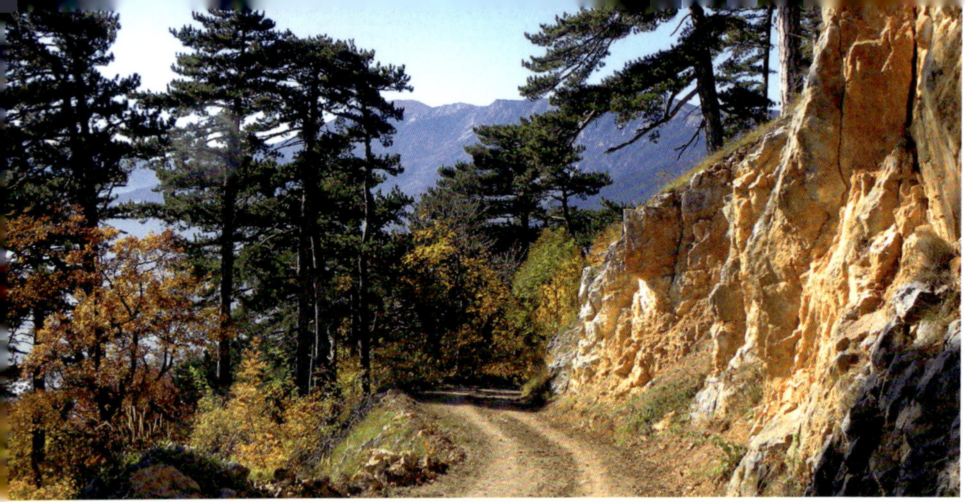

Villen im Schneedörfl

Der attraktiven Lage wegen stehen hier etliche stattliche Villen, u. a. die von Heinrich von Ferstel erbaute Villa Bergfried (in damaliger Form erhalten geblieben) und das Waldschlössl, in dem um 1900 Erzherzog Leopold Salvator mit seinen sieben Kindern logierte. Hier dürfte der erste Herrschaftssitz der Gegend gewesen sein – der Uldarichs I. von Stuppach, der sich ab 1150, vermutlich in Anlehnung an sein „Festes Haus" im Schneedörfl (früher Schneebergdörfl), „von Sneberch" genannt hatte. Nach dem Aussterben der Schneeberger dürfte der Herrschaftssitz vom Schneedörfl auf den Reichenauer Schlossplatz verlegt worden sein.

Mit dem Abstieg auf der Forstraße steht mir nun einer meiner liebsten Wege bevor – eine Schotterpiste, die sich in weiten Kehren sonnen- und aussichtsreich den Gahns hinunterwindet. Weil seine mühelose Begehbarkeit Luft und Raum zum Reden lässt, ist er für Sigrid Männer und mich simpel die „Plauderstrecke", die wir am liebsten wählen, wenn wir einander wieder einmal (besonders) viel zu erzählen haben. Zudem prangen die Buchen jetzt cognac- und champagnerfarben in das intensive Himmelsblau, und weiß-gelb-orangefarbene Felsen säumen da und dort den Weg. Ein ungemein lauer, balsamischer Wind streicht über das Land.

Mir behagt das Gehen hier so, dass ich keinen der gelb markierten Abschneider nehme. Erst fast unten im Tal folge ich dem roten Pfeil nach links und gelange so zur „Schneebergweg" genannten Straße knapp vor der Villa Waldhütte, dem Forsthaus der Stadt Wien. Der Frauenarzt Friedrich Schauta hatte sich dieses Landhaus um 1900 im Stil der Semmeringer Villen Franz von Neumanns bauen lassen. „Habsburgstorch" wurde er von der Bevölkerung genannt, weil er als Gynäkologe bei der Geburt mehrerer Habsburg-Sprösslinge assistiert hatte. Der sie heute bewohnende Förster, Bernhard Mang, hat nicht nur das Haus, sondern auch den Beruf von seinem Vater übernommen. Er und sein Bruder Norbert sind in dieser denkmalgeschützten Villa aufgewachsen. Bernhard führt hier mit seiner Familie ein naturnahes Leben, hält Hühner, Gänse, Enten. Die

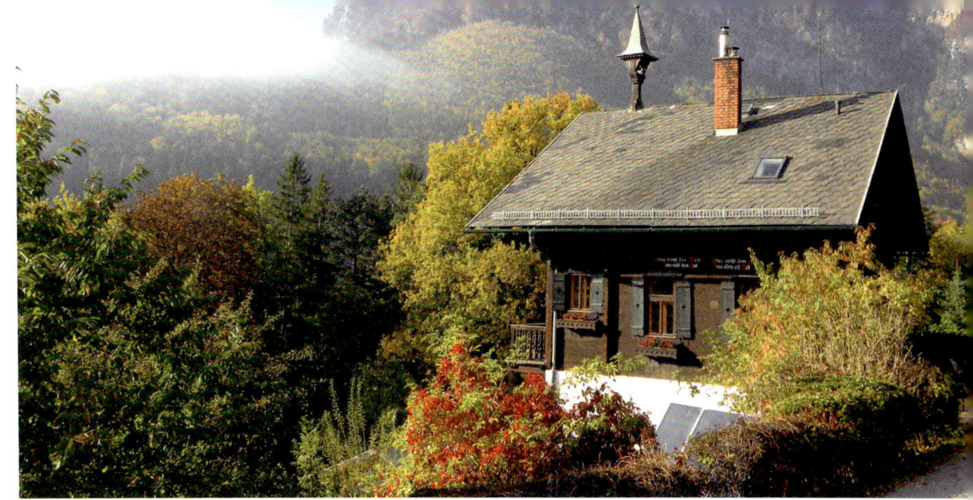

Kindergehschule dient derzeit als Sammelstelle für Kastanien zur Wildfütterung, und neben der Obstpresse häufen sich Äpfel in mehreren Scheibtruhen. Auch Krüge mit Apfelsaft stehen parat und laden zum Kosten ein.

Das folgende Wegstück krönt diesen Tag nochmals: Denn die Sonnenpromenade, die oberhalb von Schneedörfl nach Payerbach führt, trägt ihren Namen zu Recht. Hierher fallen die letzten Strahlen der Abendsonne und ich genieße erneut die prachtvolle Aussicht auf Reichenau, Kreuzberg, Rax.

450 Jahre alt soll die „Sommereiche" sein, an der man hier vorbeikommt. Sie ist ein Naturdenkmal und ein ehrfurchtgebietender Baum. Trotz seines hohen Alters wirkt er vollkommen gesund und mächtig: Er hat weit ausladende, dicke Äste, einen Stammumfang von 4,6 und eine Höhe von 18 Metern.

Die Straße hinunter nach Reichenau lasse ich rechts liegen und gehe die Sonnenpromenade weiter, vorbei am auffälligen Waldschlössl. Bei den letzten Häusern vom Schneedörfl nehme ich rechter Hand den Treppenweg hinunter zum Bahnhof.

Als ich im Zug das Tal verlasse, legt sich ein feiner Nebelschleier über das Land und im dunkelnden Blau des klaren Abendhimmels steht haarfein die silberne Sichel des Mondes. Da kommt mir Maria in den Sinn, wie sie eines meiner Lieblingslieder singt: „Es wår amoi am Åbend spåt, a wunderschene Nåcht. De Stern am Himmel leuchten so hell, es war a liabliche Pråcht ..."

Naturdenkmal Sommereiche

Als das Pflänzlein zur Zeit der ausgehenden Renaissance immer höher aus der Erde spross, war der Hang, an dem der Baum steht, möglicherweise von Weinrieden bedeckt. In Schottwien florierte damals das Geschäft mit der Maut und Schneeberg sowie Rax wurden 1573 „erstbestiegen", vom berühmtesten Botaniker seiner Zeit, dem Niederländer Charles de l'Écluse ...

∧∧

Sonnen- und aussichtsreich: Forststraße am Gahns

∧

Forsthaus der Stadt Wien: Villa Waldhütte

21a

NÖRDLICHER GRAFENSTEIG

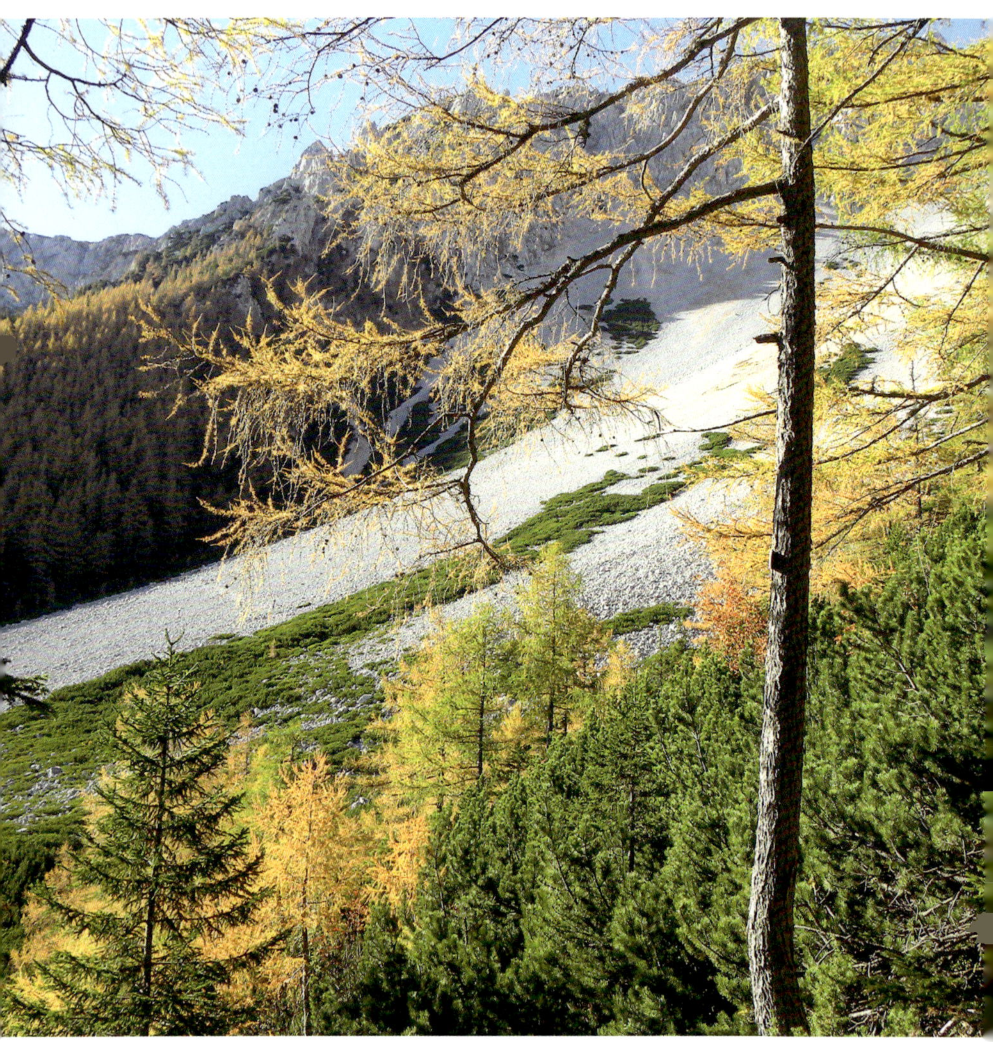

Des Schneebergs Umrundung, erster Teil, mit Nächtigung im Berghaus Hochschneeberg

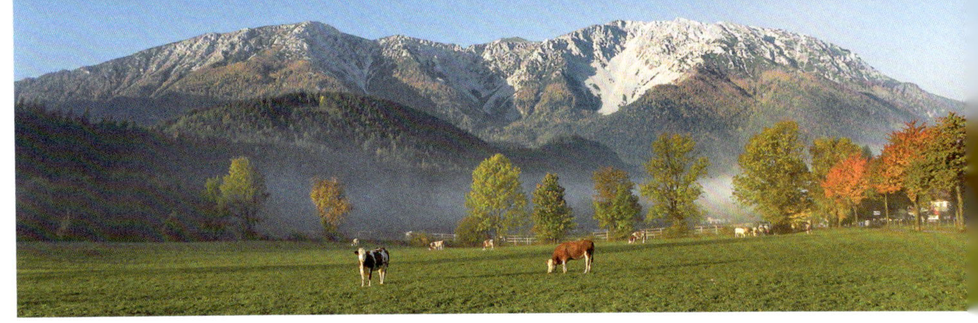

Morgens um sieben Uhr fahre ich „über's Wasser", wie Einheimische die Fahrt durch das Flusstal der Sierning nennen. Ich bin aufgeregt, weil eine der schönsten Wanderungen der Alpen vor mir liegt – die zweitägige Umrundung des Schneebergs. Ein Zimmer hat mir Jaroslav Stastny, Chef des Berghauses Hochschneeberg, schon reserviert – das „inklusive Veranda, Dusche und Sonnenaufgang", wie er am Telefon sagte. Wie Luxus pur fühlt sich das an und wie ein „Abenteuer"!

In Losenheim nehme ich den Anstieg rechts der Skipiste über Wiesen und durch einen Wald. Ich freue mich über die schönen Ausblicke auf die Burg Losenheim und das in der Morgensonne lodernde Gelb und Orange der Bäume. Eine Stunde später bin ich auf der Edelweisshütte. Auf ihrer aussichtsreichen Terrasse zu frühstücken verspreche ich mir für ein anderes Mal. Diese Terrasse hat man zu überqueren, um zum Beginn des Nördlichen Grafensteigs zu gelangen. Sein Name erinnert an Ernst Graf Hoyos-Sprinzenstein (1830–1903), dem im 19. Jahrhundert ein Großteil des Schneebergs gehört hatte. Er ließ den „Nördlichen Grafensteig" als Jagdsteig anlegen. Dessen südliches Pendant folgte aus touristischen Gründen viel später. Des Grafen Sohn, Ernst Karl der Jüngere, war Großwildjäger und Abenteurer. Er bereiste Grönland, Indien, Somalia und die Mongolei – und verspielte den Schneeberg im Casino von Monte Carlo (mitgeteilt v. Norbert Toplitsch).

Typisch für den Nördlichen Grafensteig ist der Wechsel weiter Waldpassagen mit Geröllkaren – den „Riesen". Entsprechend facettenreich ist das Gehgelände. Schwierig ist die Begehung keineswegs, aber Ausdauer und eine gewisse Trittsicherheit sind erforderlich. Der ÖTK betreut den Weg und hat ihn verlässlich rot markiert.

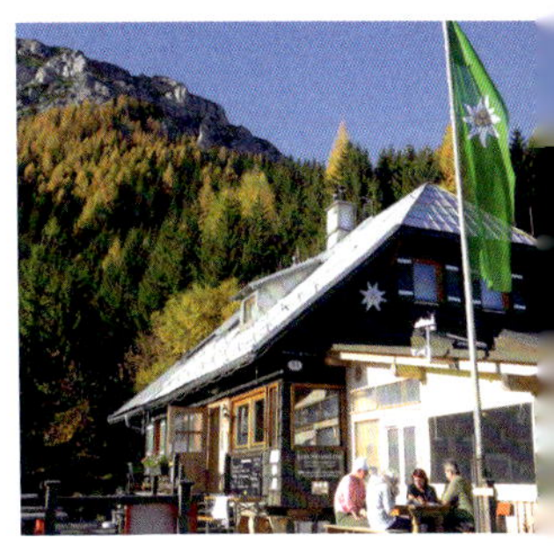

Sierning
von slawisch *cirnica*, Schwarzenbach, ähnlich der Schwarza (Schwarze Ache).

Hoyos
Bis ins 9. Jh. zurückreichendes, einst spanisches Adelsgeschlecht, benannt nach El Hoyo de Pinares in Ávila. Um 1525 kam Juan de Hoyos nach Niederösterreich.

^
Edelweisshütte am Fadensattel

^ ^
NO-Ansicht des Schneebergs

<
Herbst am Nördlichen Grafensteig

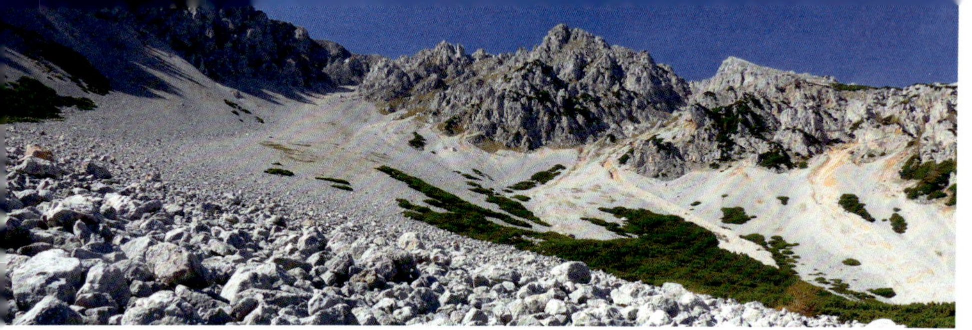

Edelweisshütte
1235 m, erbaut 1934 von Theresia Gschaider, als einziges Haus 1959 von der Sektion Edelweiß des ÖAV angekauft. Ratsam ist, am Brunnen Wasser mitzunehmen, da erst vor dem Schneidergraben die nächste Quelle ist.

Bürkle-Hütte
1287 m, 1958 am Hansenriegel erbaute Diensthütte der Bergrettung, benannt nach Ferdinand Gabriel Bürkle (1857–1945), einem Vorarlberger, der ab 1882 im Schneebergdörfl Lehrer war, Erstbegeher u. a. von Stadelwandgrat und Herminensteig und erster Leiter der Bergrettungsortsstelle Puchberg.

^
Das gewaltigste Kar des Schneebergs: die Breite Ries
>
Das Gipfelkreuz am Waxriegel

Schon eine Viertelstunde nach der Edelweisshütte überquere ich die Lahning Ries – eine schmale, vor allem im oberen Bereich sehr steile, felsbegrenzte Rinne, die bei Tourenskifahrern beliebt ist. Ihren Namen hat sie von dem, was Gebirgsbewohner am meisten fürchten – die Lawine oder *Lahn*.

Die erste Gehstunde verläuft überwiegend durch Fichten- und Buchenwald. Typisch für den Nördlichen Grafensteig sind aber die vielen Lärchen. Im Schatten leuchten ihre Nadeln kupfer-, in der Sonne goldfarben. Das und die Ausblicke freuen besonders.

Am Abzweig zum Nandlgrat vorbei wandere ich zur Bürkle-Hütte, der Diensthütte der Bergrettung Puchberg. Auf ihrer sonnigen Terrasse jausnend, schaue ich direkt auf die Breite Ries, das gewaltigste Kar des Schneebergs. Ein Vogel zwitschert, der Wind rauscht, die imposanten Felstürme des Vestenkogels ragen kalkhell in den tiefblauen Himmel. Ich genieße das Privileg, über der Nebeldecke zu sein, die das Land jenseits des Puchberger Beckens verhüllt. An klaren Tagen aber leuchtet der Schnee in diesem Kar bis nach Wien und viel weiter – es ist ein vertrauter und ein erhabener Anblick sowie einer, der einen sehnsuchtsvollen Sog hat auf die Liebhaber der Berge… Von den vielen Abfahrten, die den Schneeberg zu einem veritablen Ski-Berg machen, ist die Breite Ries zweifellos die berühmteste: ein mächtiges, vom Gletscherfluss der letzten Eiszeit geformtes Geröllkar, das man am Nördlichen Grafensteig quert. Zudem war sie in der Geschichte des Skisports ausschlaggebend: Der Lilienfelder Lehrer Mathias Zdarsky adaptierte Technik und Fahrstil der nordischen Skifahr-Tradition für das steile Alpengelände, fand aber keine Anerkennung. Daher lud er Protagonisten der „Norwegertechnik“ zum vergleichenden Skifahren ein. Als Schauplatz des für ihn entscheidenden Wettbewerbs wählte er diese Steilabfahrt. Tatsächlich fuhren der spätere Holmenkollensieger Hassa Horn junior und Zdarsky am 5. Jänner 1905 die Breite Ries. In Folge wurde Zdarsky als „Begründer der alpinen Skifahrtechnik" (vgl. Mehl 78) anerkannt und Puchberg zum „Chamonix der Alpen".

Im mittleren Wegteil bis zum Oberen Herminensteig überwiegt felsiges Gelände. Insgesamt leicht ansteigend wandere ich unter den Rieswänden vorbei,über die Krumme Ries, vorbei am Abzweig zum Novembergrat über den Schneidergraben. Der Weg bietet viele schöne Ausblicke, vor dem malerischen Felsensemble namens Sitzstatt scheint er direkt ins weite Land hinauszuführen. Während der nächsten fünf Viertelstunden dominieren Lärchen, Fichten und Latschen die Route.

Unweit der Station Baumgartner trifft der Weg auf die Trasse der Zahnradbahn. Nun wandere ich eine Stunde lang den kahlen, sonnigen Bergrücken hinan. Nur Lärchen und hellgraue, knöchern wirkende Baumstrünke ragen aus seinem semmelblonden Gras. Ich genieße die Sonne, den formidablen Ausblick auf die Bahntrasse und die aus dem Nebelmeer ragenden Berge im Süden – Gahns, Feuchter, Rax, Sängerkogel, Kreuzberg, Stuhleck, während am bergseitigen Horizont das Elisabethkirchlein in das Himmelsblau ragt. Nach sechs Stunden Gehzeit und 1000 Meter Aufstieg bin ich oben – und gebannt vom Panoramablick ins Puchberger Tal von der Terrasse des Berghauses! Bevor ich einen Abendspaziergang mache, beziehe ich mein Zimmer neben dem nach einem prominenten Gast benannten: Peter Handke.

Am Waxriegel erlebe ich das faszinierende Schauspiel des Sonnenuntergangs und der ihm nachfolgenden Stimmung. Nach einem Besuch im Elisabethkirchlein kehre ich im Finstern ins Hotel zurück. Dort komme ich mit einer Kitzbühlerin ins Gespräch. Die erfahrene Wanderin ist wie ich allein unterwegs. Da essen wir gemeinsam und haben uns viel zu erzählen. Im Zimmer dann ist es warm und die Dusche eine Wonne!

Mathias Zdarsky
(1856–1940) Auf einem Auge blind, Maler, Bildhauer, Lehrer, Reisender. In Lilienfeld „Zdarsky-Skimuseum".

Ski-Berg Schneeberg
Erstbesteiger des Schneebergs mit Ski war 1895 der Mürzzuschlager Skipionier Toni Schruf. In der Breiten, Krummen und Lahning Ries fand das einst berühmte 3-Ries-Rennen statt. Weitere Skiabfahrten: Trenkwiesen, Wurzengraben, Schneegraben, Rote Schütt, Schneidergraben.

Waxriegel
1888 m, aussichtsreicher, aber niedrigster der drei Schneeberggipfel. Gipfelkreuz der Jungarbeiterbewegung.

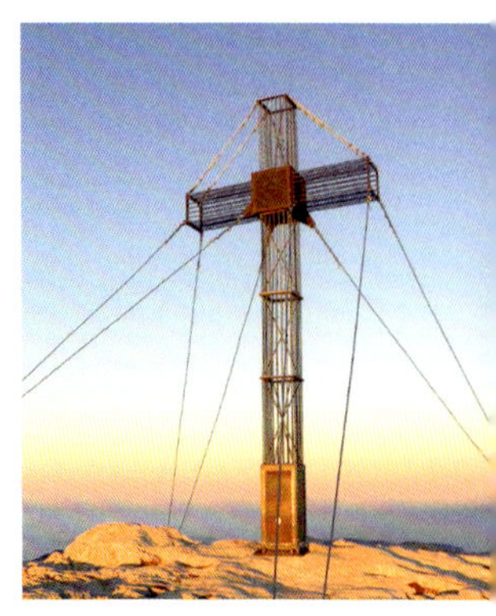

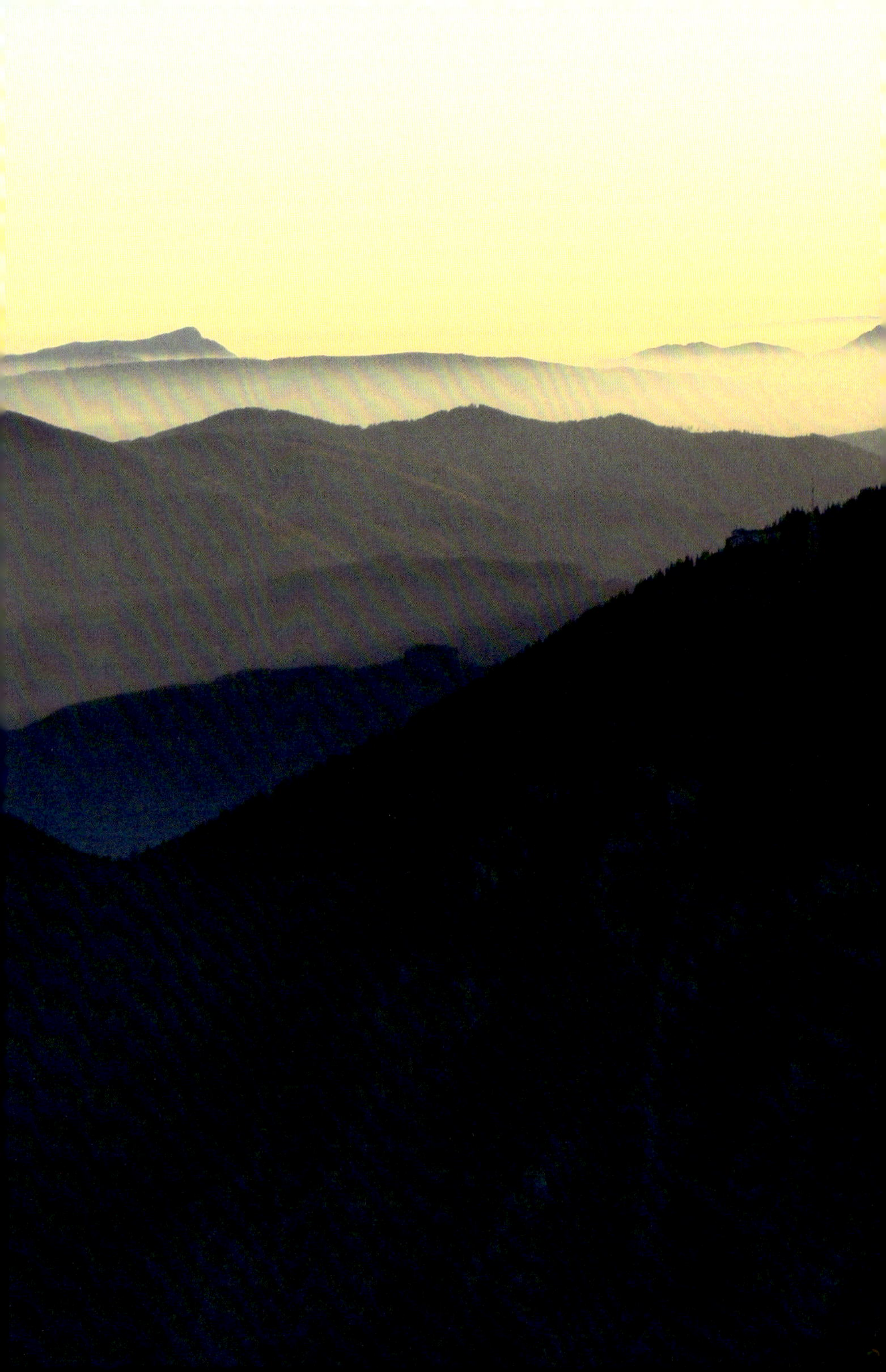

21b

SÜDLICHER GRAFENSTEIG

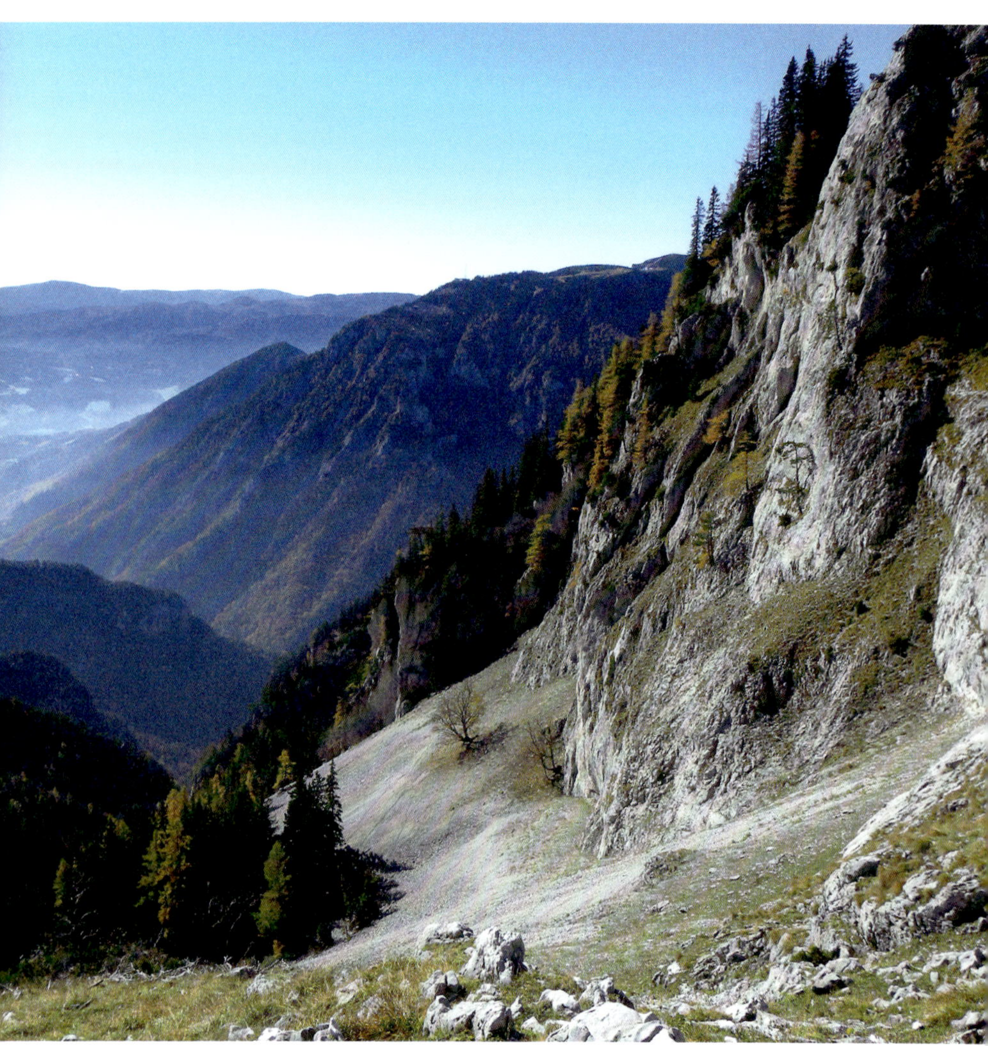

Des Schneebergs Umrundung, zweiter Teil

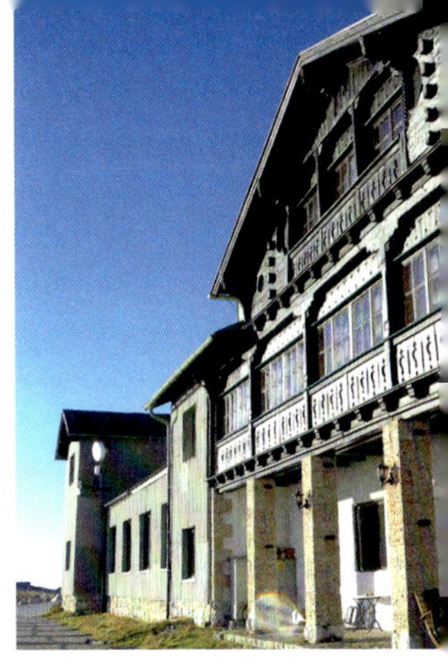

Vor sechs Uhr sitze ich aufrecht im Bett. Weil ich im Osten etwas sehe, das an einen Versuch in einem optischen Labor erinnert: Das Nebelmeer und die inselgleich aus ihm ragenden Berge liegen in nachtdunklem, samtigem Schwarz. Der wolkenlose Himmel darüber changiert von indigo- über enzian- bis hellblau. Am Horizont leuchtet ein schmaler Streifen intensiv orange. Sein helles Zentrum kündet das kommende Spektakel an: Eine halbe Stunde später ist die Sonne da und lässt das Nebelmeer perlmuttfarben schimmern ...

Ich gehe frühstücken. Morgensonne fällt auf den weiß gedeckten Tisch, der Kaffee duftet, die Butter schmilzt auf dem Toast. Hohe Räume, braune Holzdecken, schwere Schmiedeeisenluster, Thonetsessel und -Kleiderständer und zwei grüne Kachelöfen bilden den Hintergrund für ein überbordendes, erheiterndes Sammelsurium historischer Bilder, Dokumente, Waffen, Jagdtrophäen, Musikinstrumente an den Wänden und Vitrinen voll Stillleben mit Geschirr, Puppen, Gewand, Ansichtskarten. Herzstück der Kuriositäten ist sicherlich die Fotografie von Kaiser Franz Joseph I., die Seine Majestät ein Schriftstück signierend zeigt. Die geschickte Platzierung des Bildes oberhalb eines kleinen Sekretärs erhöht die kaiserliche Präsenz an diesem Ort. Tatsächlich war der Monarch 1902 hier. Im Fin de Siècle war es die große Attraktion, mit der Bahn auf den Schneeberg zu fahren. Hinzu kam, dass der Gesellschaft ab 1898 dieses aussichtsreiche, elegante Hotel, das „Berghaus Hochschneeberg", zur Verfügung stand. Zur Eröffnung kamen die Gäste in Frack und Abendkleid (vgl. Ofner 71). Nun war „die Welt der Ringstraße" (Komarek 87) auf dem Schneeberg angelangt. Als das Skifahren in den 1920er-Jahren Volkssport wurde, war das Hotel im Winter bald stärker frequentiert als im Sommer. Im 21. Jahrhundert werden hier an Schönwettertagen bis zu tausend Gäste bewirtet.

Weil heute die Kienthalerhütte geschlossen ist und es unterwegs keine Quelle gibt, kaufe ich Mineralwasser, ehe ich weggehe. Erst aber besuche ich nochmal das Elisabethkirchlein.

Berghaus Hochschneeberg
1795 m. 1898 eröffnet.Seine Architekten Fellner und Helmer hatten in Wien (u. a.) das Stadttheater, das Ronacher und das Volkstheater geplant. 1969–1972 Umbauten.

Elisabethkirchlein
1796 m, höchstgelegene Kirche von NÖ. Der ursprüngliche Plan zur Errichtung einer Stern- und Wetterwarte sowie eines „Elisabethturms" am Klosterwappen scheiterte an den Kosten.

∧
Ostseitige Fassade des Berghauses Hochschneeberg. Zur Eröffnung kamen die Gäste in Frack und Abendkleid.

<
Blick zur Königschusswand

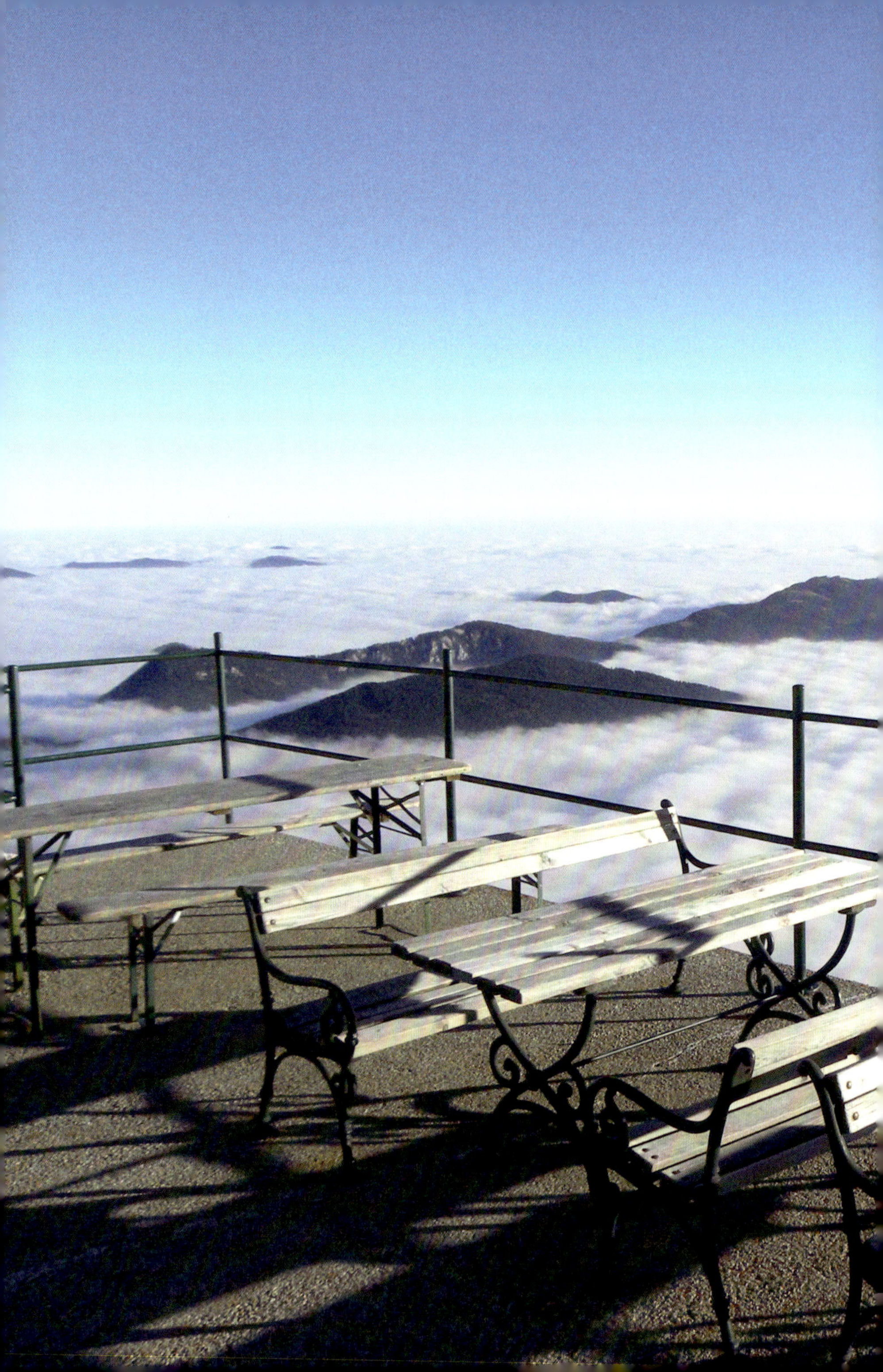

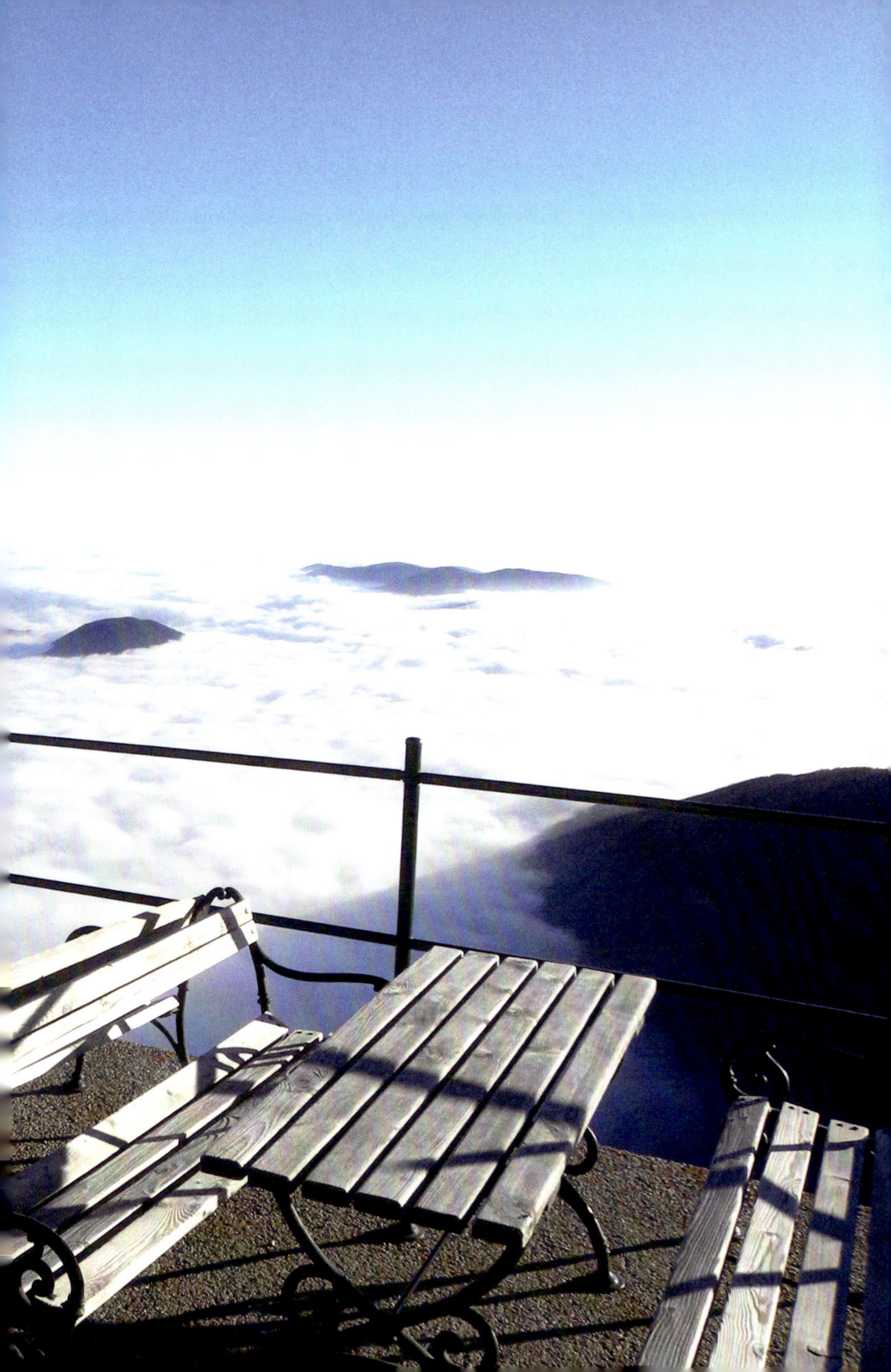

Baumgartnerhaus

Das „Alpengasthaus zum Baumgartner" bestand bis 1979. Bekannte Pächter der Hütte waren das Ehepaar Alois Suschnik und die Familie Kronich.

Warnhinweis

Beim einstigen Baumgartnerhaus warnt die Bergrettung Reichenau, dass hier kein Durchstieg ins Tal möglich ist. (Die Süd- und Westabhänge des Schneebergs liegen in derem Einsatzgebiet.)

Eiszeit

Als das Eis schmolz, trug die Schwarza gewaltige Schuttmassen aus den Bergen. Die Geröllldecke des „Steinfelds" hat eine Höhe von ca. 70 Metern!

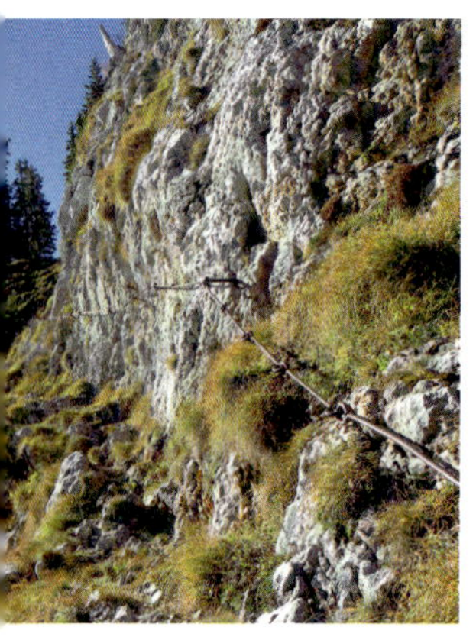

Das Jugendstiljuwel hat bunte Glasfenster, einen Marmoraltar mit Alpenblumen, und der Psalm unter der Kuppel lautet: „Ihr Berge und Hügel lobet den Herrn."

Als Zubringer zum Südlichen Grafensteig wähle ich den Emmysteig mit seinem formidablen Raxblick. Er zweigt vor dem Damböckhaus linker Hand ab. Auf diesem relativ steilen Abstieg durch Latschen- und Schottergelände überwindet man 360 Höhenmeter und braucht Trittsicherheit.

Unten am Luchsboden stand einst das Baumgartnerhaus, benannt nach Georg Baumgartner, der hier mit höchstem persönlichen Einsatz schon 1839 das erste Schutzhaus der Rax-Schneeberg-Region errichtet hatte. Heute sind nur Fundamente erhalten. Unterhalb davon wende ich mich nach rechts zum Südlichen Grafensteig. Dreieinhalb Stunden Gehzeit sind es nun bis zur Kienthalerhütte. Ich mag diesen Weg sehr – wegen seines alpinen Charakters und wegen der sich stets wandelnden Blicke auf Rax und Höllental.

Nach einer ersten Waldpassage liegt der weite Felskessel des Saugrabens vor mir. Deutlich zeichnet sich der Weg durch die Latschengasse ab. Mit schönem Blick auf die östlichen Salzriegelwände, Gahns und Feuchter überquere ich einige Geröllrinnen, bis mich der Saugraben mit einer ansteigenden, versicherten Stelle entlässt. Nun quere ich die sonnige Wiesenlehne der Heuplagge und gelange so hinauf zum höchsten Punkt des Südlichen Grafensteigs, dem Salzriegel, auf 1620 Metern.

Von hier steige ich zunächst ab zur weiten Bockgrube unterhalb des Klosterwappens. Ihre Eisschrammen und -schliffe erinnern an die Gletscher der Eiszeit. Ich überquere sie dann in 20-minütiger Wanderung durch eine Latschengasse und habe an ihrem Ende die Schlüsselstelle dieser Tour vor mir. Zwar ist die Passage am felsigen Ausläufer der (Schneeberger) Königschusswand versichert mit Stahlseilen, Eisenketten und einer Leiter, schwierig ist sie dennoch keineswegs, aber sehr exponiert – Trittsicherheit, Schwindelfreiheit und trockene Verhältnisse sind also am Südlichen Grafensteig ein Muss.

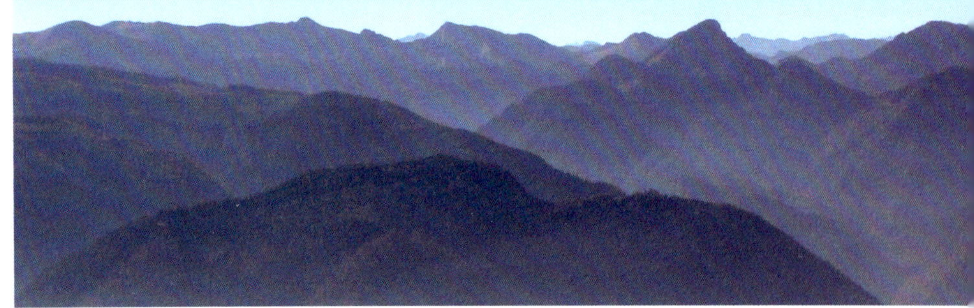

Hier flankieren die majestätischen Felsen der Königschusswand den Blick ins Tal. (S. 172)

Nach einer Waldstrecke wandere ich entlang der Westabhänge des Schneebergs in leichtem Auf und Ab durch Latschenfelder, unterhalb der Schiefermäuer und um die Schönleitenschneide. Mit schönem Blick auf das schattige Höllental jausne ich auf der Schönleiten-Wiese. Erneut geht es dann eine halbe Stunde durch Fichtenwald, mit wiederholten Ausblicken auf die Rax, den herbstlichen Wald am Krenken Kogel, das mächtige Große Höllental, die sonnigen Fronbach Wände und die kalkhellen Felstürme der Schönleitenmauer.

Nach dem Queren von drei Steinrinnen stoße ich auf den Abzweig zum Fadenweg und folge dessen gelber Markierung nordwärts durch den Wald hinan bis zur Roten Wand und dem ihr benachbarten stillen Ochsenboden. Dort weist eine Tafel zur nahen Heinrich-Krempel-Hütte, der Diensthütte der Bergrettungsortsstelle Wien.

Durch Fichtenwald überquere ich das Plateau des Kuhschneebergs und schwenke dann rechts in eine Forststraße ein. Auf ihr geht es eine halbe Stunde lang mühelos bergab mit Blicken auf die Trenkmäuer, die nordwestlichen Felsschründe des Schneebergs, den Salvis Graben, den Hoyos Graben und die Fadenwände. Geradeaus wellen Waldrücken bis zum Horizont. Am Wegrand ragen herbstlich verfärbte Bäume aus dem Schattensee, der über dem Kaltwasser Graben liegt.

Südlich der Fadenwände folge ich eine halbe Stunde dem Waldweg zur Salamander-Sesselbahn. Mit ihr gondle ich hinunter ins abendliche Losenheim – höchst angetan von dieser beeindruckenden Tour rund um den Schneeberg – mit dem Versprechen an mich, sie bald zu wiederholen!

Heinrich-Krempel-Rettungshütte

1561 m, unterhalb der Schauersteinflanke, benannt nach Heinrich Krempel, Gründungsmitglied des ARAW (S. 72).

∧

Bergblick zwischen Kienthalerhütte und Roter Wand

∨

Herbststimmung am Fadenweg

<

Die versicherte Schlüsselstelle

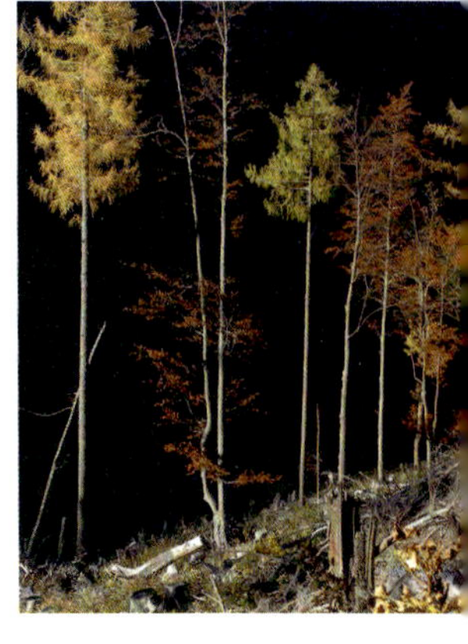

22

ENG | KNOFELEBEN

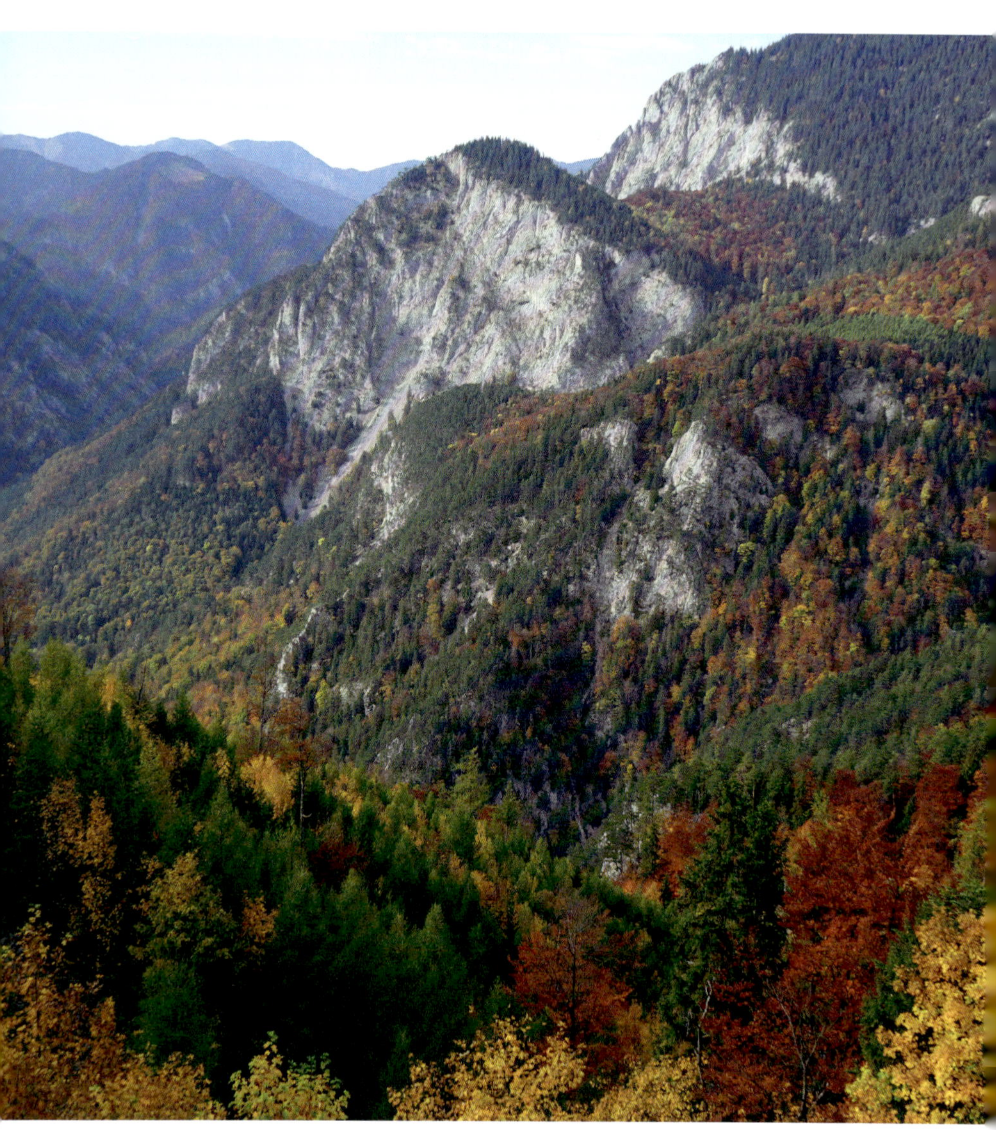

Durch die mystische Eng zum Naturfreundehaus Knofeleben
und aussichtsreicher Abstieg nach Kaiserbrunn

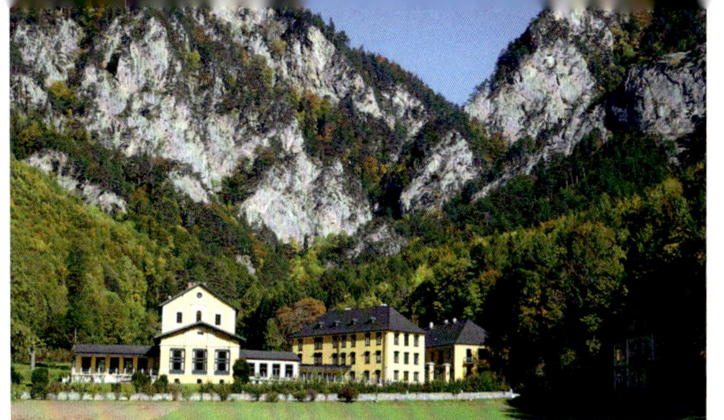

Heute fahre ich nach Schneedörfl bei Reichenau und parke mein Auto auf dem neuen, kleinen Stellplatz am rechten Straßenrand, knapp vor dem Thalhof. Flankiert von zwei Villen fällt dort das einstige Grand Hotel Thalhof sofort ins Auge. Seine Fassadenfarbe nennt sich Schönbrunnergelb. Die damit zitierte Nähe zum Haus Habsburg hat guten Grund: Kaiser Franz Joseph I. war ab 1851 regelmäßig zum Jagen in der Region und nahm im hiesigen „Kaiserzimmer" Quartier. Im Biedermeier hätte man hier Franz Grillparzer, Adalbert Stifter, Ferdinand Raimund, Nikolaus Lenau, Franz von Alt oder Johann Nestroy begegnen können, in den 1860er-Jahren Peter Altenberg und Arthur Schnitzler in ihren Kinderjahren und ab 1880 beiden als jungen Männern. Sie waren genauso wie Sigmund Freud Stammgäste des von Adeligen aus Portugal, Russland, Norddeutschland und der feinen k. u. k. Gesellschaft frequentierten Hauses, zu dessen Erfolg die Gattin des Hoteliers erheblich beitrug: Olga Waissnix. In sie hatte sich Arthur Schnitzler im Sommer 1886 verliebt. Konventionen und Tabus verunmöglichten ein Ausleben ihrer leidenschaftlichen Zuneigung. Nur in rund 200 Briefen und im Konjunktiv konnte sie sich entfalten (vgl. Kos Ü 111 und Rieger 32). Obwohl die Beziehung beider schließlich „in der Lebensferne der Briefe zerronnen" (Kos Ü 115) und Olga Waissnix nur 35-jährig an Tbc verstorben war, war sie es, die der 53-jährige Dichter in seiner Autobiografie „das Abenteuer seines Lebens" (Schnitzler J 316) nannte. Die hier gemachten Erfahrungen und die Reichenauer Atmosphäre verarbeitete er in seinem Werk. Mit ausgehendem 19. Jahrhundert wurde aber der Semmering en vogue und der Thalhof verlor an Bedeutung. Den jahrzehnte-

Schneedörfl
Hier stehen etliche Villen aus der Belle Époque: die Villa des k. u. k. Hofbäckers Roman Uhl, die Waldvilla, die Hubertusvilla …

Peter Altenberg
(1859–1919) liebte Reichenau und Umgebung zeitlebens.

Arthur Schnitzler
(1862–1931) Keines seiner Werke bildet die Reichenauer Sommerfrische direkt nach, ihre Atmosphäre und Landschaft sind jedoch vielfach präsent (*Im Spiel der Sommerlüfte, Der Ruf des Lebens, Gang zum Weiher, Das weite Land, Der einsame Weg*).

^
Kaiser Franz Joseph I. bezog hier Quartier: der Thalhof

<
Herbstlicher Ausblick von der Felskanzel am Abstieg ins Höllental mit Hochgang und Stadelwand (dahinter)

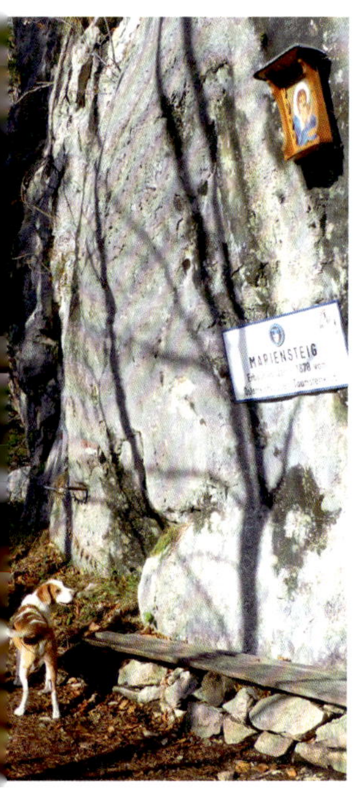

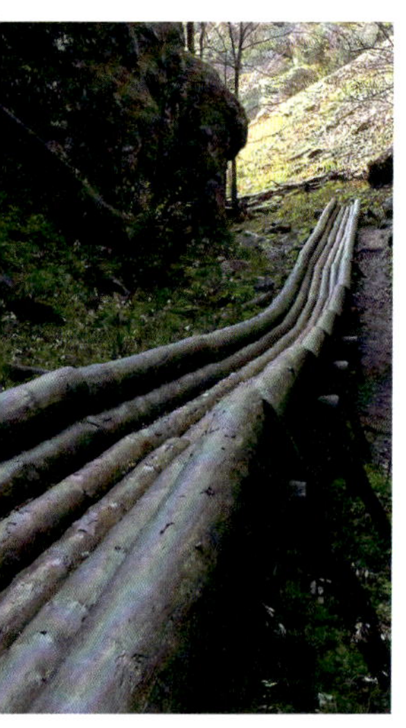

langen Dornröschenschlaf der bröckelnden, zugewucherten Gebäude, in denen ein engagiertes Kulturprogramm stattgefunden hatte, beendeten 2013 neue Besitzer, die die Gebäude einer achtsamen Revitalisierung unterzogen.

Jenseits des Thalhofs folge ich nun – auf den harmonischen Talschluss mit seiner Felsenkrone schauend – der in seine Mitte führenden Forststraße. Knapp nach der Rechtskurve biege ich beim Wegweiser links ab und steige durch einen Mischwald an. Einmündend in einen flacheren, querlaufenden Weg folge ich diesem nach links. Bald mischt sich Schotter in das Gelände und man nähert sich den Felsen, die hoch und hell durch die Bäume schimmern. Nach zwei längeren und zwei kürzeren Kehren ist man am Mariensteig, am Beginn der Eng, durch die der historisch erste Schneeberganstieg verlief.

Nun kommt die schönste Wegpassage. Der mit einem Stahlseil gesicherte Weg führt die Felsen entlang. Anfangs ragen sie senkrecht bis überhängend, glatt, graublau und lachsrosa daneben auf, dann lehnen sie sich, hellgrau und zerfurcht, etwas zurück. Je weiter man dem ansteigenden Schotterpfad folgt, desto näher kommen einander die Felsen von Schnalzwand und Saurüssel. Hier bietet sich eine der Postkartenansichten der Region: Steile, helle Felsen rahmen den Anblick von Thalhof, Reichenau, Kreuzberg und Sonnwendstein, einzelne Föhren stehen als „grafische" Silhouetten davor. Vermutlich hat ihnen das gefallen – Lenau, Stifter, Altenberg …

Danach ändert sich die Szenerie schlagartig: Man betritt das Reich der ihrem Namen alle Ehre machenden „Eng" – eine der ausgesprochen romantischen Schneeberglandschaften. Sie an diesem Sonnentag zu begehen, halte ich zunächst fast für „Verschwendung" – dabei zeigt mir gerade das strahlend helle Licht, wie eng und finster diese Schlucht ist: Entweder ist die eine Seite in der Sonne und die andere im Schatten, oder das ganze Tal ähnelt einem Scherenschnitt – und in oder über diesem Schattental lodert auf, was das himmlische Spotlight bestrahlt: silberne Mondviolen, goldene Ahornblätter, kupfer-

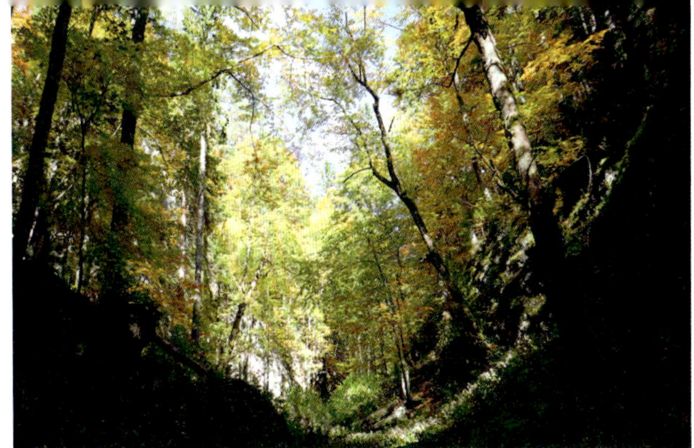

farbene Buchen, weiße Geröllhalden, Gräser, Halme, Farne, modernde, von Pilzen und Flechten bewachsene Baumstämme, grünbemooste Steine und gold leuchtende Bäume vor dem tiefblauen Himmel ...

Um 1800 hatte der Reisebuchautor Joseph August Schultes Reichenau inmitten kahler Hänge gesehen (vgl. Schultes 103). Damals bedurften Städte und Industrie gigantischer Holzmengen. Um sie zu liefern, verrichteten Holzarbeiter lebensgefährliche Schwerstarbeit auf immer entlegenerem Terrain für einen Bettellohn. Die Eng bezeugt ein solches Kapitel schwerer Arbeit. Bevor es Forststraßen gab, baute man Holzriesen – kilometerlange Rutschen für die Baumstämme, die im Winter darauf abtransportiert wurden. Dazu schmolzen die Männer Schnee, um mit dem Wasser die Riesen zu vereisen und gleitfähiger zu machen. Auf der gesamten Strecke standen in einer Distanz, die erlaubte, dass ein Knecht dem nächsten Kommandos zurufen konnte, Unterkunft- und Kontrollhütten. In der Eng wurden so (zuletzt 1957) 600 Jahre lang bis zu 6000 Festmeter Holz jährlich zu Tal befördert.

Im weiteren Wegverlauf begegnet man mehrfach modernden Relikten der einstigen Holzriese, auch beim Simonisbild an der Weggabelung, wo sich einst zwei Holzriesen getroffen hatten. Rechts zweigt der Weg durch den Lackabodengraben ab. Ich folge dem linken durch den Promischkagraben Richtung Knofeleben. Ein kleiner Anstieg, ein letztes Durchschreiten eines Felsportals, dann wird das Gelände flacher und der Weg breit. Ihm folgt man für eine Weile geradewegs, bis linker Hand ein Pfad in den Wald abzweigt. Zuletzt wird das Gelände

Mariensteig

Nach Erzherzogin Maria Theresia von Bragança, der dritten Gemahlin von Karl Ludwig, benannt. 1878 vom ÖTK angelegt, dürfte der Steig jedoch schon um 1840 eine frequentierte Route zum Baumgartnerhaus am Schneeberg gewesen sein.

Holzriese

Riese kommt von mhd. *risen* („fallen"/„gleiten").1981 und 2007 hat die Forstverwaltung Hirschwang der MA 49 ein 50 Meter langes Stück „zur Erinnerung an die schwere und gefährliche Holzbringung im Gebirge" rekonstruiert.

∧

Licht und Schatten in der Eng

< ∧

Am Mariensteig

< ∨

Rekonstruierte Holzriese

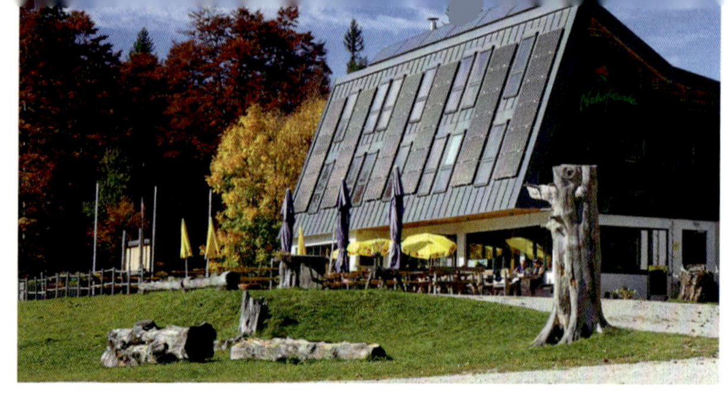

Knofeleben
Name vom Knofel, wildem Knoblauch, lat. *Allium ursinum*, auch Bärlauch, Hexenzwiebel oder Zigeunerlauch. 1945, als die Russen bis auf die Bodenwiese vorgerückt waren, war die Wiese vermint und die Hütte von der SS beschlagnahmt.

Naturfreundehaus Knofeleben
1250 m, im Jahr 2012 Neubau, Verleihung des österreichischen Umweltzeichens und Auszeichnung des Architektenteams „baukult" mit NÖ Holzbaupreis. Seit 2004 von der Familie Krenthaller & Auer, nunmehr von Marco Auer bewirtschaftet. Sie ist eine der nur 26 „Genuss-Hütten" Österreichs und wurde als erste zur „Zertifizierten Wanderhütte" Niederösterreichs ernannt.

^
Geschmackvoll reduzierte Formensprache: das 2012 neu errichtete Naturfreundehaus Knofeleben

>
Ein Gämslein kam zum Trunk ...

steil und es geht in kleinen Kurven bergan. Nach etwas anstrengenden fünf Minuten schwenkt man oben rechts in die Forststraße, um kurz darauf links in den letzten sanften Anstieg zur Hütte abzubiegen. Schließlich stehe ich vor der weiten Knofeleben. Peter Altenberg hatte von ihr geschwärmt und tatsächlich ist diese im Mai nach wildem Knoblauch duftende Wiese wohl für viele ein „Kraftplatz".

Hier hatten einst eine Jagdhütte des Grafen Hoyos gestanden und das beliebte Hallerhaus – bis zum 8. April 2011, als die Hütte vollständig abbrannte. Nach nur einem Jahr Bauzeit eröffneten die Naturfreunde im Mai 2012 ihren Vorzeigebau für ökologische Bauten im Bergland – das „Naturfreundehaus Knofeleben". Dabei sind neueste ökologische Technologien mit einer geschmackvoll reduzierten Formensprache und natürlichen Materialien derart gut vereint, dass man sich in dem luftigen, hellen Gebäude mit Möbeln und Boden aus Holz und der Feuerstelle im modernen Design äußerst behaglich fühlt. Panoramafenster geben auch in den reizenden Zimmern den Blick frei auf die Wiese, den Wald, die Sterne. Hinzu kommt, dass man bei Marco Auer ausgesucht gut isst und trinkt. Dementsprechend wird das Knofelebenhaus höchst geschätzt – 2014 wurde sie zur „Liabsten Hütt'n" aller erwanderbaren Hütten Österreichs gewählt, 2015, 2016 und 2017 war sie auf Platz 2!

Statt denselben Weg zurück zu nehmen, steige ich durch den Knofeleben Graben nach Kaiserbrunn ab. Dazu folge ich dem gelben Schild vor der Hütte Richtung Blickplatz Höllentalrast. Nach fünf Minuten am Forstweg zweigt der rot markierte Pfad rechts ab und führt über eine steile Waldlehne bergab. Wo er in die Forststraße mündet, bietet sich ein großartiges Bild – links auf die schattigen Nordlehnen der Rax und rechts auf die sonnigen Südhänge des Schneebergs mit Klosterwappen, Saugraben und Bockgrube. Besonders Hochgang und Stadelwand ziehen den Blick auf sich (S. 178). Majestätisch thronen die Felsen über dem tiefen Höllental. Bei ihrem Anblick kommt mir das Höllental-Lied in den Sinn: „Da geht das Herz mir auf und auch der Mund…“ Ihre landschaftliche Schönheit und Einsamkeit macht diese Route zu einer meiner liebsten und ich genieße die aussichtsreiche Forststraße ganz besonders. Nach der vierten Straßenkehre weist eine rote Markierung nach links, wo der Pfad erneut durch steilen Wald hinabführt.

Wenig später sind Trittsicherheit und Schwindelfreiheit gefragt und das Gelände ist fortan wiederholt so, dass Stürze fatal wären. Bei Nässe ist von diesem Weg definitiv abzuraten! Kaum zehn Minuten nach dem Abzweig erreicht man eine exponierte, besonders malerische Stelle: ein von Föhren bestandener senkrechter Felssporn, von dem sich erneut wunderbare Ausblicke bieten. Nun folgt die schwierigste Passage: Dabei ist auf schmalen Serpentinen über eine steile Schotterhalde abzusteigen. Mehrere Passagen sind mit Versicherungen versehen.

Anschließend wechseln wiederholt lange, sanft fallende Hangquerungen durch Wald- oder Schottergelände mit Passagen kurzer Serpentinen. Schwierig ist das nicht, aber die bewaldeten Nordflanken von Großofen und Ochsenwand sind oft weiterhin recht steil. Dazwischen öffnen sich mehrmals schöne Ausblicke. Noch einmal kommt man den Felsen nahe. Hier helfen Holzleiter und Stahlseil beim Abstieg.

Nach einer letzten, sanft fallenden Querung bin ich 20 Minuten später in Kaiserbrunn. Viele alpenländische Sagen erzählen von einem Schatz im Inneren der Berge. Tatsächlich verbirgt sich auch in den heimatlichen Bergen ein Schatz – der unermesslich wertvoll, ja lebensnotwendig ist! Dieser Schatz ist das glasklare Quellwasser, das sich aus dem Inneren von Rax, Schneeberg und Schneealpe ergießt. Vor dem hiesigen Museum der I. Wiener Hochquellenleitung stehen Gläser. Da nehme ich einen Schluck von diesem wahren Schatz der Berge!

Wasser-Schatz

Rax und Schneeberg bestehen hauptsächlich aus den unterschiedlich wasserlöslichen, stark verkarsteten Gesteinen Kalk- und Dolomit. Wie gigantische Schwämme können sie riesige Mengen Regen- und Schmelzwasser aufnehmen. Darunterliegende, wasserundurchlässige Werfener Schichten bilden einen ausgezeichneten Quellhorizont für die I. Wiener Hochquellenleitung.

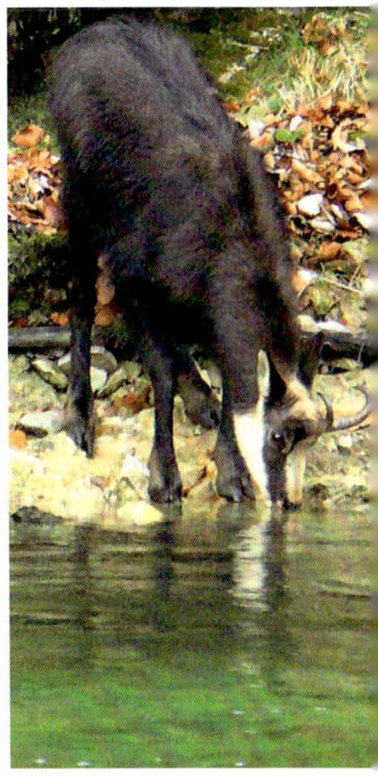

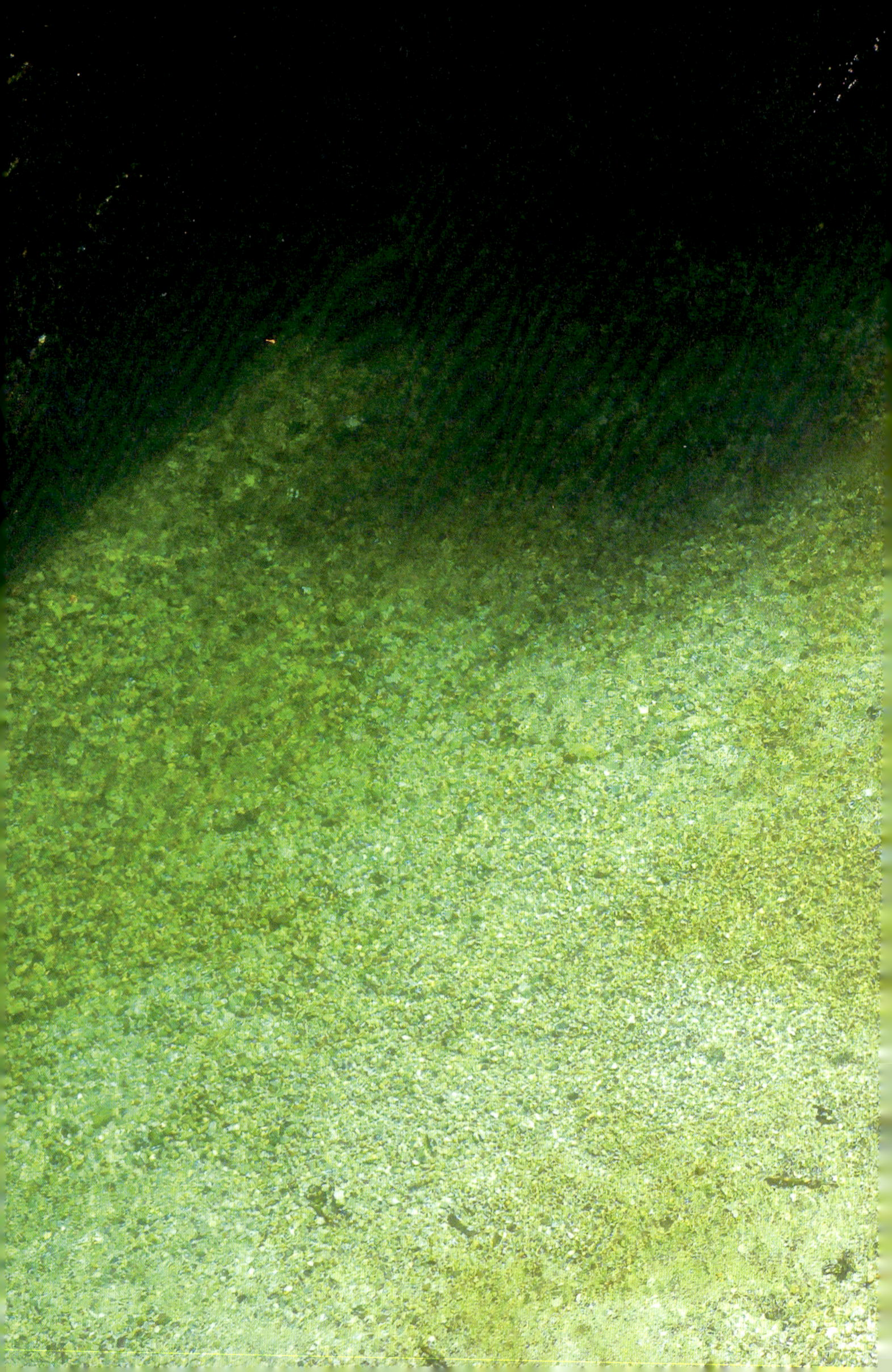

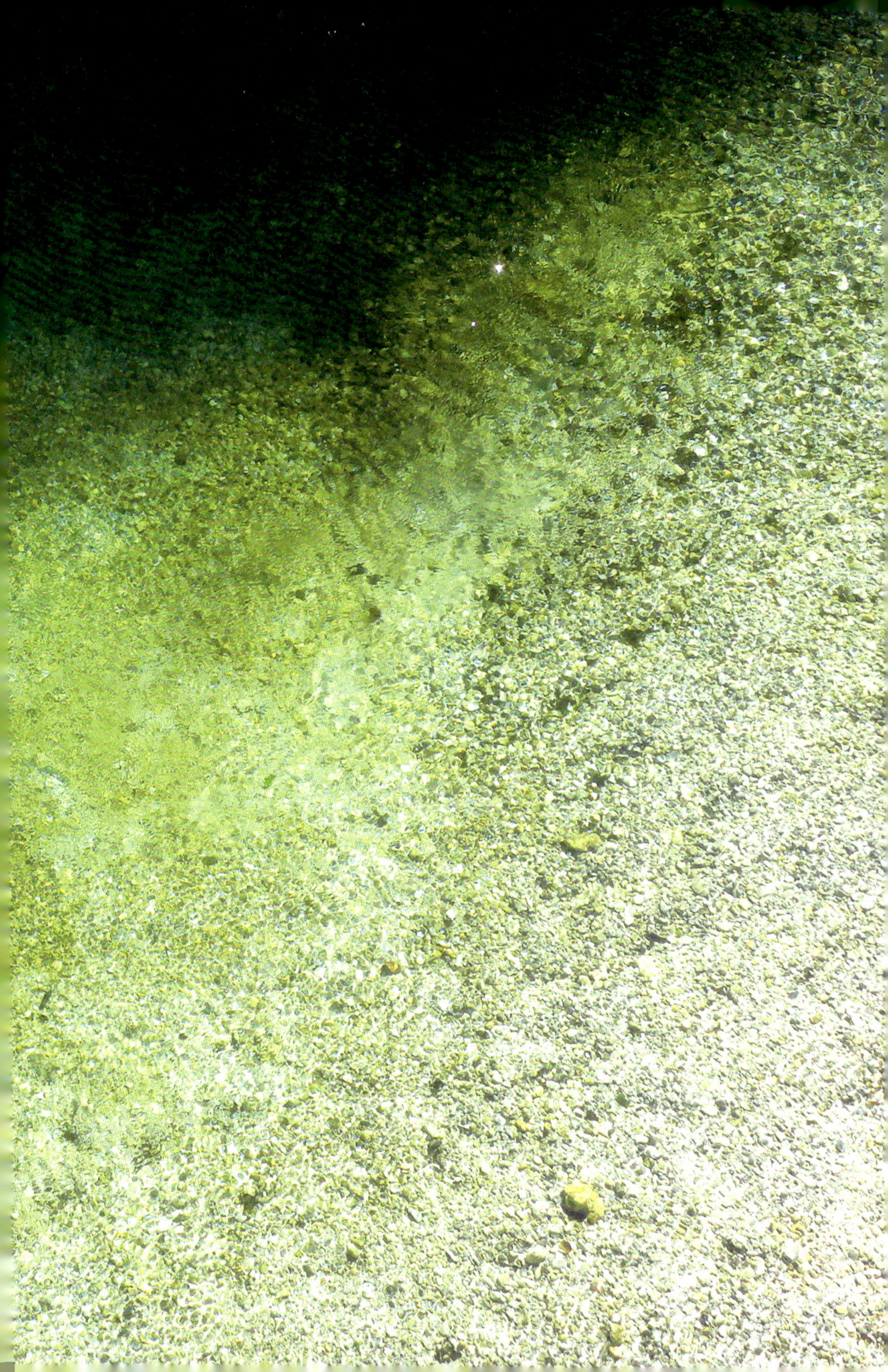

ADRESSEN

ALLGEMEIN

Alpenverein Austria Rotenturmstraße 14, 1010 Wien, +43(0)1 513 10 03, austria@alpenverein-austria.at, www.alpenverein-austria.at | **Alpenverein Edelweiß** Walfischgasse 12, 1010 Wien, +43(0)1 513 85 00, office@alpenverein-edelweiss.at, www.alpenverein-edelweiss.at | **Alpenverein Gebirgsverein** Lerchenfelder Straße 28, 1080 Wien, +43(0)1 405 26 57, oeav@gebirgsverein.at, www.alpenverein.at/gebirgsverein | **ALTENBERG** Hauptplatz 9, 8692 Neuberg, +43(0)3857 8321, tourismus@muerzeroberland.at, www.muerzeroberland.at | **Bergfex** Infos zu Touren, Wetter u. web-cams, www.bergfex.com | **Bergrettung** Notruf 140 | **Bergrettung Puchberg** Leopold Auer Weg 7, 2734 Puchberg, +43(0)2636 3780, office@bergrettung-nw.at, www.bergrettung-puchberg.at | **Bergrettung Reichenau** Hauptstraße 30a, 2651 Reichenau, +43(0)2666 525 12, bergrettung.reichenau@a1.net, www.bergrettung-reichenau-rax.at | **BREITENSTEIN** Hauptstraße 19, 2673 Breitenstein, +43(0)2664 2413, gemeinde@breitenstein.at, www.breitenstein.at | **Fahrplan Buslinie Retter** +43(0)2635 623 60 (8–16 h), linien@retter.at, www.retter-linien.at | **Fahrplan ÖBB** +43(0)5 1717, www.oebb.at | **Fahrplan VOR Verkehrsverbund Ostregion** +43 (0)800 22 23 24, www.vor.at | **GLOGGNITZ** Stadtamt, Sparkassenplatz 5, 2640 Gloggnitz, +43(0)2662 424 01 0, stadtgemeinde@gloggnitz.gv.at, www.gloggnitz.at | **Gruber, Eva** Prägasse 25, 2640 Gloggnitz, +43 (0)664 414 34 28, diegernegeht@gmail.com, www.eva-gruber.com **GUTENSTEIN** Markt 100, 2770 Gutenstein, +43(0)2634 7220, gemeinde@gutenstein.gv.at, www.gutenstein.at | **NASSWALD** Markt 60, 2662 Schwarzau im Gebirge, +43(0)2667 238, gemeinde@schwarzauimgebirge.at, www.schwarzauimgebirge.at | **Naturfreunde** Viktoriagasse 6, 1150 Wien, +43(0)1 892 35 34 0, info@naturfreunde.at, www.naturfreunde.at | **Österreichischer Alpenverein** Olympiastraße 37, 6020 Innsbruck, +43(0)512 595 47 0, office@alpenverein.at, www.alpenverein.at, | **Österreichischer Touristenklub** Bäckerstraße 16, 1010 Wien, +43(0)1 512 38 44, kontakt@oetk.at, www.oetk.at | | **PAYERBACH** Ortsplatz 7, 2650 Payerbach, +43(0)2666 524 23 12, gemeinde@payerbach.at, www.payerbach.at | **Postbus** +43(0)5 1717, www.postbus.at | **PRIGGLITZ** 2640 Prigglitz 39, +43(0)2662 435 16, gemeinde@prigglitz.at, www.prigglitz.at | **PUCHBERG** Tourismusbüro, Sticklergasse 3, 2734 Puchberg, +43(0)2636 2256, tourismusbuero@puchberg.at, www.puchberg.at | **REICHENAU** Tourismusbüro, Hauptstraße 63, 2651 Reichenau, +43(0)2666 528 65, tourismus@reichenau.at, www.reichenau.at | **Schi-/Bersteigergschule Peter Groß** Wasserfallweg 6, 2734 Puchberg, +43(0)650 616 03 51, peter.gross@schi-berg-schule.at, www.schi-berg-schule.at | **SCHOTTWIEN** Hauptstraße 30, 2641 Schottwien, +43(0)2663 8213, gemeinde@schottwien.gv.at, www.schottwien.gv.at | **SEMMERING** Tourismusbüro, Hochstraße 1, 2680 Semmering, +43(0)2664 200 25, tourismus@semmering.gv.at, www.semmering.at sowie: www.kultursommer-semmering.at | **SPITAL** Tourismusverband, Bundesstraße 18, 8684 Spital, +43(0)664 332 21 21, tourismus@spital-semmering.gv.at, www.spitalamsemmering.com | **Wiener Alpen** Niederösterreich Tourismus GmbH, Schlossstraße 1, 2801 Katzelsdorf, +43(0)2622 789 60, info@wieneralpen.at, www.wieneralpen.at

SEMMERING

Alpenhof Looshaus Kreuzberg 60, 2650 Payerbach, +43(0)2666 529 11, steiner@looshaus.at, www.looshaus.at | **Alpincenter Semmering** Bundesstraße 2a, 2680 Semmering, +43(0)2664 212 28, +43 (0)664 433 15 40, skischulesemmering@wurm.ski, www.skischulesemmering.at, www.alpincentersemmering.at | **Althammerhof** Althammerhofstraße 36, 2641 Klamm, +43(0)2666 542 77, info@althammerhof.at, www.althammerhof.at | **Biobauernhof Leitenmaier** Hinterleiten 36, 2651 Reichenau, +43(0)660 413 08 24, leitenmaier@aon.at | **Blunzenwirt** Semmeringstraße 30, 2673 Breitenstein, +43(0)2664 8164, flyingbabsi@gmx.at, www.blunzenwirt.at | **Enzianhütte** Sonnwendsteinstraße 2, 2680 Semmering, +43(0)2664 2383, info@enzianhuette-semmering.at, www.enzianhuette-semmering.at | **Flackl-Wirt** Hinterleiten 12, 2651 Reichenau, +43(0)2666 522 91, gasthof@flackl.at, www.flackl.at | **Ghega-Museum** Kalte Rinne Straße 45, 2673 Breitenstein, +43(0)676 524 83 97, office@ghega-museum.at, www.ghega-museum.at | **Hotel Panhans** Hochstraße 36, 2680 Semmering, Wiedereröffnung Winter 2020/21 geplant | **Hotel Payerbacherhof** Hauptstraße 2, 2650 Payerbach, +43(0)2666 524 30, hotel@payerbacherhof.at, www.payerbacherhof.at | **isa** Int. Sommerakademie der mdw, Anton-von-Webern Platz 1, 1030 Wien, +43(0)1 711 55 51 14, isa-music@mdw.ac.at, www.isa-music.org | **Liechtensteinhaus** Am Hirschenkogel 1, 2680 Semmering, +43(0)2664 8038, liechtensteinhaus@semmering.com, www.liechtensteinhaus.at | **Pollereshütte** Am Sonnwendstein 9, 2641 Schottwien +43(0)2664 2282, sunny.weber@yahoo.com, www.pollereshuette.at | **Schloss Gloggnitz** Schlossrestaurant, Kirchensteig 3, 2640 Gloggnitz, +43(0)664 392 00 68, office@schlossgloggnitz.at, www.schlossgloggnitz.at | **Schloss Wartholz** Café-Restaurant, Hauptstraße 113, 2651 Reichenau, +43(0)2666 522 89, office@schlosswartholz.at, www.schloss-wartholz.at | **Semmering-Hirschenkogel Bergbahnen** GmbH, Carolusstraße 3, 2680 Semmering, +43(0)2664 8038, info@semmering.com, www.semmering.com | **Speckbacherhütte** Speckbacherstraße 51, 2673 Breitenstein, +43(0)2664 210 96, servus@die-speckbacher.at, www.die-speckbacher.at | **Stiegenwirtshaus** Hauptstraße 62, 2640 Gloggnitz, +43(0)664 511 40 04, www.stiegenwirtshaus-gloggnitz.sta.io | **Weltkulturerbe Semmeringbahn** Hochstraße 1, 2680 Semmering, +43(0)2664 200 25, tourismus@semmering.gv.at, www.semmeringbahn.at

RAX

Almgasthof Moassa Kohlbachgraben 16, 8691 Kapellen, +43(0)676 973 39 14, office@moassa.at, www.moassa.at | **Edelweißhütte** Preiner Gscheid 85, 2665 Prein, +43(0)676 755 48 81, edelweisshuetterax@gmail.com | **Festspiele Reichenau** Hauptstraße 28, 2651 Reichenau, +43(0)2666 525 28, festspiele@festspiele-reichenau.com, www.festspiele-reichenau.com | **Gloggnitzerhütte** +43(0)2662 429 62 (Bürozeiten), gloggnitz@gebirgsverein.at, www.gloggnitz.gebirgsverein.at | **Habsburghaus** Graben 97, 2661 Naßwald, +43(0)2665 219, habsburghaus@gebirgsverein.at, www.habsburghaus.com | **Hubmer-Gedächtnisstätte** und Laien-Spiele, siehe NASSWALD | **Karl-Ludwig-Haus** Rax 7, 8691 Kapellen, +43(0)2665 380, info@karlludwighaus.at, www.karlludwighaus.at | **Knappenhof** Kleinau 34, 2651 Reichenau, +43(0)2666 536 33, office@knappenhof.at, www.knappenhof.at | **MA 31** Kaiserbrunn 5, 2651 Reichenau, +43(0)2666 525 48, museum.kbr@m31.magwien.gv.at, www.wienwasser.at | **MA 49** Kaiserbrunn 5, 2651 Reichenau, +43(0)1 4000 49 000, post@ma49.wien.gv.at, www.wald.wien.at **Otto-Haus** Kleinau 27, 2651 Reichenau, +43(0)2666 524 02, ottohaus@raxalpe.com, www.raxalpe.com | **Rax-Seilbahn** Österreichische Bergbahnen GmbH, Dr.-Ewald-Bing-Straße 3, 2651 Reichenau, +43(0)2666 524 97, raxseilbahn@raxalpe.com, www.raxalpe.com | **Seehütte** Kleinau 32, 2651 Reichenau, +43(0)676 748 87 18, info@seehuette.at, www.seehütte.at | **Waxriegelhaus** Rax 6, 8691 Kapellen, +43(0)2665 237, office@waxriegelhaus.at, www.waxriegelhaus.at | **Wirtshaus zum Raxkönig** Oberhof Graben 96, 2661 Naßwald, +43(0)2667 351 11, office@raxkoenig.at, www.raxkoenig.at

SCHNEEBERG

Almreserlhaus Losenheimer Straße 109, 2734 Puchberg, +43(0)676 798 98 11, almreserlhaus@a1.net, www.almreserlhaus.at |**Berghaus Hochschneeberg** Hochschneeberg 6, 2734 Puchberg +43(0)2636 2257, berghaus.hochschneeberg@aon.at, www.berghaushochschneeberg.at | **Bio Zwickl** Silbersberg 13, 2640 Prigglitz, +43(0)2662 435 22, hofladen@biozwickl.at, www.biozwickl.at | **Buchhandlung Lesegenuss** Dr.-Karl-Renner-

Platz 3, 2640 Gloggnitz, +43(0)2662 425 50, buch@lesegenuss.shop, www.lesegenuss.buchkatalog.at | **Damböckhaus** Hochschneeberg 8, 2734 Puchberg, +43(0)2636 2259, damboeckhaus@oetk.at, http://damboeck.schutz.haus | **Edelweißhütte** Losenheimer Straße 111, 2734 Puchberg, +43(0)2636 3616, edelweisshuette@schneeberg.tv, www.edelweiss-huette.at | **Fischerhütte** Hochschneeberg 9, 2734 Puchberg, +43(0)2636 2313, fischerhuette@schneeberg.tv, www.iocus.at/Fischerhuette | **Gasthaus Schweighofer** Grillenberg 24, 2640 Prigglitz, +43(0)2662 426 80 | **Gasthof Mamauwiese** Klostertal 65, 2770 Gutenstein, +43(0)2634 720 88, info@mamauwiese.at, www.mamauwiese.at | **Gasthof Seelhofer** Auf der Wiese 18, 2640 Prigglitz, +43(0)2662 435 21, gasthof@seelhofer.at, www.seelhofer.at | **Gut Gasteil** Gasteil 1, 2640 Prigglitz, +43(0)2662 456 33, seidl@gutgasteil.at, www.gutgasteil.at | **Gauermannmuseum** Scheuchenstein 127, 2761 Miesenbach, +43(0)676 596 21 48, info@gauermannmuseum.at, www.gauermannmuseum.at | **Hengsthütte** Hochschneeberg 1, 2734 Puchberg, +43(0)2636 2103, andrea@hengsthuette.at, www.hengsthuette.at | **Kienthalerhütte** reservierung@kienthaler.at, www.kienthaler.at | **Kirnbauer** Gasteil 5, 2640 Prigglitz, +43(0)2662 435 12, kirnbauer.most@aon.at, www.kirnbauer-most.at | **Kobermann** Schmoizgruam, Auf der Wiese 32, 2640 Prigglitz, +43(0)2662 435 69, roland.kobermann@aon.at, www.schmoizgruam.at | **MA 31 Wasserleitungsmuseum** Kaiserbrunn 5, 2651 Reichenau, +43(0)2666 525 48, museum.kbr@m31.magwien.gv.at, www.wienwasser.at | **Naturfreundehaus Knofeleben** Knofeleben 1, 2651 Reichenau, +43(0)664 445 09 32, office@knofeleben.at, www.knofeleben.at | **Öhlerschutzhaus** Öhlerweg 7, 2734 Puchberg, +43(0)2636 3225, oehlerschutzhaus@gmail.com, www.oehlerschutzhaus.naturfreunde.at | **Pottschacherhütte** Gasteil 4, 2640 Prigglitz, +43(0)676 510 37 50, info@pottschacherhuette.at, www.pottschacherhuette.at | **Raimundmuseum** Hauptstraße 21, 2770 Gutenstein, +43(0)2643 7509, www.gutenstein.at | **Salamanderlift und Salamanderzüge** NÖ Schneebergbahn, Bahnhofplatz 1, 2734 Puchberg, +43(0)2742 360 990 1000, office@schneebergbahn.at, www.schneebergbahn.at | **Servitenkloster Mariahilfberg** Mariahilfberg 13, 2770 Gutenstein, +43(0)2634 7263, mariahilfberg@serviten.at, www.mariahilfberg.at | **Station Baumgartner** Hochschneeberg 5, 2734 Puchberg, +43(0)650 244 14 53, baumgartner@schneebergbuchtel.com, www.schneebergbahn.at | **Thalhof** Thalhofstraße 23, 2651 Reichenau, office@thalhof-rax.at, www.thalhof-rax.at | **Waldburgangerhütte** Hüttenerhaltungsverein Die Waldburganger, Bürg 69, 2630 Ternitz, +43(0)688 868 28 27, waldburgangerhuette@aon.at | **Wasserfallhütte** Wasserfallweg 10, 2734 Puchberg, +43(0)2636 240 34, liveurban68@gmail.com, www.wasserfallhuette.business.site | **Weichtalhaus** Weichtal 1, 2651 Reichenau, +43(0)2666 521 34, weichtalhaus@gmx.at, www.weichtalhaus.at

LITERATUR

Unterstreichungen bezeichnen die Abkürzung der literarischen Quelle im Text

Altenberg, Peter: Semmering 1912. Faksimile der Erstauflage. Austria Nostra, 2012 | **Behm**, Thomas: Kletterführer Höllental, Rax und Schneeberg. 2000 Routen von 2 bis 11. 7. Aufl. Eigenverlag Behm, 2013 | **Benesch**, Fritz: Special-Führer auf die Raxalpe. Artaria, 1894 | **Brandstätter**, Gottfried: Die Rax. Juwel in den Kalkalpen. 2. Aufl. Gerhard Höller, 2001 | **Brandstätter**, Gottfried: Prein. Grenzort am Fuße der Rax. Kral, 2013 | **Brandstätter**, Gottfried: Schneeberg. König der Norischen Alpen. Ed. Terra Nova | **Braun**, Otto: Ihre Welt, die Berge. Hüttenwirte auf Schneeberg & Rax. NÖ Pressehaus, 1992 | **Dirnböck**, Thomas und Michaela Krause: Die Tier- und Pflanzenwelt von Rax und Schneeberg. Bohmann, 1998 | **Doderer**, Heimito von: Das letzte Abenteuer. C. H. Beck, 2013 | **Embel**, Franz Xaver: Fußreise von Wien nach dem Scheeberge. Mit historischen Nachrichten von der Entstehung und den ältesten Bewohnern der in dieser Gegend liegenden Schlösser und Ortschaften. Doll, 1801 | **Fischer,** Eduard Edler von Röslerstamm: Der Wanderer nach dem Schneeberge in Niederösterreich. 1844 | **Frankl**, Viktor E.: Bergerlebnis und Sinnerfahrung. 7. Aufl. Tyrolia, 2013 | **Gruber**, Eva: Ein Jahr am Fluss. Kreationen mit Natur, Licht und Zeit. Mit Vorwort von André Heller. Christian Brandstätter, 2008 | **Hackenberg**, Michael: Geologie und Bergbau in Handl: Semmering–Rax–Schneeberg | **Handl**, Christian und Franz Zwickl: Semmering–Rax–Schneeberg. Natur und Kultur im Bild. PS Verlagsbuchhandlung, 1992 | **Hauenfels**, Theresia und Thomas Jorda: Wohnen im Sommer. Das Phänomen Sommerfrische. Residenz, 2009 | **Hauleitner**, Franz und Rudolf: Wiener Wanderberge. Hohe Wand Schneeberg Raxalpe Semmering. 52 Touren mit GPS-Daten. 7. Aufl. Rother, 2012 | **Kain**, Konrad: Where the Clouds Can Go. Rocky Mountains Books, 2013 | **Komarek**, Alfred: Semmering. Haymon, 2012 | **Kos**, Wolfgang: Die Eroberung der Landschaft. Semmering · Rax · Schneeberg. Falter, 1992 | **Kos**, Wolfgang: Über den Semmering. Kulturgeschichte einer künstlichen Landschaft. Ed. Tusch, 1984 | **Loos**, Adolf: Regeln für den, der in den Bergen baut. In: Ornament & Verbrechen. Hg. Peter Stuiber. Metroverlag, 2012 | **Lukan**, Karl: Schneeberg und Rax. Hochgebirge für jedermann. Anton Schroll, 1978 | **Lukan**, Karl: Weißer Stein und Rotes Türl. Interessantes und Unbekanntes aus Niederösterreich. Jugend und Volk, 1988 | **Maca**, Wilhelm: Alpingeschichte kurz und bündig – Reichenau an der Rax. Hg. Österreichischer Alpenverein. ÖAV, 2013 | **Man**, Thomas: Alm- und Hüttenwanderungen Niederösterreich: 50 Touren zwischen

Wien und Hochschwab. Mit GPS-Tracks. 2. Aufl. Rother, 2015 | **Mehl**, Erwin: Zdarsky. Festschrift zum 80. Geburtstage des Begründers der alpinen Schifahrweise 25. Februar 1936. Jugend und Volk, 1936 | **Nietzsche**, Friedrich: Also sprach Zarathustra. Kritische Studienausgabe. Hg. Giorgio Colli und Mazzino Montinari. 13. Aufl. dtv, 2011 | **Ofner**, Bernd: Wandern in Ostösterreich. 75 der schönsten Touren zwischen Enns und March, zwischen Thaya und Mürz. Falter, 2004 (Wandern in Ostösterreich, Bd. 2) | **Österreichs** Welterbe. Kulturdenkmäler und Landschaften unter dem Schutz der UNESCO. Hg. von Alliance for Nature, Christian Schuhböck. Christian Brandstätter, 2002 | **Pap**, Robert und Eva Pusch: Reichenau an der Rax. Niederösterreichisches Pressehaus, 1988 | **Pap**, Robert: Reichenauer Spaziergänge. Kulturwanderwege in Reichenau, Edlach, Hirschwang, Prein. Gerhard Höller, 1998 | **Putz**, Ewald: Das schönste Tal. Bilder und Geschichten aus dem Höllental zwischen Rax und Schneeberg. Edition Selene, 2002 | **Rieger**, Markus und Yvonne Oswald: Semmering, Reichenau & Rax. Eine literarische Rundreise durch die Wiener Alpen. 2. Aufl. Braumüller, 2010 | **Schnitzler**, Arthur und Olga Waissnix: Liebe, die starb vor der Zeit. Briefwechsel. Hg. Von Therese Nickl und Heinrich Schnitzler. Molden, 1983 | **Schnitzler**, Arthur: Jugend in Wien. Eine Autobiographie. Hg. Heinrich Schnitzler und Theresa Nickl. Fischer, 2011 | **Schuhböck**, Christian: Weltkulturerbe Semmeringbahn. Offizieller Führer zur ersten UNESCO-Eisenbahn-Weltkulturerbestätte der Welt. Kral, 2014 | **Schultes**, Joseph August: Ausflüge nach dem Schneeberge in Unterösterreich. Ein Taschenbuch auf Reisen nach demselben. 1802 | **Schwarz**, Mario: Stilfragen der Semmeringarchitektur (1). Die Semmeringbahn und der Villenbau der Gründerzeit. S. 509–519. In: Kos: Eroberung der Landschaft | **Seume**, Johann Gottfried: Spaziergang nach Syrakus im Jahre 1802. Franz Greno, 1985 | **Szépfalusi**, Csaba und Karel Kriz: Bergerlebnis Schneeberg und Rax. Die schönsten Bergwanderungen und Klettersteige. 3. Aufl. Styria, 2009 | **Toplitsch**, Norbert: Habsburger in Reichenau. 2. Aufl. Ed. Terra Nova, 2005 | **Toplitsch**, Norbert und Franz Prüger: Sagen und Geschichten aus dem Semmering-Rax-Schneeberggebiet. PS-Verlag, 1983 | **Toplitsch**, Norbert: Wiener Hausberge. Niederösterreichische Kulturwege 20. NÖ Landesarchiv und Landesbibliothek, 2009 | **Ulrich** von Liechtenstein: Frauendienst. Das Frauenbuch. Mittelhochdeutsch Neuhochdeutsch. Hg. Christopher Young. Reclam, 2003 | **Werfel**, Franz: Zwischen oben und unten. Prosa, Tagebücher, Aphorismen, literarische Nachträge. Langen Müller 1975 | **Zottel**, Franz: Weil do drobm mei Hüttal steht. Hg. Maria Ströbl. Eigenverlag. M. Ströbl, 2011 | **Zwickl**, Franz, Hartl Wolfgang: Die Sonnenwelt der Zauberberge. Herbst- und Winterimpressionen von Semmering, Rax, Schneeberg und Wechsel bis in die Bucklige Welt. Ed. Gutenberg, 2002 (sowie Frühlings- und Sommerimpressionen, 2003)

Liebe Leserin, lieber Leser,

hat Ihnen dieses Buch gefallen? Dann freuen wir uns über Ihre Weiterempfehlung! Erzählen Sie Ihren Freunden davon, Ihrem Buchhändler oder bewerten Sie es online.

Wollen Sie weitere Informationen zum Thema?
Möchten Sie mit der Autorin in Kontakt treten?
Wir freuen uns auf Austausch und Anregung unter
leserstimme@styriabooks.at

Inspiration, Geschenkideen und gute Geschichten finden Sie auf
www.styriabooks.at

STYRIA
BUCHVERLAGE

ISBN 978-3-222-13654-2

Bücher aus der Verlagsgruppe Styria gibt es in jeder Buchhandlung und im Online-Shop
www.styriabooks.at

Fotos, Texte, Umschlag- und Buchgestaltung: Eva Gruber, www.eva-gruber.com
Karten: Freytag-Berndt und Artaria KG
Druck und Bindung: Neografia
Printed in the EU
7 6 5 4 3 2 1